Routes et autoroutes
Autoroutes
Autoroutes en construction ou en projet
Routes Nationales
0
100
200 km
ALLEMAGNE
LUXEMBOURG
Meuse
Lorraine
Metz
Francfort
Nancy
Strasbourg
Rhin
Moselle
Vosges
Colmar
Besançon
Jura
Neuchâtel
SUISSE
Berne
Lac Léman
Genève
Chamonix
Rhône
Mont-Blanc
Milan
Turin
Alpes
L'Alpe d'Huez
Ornon
Turin
ITALIE
Gênes
MONACO
Nice

Corse
Ajaccio

Régions
0
100
200 km
Nord-Pas-de-Calais
Lille
Lorraine
Strasbourg
Alsace
Bretagne
Rennes
Pays-de-la-Loire
Orléans
Centre
Franche-Comté
Besançon
Dijon
Bourgogne
Nantes
Poitiers
Poitou-Charentes
Limousin
Limoges
Clermont-Ferrand
Auvergne
Lyon
Rhône-Alpes
Bordeaux
Aquitaine
Provence-Alpes-Côte-d'Azur
Midi-Pyrénées
Toulouse
Montpellier
Languedoc-Roussillon
Marseille
Corse
Ajaccio

Chemins de fer
Lignes de TGV existantes
Lignes de TGV en construction ou en projet
Autres lignes de chemin de fer
GRANDE-BRETAGNE
LONDRES
Tunnel
Calais
Amsterdam
Bruxelles
Cologne
BELGIQUE
Lille
ALLEMAGNE
LUXEMBOURG
Francfort
Cherbourg
Le Havre
Amiens
Rouen
Reims
Metz
Caen
PARIS
Nancy
Strasbourg
Brest
Rennes
Orléans
Angers
Nantes
Tours
Dijon
Besançon
Bâle
Zurich
SUISSE
Poitiers
La Rochelle
Genève
Limoges
Clermont-Ferrand
Lyon
St-Etienne
Grenoble
Turin
ITALIE
Bordeaux
Nîmes
Montpellier
Gênes
Nice
Biarritz
Toulouse
Marseille
Toulon
Madrid
ESPAGNE
Perpignan
ANDORRE
Barcelone

Etudes Françaises

# Découvertes, Cours intensif 1 Ausgabe Bayern

**von**

Gérard Alamargot, Reutlingen; Manfred Durchholz, Garching; Laurent Jouvet, Wendlingen; Dr. Hans-Ludwig Krechel, Bonn; Inge Mühlmann, Recklinghausen; Andreas Nieweler, Ibbenbüren

**Weitere Mitarbeit:**

Barbara Exner, Lohmar-Agger; Dr. Regina Gerber, Cottbus; Dr. Gerhard Heinzle, Innsbruck/Österreich; Nicole Krüger, Voreppe/Frankreich
**Vokabular:** Christine Séguret, Ludwigsburg

**Tonmaterialien zu diesem Band**

- 1 *Kassette für Schüler und Lehrer* mit sämtlichen Lektionstexten des Schülerbuchs 530714.
- 1 *CD für Schüler und Lehrer* (identisch mit der Kassette für Schüler und Lehrer), Klettnummer 530718.
  Lieferung über den Buchhandel oder, wo dies auf Schwierigkeiten stößt, zuzüglich Portokosten per Nachnahme vom Verlag.

- 1 *Kassette für Lehrer* mit Hörverstehenstexten, Versprachlichung der Bildgeschichten, Ausspracheübungen, Gedichten und Liedern, Klettnummer 530715.
- 1 *CD für Lehrer* (identisch mit der Kassette für Lehrer), Klettnummer 530719.
  Lieferung ausschließlich direkt an Lehrerinnen und Lehrer, Schulstempel erforderlich.

1. Auflage A 1 5 4 3 2 | 2003 2002 2001 2000 99
Alle Drucke dieser Auflage können im Unterricht nebeneinander benutzt werden, sie sind untereinander unverändert. Die letzte Zahl bezeichnet das Jahr dieses Druckes.

Internetadresse: http://www.klett-verlag.de

Redaktion: Bernd Binkle, Nathalie Dreesens-Drouard, Hélène Gukelberger-Limpaler
Herstellung: Eckhard Schultze
Umschlaggestaltung: Christian Dekelver, Weinstadt
Layout und typografische Gestaltung: Klaus Bauer, Bondorf
Zeichnungen: Gilles Bonotaux, Paris;
Kartographie: Karl-F. Harig, Berlin (Vorsatz vorne);
Klett-Kartographie, Joachim Krüger (Vorsatz hinten)
Repro: DTP-Verlag und Repro Maurer, Tübingen
Druck: Druckerei Kühnen, Mönchengladbach
ISBN 3-12-531710-x

Gedruckt auf Papier aus chlorfrei gebleichtem Zellstoff, säurefrei.

Etudes Françaises

Découvertes



# Cours intensif 1

## Ausgabe Bayern

für den schulischen
Französischunterricht



von
Gérard Alamargot
Manfred Durchholz
Laurent Jouvet
Hans-Ludwig Krechel
Inge Mühlmann
Andreas Nieweler

Ernst Klett Verlag
Stuttgart Düsseldorf Leipzig

# INHALTSVERZEICHNIS


| Leçon | Themen / Situationen | Kommunikative Schwerpunkte / Lerntechniken | Grammatik | Seite |
|---|---|---|---|---|
| **Leçon 1** | | | | 8 |
| **A** | **Marc … les copains et les copines!** Die Lehrbuchpersonen stellen sich vor. | Jdn begrüßen/sich vorstellen<br>Sagen, was man mag oder nicht mag, wo man wohnt<br>Freundschaftsbeziehungen angeben<br>Lerntechnik: Unbekanntes Vokabular erschließen | Der bestimmte Artikel: Singular/Plural<br>Das Verb *être:* Singular<br>Die Personalpronomen *je, tu, il/elle*<br>Die Verben auf *-er* (Singular)<br>*voilà* | 10 |
| **B** | **C'est la rentrée.** Der Schulbeginn nach den Sommerferien | Jdn begrüßen/jdn vorstellen<br>Sich verabschieden<br>Sagen, woher man stammt/wo man wohnt<br>Fragen, wie es jdm geht | Der unbestimmte Artikel: Singular/Plural<br>Das Verb *être*: Plural<br>Die Personalpronomen *on, nous, vous, ils/elles*<br>Die Intonationsfrage<br>Die Entscheidungsfrage<br>*qui est-ce?* | 13 |
| **Leçon 2** | | | | 16 |
| **Approche** | **Les chiffres et les mots** | | Die Grundzahlen von 1 bis 20 | 17 |
| **A** | **«Pourquoi pas» … Pourquoi pas?** Eine Verabredung treffen | Nach einer Sache/einer Tätigkeit/einem Ort fragen | Das Verb *avoir*<br>*il y a* | 18 |
| **B** | **Vite, vite, une photo!** Eine Reportage durchführen | Einen Vorschlag machen<br>Fragen stellen | Das Verb *faire*<br>Die Verben auf *-er*<br>Die Entscheidungsfrage mit *est-ce que?*<br>*qu'est-ce que?, qui est-ce?*<br>Die Präpositionen *à* und *de* und der bestimmte Artikel | 20 |
| **C** | **Une surprise pour M. et Mme Moreau** Freizeitaktivitäten | Sagen, was man mag/macht<br>Fragen, was man mag/macht | Das direkte und das indirekte Objekt<br>Die Stellung der Satzglieder im Aussagesatz<br>*c'est/ce sont* und *il y a* | 23 |
| **Leçon 3** | | | | 26 |
| **Approche** | **La famille Drouet** | Sagen, um wie viel Uhr etwas geschieht | Die Uhrzeit | 27 |
| | **On fait des crêpes.** | | Die Verneinung: *ne … pas* | 27 |

| Leçon | Themen / Situationen | Kommunikative Schwerpunkte / Lerntechniken | Grammatik | Seite |
|---|---|---|---|---|
| **A** | **Dimanche matin**<br>Sonntag vormittag bei einer französischen Familie | Nach der Uhrzeit fragen<br>Die Uhrzeit angeben<br>Nach dem Alter fragen<br>Das Alter angeben | *oui/non/si*<br>Die Grundzahlen bis 69<br>*ne … pas, ne … plus*<br>Die Ergänzungsfragen<br>*pourquoi?/parce que* | 28 |
| **B** | **Mamie arrive dans une heure.**<br>Aufräumen einer Wohnung und Einkaufen | Aufgaben verteilen<br>Eine Wohnung darstellen<br>Lerntechnik:<br>Wortschatzerwerb (I) | Das Verb *aller*<br>Ergänzungsfragen<br>*ne … pas de*<br>*ne … plus de* | 32 |
| < Le plaisir de lire > | **Le Noël des copains et des copines*** | Über Weihnachten sprechen | | 37 |
| **Leçon 4** | | | | 38 |
| **Approche** | **Une histoire de famille** | Sagen, was man hat/besitzt | Die Possessivbegleiter | 39 |
| | **On joue avec les chiffres.** | | Die Grundzahlen bis 1000 | 39 |
| **A** | **Une lettre d'Allemagne**<br>Eine Anfrage beantworten | Eine Diskussion führen<br>Seine Meinung äußern | Die Possessivbegleiter<br>Das *Futur composé* | 40 |
| **B** | **Le collège André Citroën**<br>Ein Video über die Schule | Über das Leben an einer frz. Schule informieren | Die Verben auf *-re*<br>Die Verben *dire, lire, écrire*<br>Die indirekte Rede/Frage | 42 |
| **C** | **Le collège en 2076**<br>Eine Science-fiction-Story | Das Datum angeben<br>Lerntechnik:<br>Lesen und verstehen | *date/jours/mois/saisons*<br>Die Verben *prendre, apprendre, comprendre* | 46 |
| **Leçon 5** | | | | 50 |
| **Approche** | **Dans la cave, c'est le bazar.** | Anweisungen erfragen | Die direkten und indirekten Objektpronomen | 51 |
| | **Je pars en vacances.** | | Die Verben auf *-ir: partir, dormir, sortir* | 51 |
| **A** | **Le 10, rue des Cévennes**<br>Die Bewohner eines Mietshauses | Umstände beschreiben<br>Seine Meinung äußern<br>Sich beklagen | Die Verben auf *-ir: partir, dormir, sortir*<br>Die Objektpronomen<br>Das Adjektiv<br>Die Verben *venir* und *tenir* | 52 |


* Die Plateauphasen („Le plaisir de lire") sind fakultativ. Ihr Vokabular wird in den folgenden Lektionen nicht vorausgesetzt.

| Leçon | Themen / Situationen | Kommunikative Schwerpunkte / Lerntechniken | Grammatik | Seite |
|---|---|---|---|---|
| B | **«Avalanche»**<br>Die Rockgruppe von *Frédéric* sucht einen Probenraum | Eine Meinung äußern<br>Auskunft erteilen<br>Anfragen stellen<br>Lerntechnik: Wortschatzerwerb (II) | Die Verben auf *-ir: réfléchir*<br>Die Verben *pouvoir* und *vouloir*<br>Infinitive als Verbergänzung | 56 |
| **Leçon 6** | | | | 62 |
| **Approche** | **Après les vacances d'hiver** | In der Vergangenheit erzählen<br>Lexik: Ski fahren | Das *Passé composé* mit *avoir* | 63 |
| A | **Le premier soir à Ornon**<br>Ein Skiurlaub | Das Leben in einem Bergdorf schildern<br>Vorteile und Nachteile ausdrücken | Das *Passé composé* mit *avoir*<br>Die Verben *voir/devoir/savoir*<br>Die unverbundenen Personalpronomen | 64 |
| B | **A l'Alpe d'Huez**<br>Ein Erlebnis beim Skifahren | Vorgänge/Umstände beschreiben<br>Gefühle äußern | Das *Passé composé* mit *être (+ accord)*<br>Das *Passé composé* mit *avoir (+ accord)*<br>Die Ordnungszahlen | 67 |
| C | **[L'Alpe d'Huez ou Ornon?]***<br>Zwei Skistationen | Erklären, warum man etwas mag/nicht mag<br>Vorteile und Nachteile eines Urlaubsortes<br>Lerntechnik: Freies Schreiben | | 70 |
| < Le plaisir de lire > | **Une nuit de février** | Eine Kurzgeschichte lesen | | 74 |
| **Leçon 7** | | | | 76 |
| **Approche** | **Le championnat junior de judo ...**<br>Auszug aus einer Sportzeitschrift | Über Sportmannschaften sprechen<br>Lexik: Angaben der Nationalität, Sport | | 77 |
| A | **On va gagner!**<br>Ein Judo-Turnier | Einen Wettkampf beschreiben<br>Enttäuschung/Begeisterung ausdrücken<br>Lerntechnik: Ein Resümee schreiben | Gebrauch des Artikels und der Präpositionen bei Ländernamen | 78 |
| B | **Les courses à Lille**<br>Einkaufen | Verkaufsgespräche führen<br>Ein Geschenk aussuchen | Der Teilungsartikel<br>Die Verben *mettre, acheter, manger, payer, boire, il faut* | 81 |


* Dieser Text ist fakultativ.

| Leçon | Themen / Situationen | Kommunikative Schwerpunkte / Lerntechniken | Grammatik | Seite |
|---|---|---|---|---|
| C | **Ce soir, on fait la fête.** Ein Zwischenfall während eines Festes | Das Herkunftsland erfragen/angeben<br>Eine Einladung aussprechen/annehmen<br>Sich wehren/ Jdn ermahnen<br>Ein Rezept beschreiben<br>Einen Streit austragen | Der Gebrauch von *en* (bei Mengen)<br>Mengenangaben: *un peu de, plus de, beaucoup de, etc.*<br>*avec/sans*<br>Die Verben *préférer, commencer* | 84 |
| **Leçon 8** | | | | 88 |
| **Approche** | **Question de style…** | Etwas auswählen<br>Über Farben sprechen | Das Fragewort *quel*<br>Die Demonstrativbegleiter | 89 |
| A | **«Sonia Arlain»** Arbeiten in einem Modeatelier | Etwas diskutieren, über etwas streiten | Der bejahte Imperativ mit einem Personalpronomen<br>Das Fragewort *quel*<br>Die Demonstrativbegleiter<br>Farbadjektive<br>Die Adjektive *beau, vieux, nouveau* | 90 |
| B | **Une surprise au café** Diebstahl einer Modeidee | Lerntechnik: Hören und verstehen<br>Jdn beschreiben | Die reflexiven Verben<br>Die Verben *être en train de faire qc, venir de faire qc*<br>Die Verben *plaire, se taire, croire* | 93 |
| < Le plaisir de lire > | **Louis XIV et son époque** | Eine Epoche der frz. Geschichte kennen lernen | | 98 |
| **Leçon 9** | | | | 100 |
| **Approche** | **La corres de Carole** | Etwas erläutern | Die Relativpronomen *qui, que, où* | 101 |
| | **A Paris** | Über Paris sprechen | | 101 |
| A | **Dans une famille française** Ankunft in einer frz. Familie | Über interkulturelle Unterschiede sprechen<br>Lerntechnik: Verständigung leicht gemacht | Der Relativsatz mit *qui, que, où* | 102 |
| B | **Une promenade dans Paris** Ein Tag in Paris | Vorschläge machen<br>Etwas erklären<br>Sich nach dem Weg erkundigen | Die Adverbialpronomen *y* und *en*<br>Der verneinte Imperativ<br>Der Relativsatz mit *ce qui* und *ce que*<br>Die Bruchzahlen | 106 |

| Leçon | Themen / Situationen | Kommunikative Schwerpunkte / Lerntechniken | Grammatik | Seite |
|---|---|---|---|---|
| **Leçon 10** | | | | 112 |
| **Approche** | **Enfin les vacances!** | Fragen stellen | Fragen mit *qui est-ce qui, qui est-ce que, etc.* | 113 |
| | **On part dans dix minutes.** | | | 113 |
| **A** | **Sur la route des vacances** Aufbruch in die Bretagne | Sich beklagen<br>Vorwürfe machen | Fragen mit *qui est-ce qui*<br>*ne … jamais, ne … personne, ne … rien*<br>Die Inversionsfrage mit einem Personalpronomen | 114 |
| **B** | **Le journal de Julie** Ein Urlaubstagebuch | Ein Tagebuch schreiben<br>Etwas erzählen<br>Über etwas Unheimliches berichten<br>Über das Wetter sprechen | Fragewörter in der direkten und indirekten Rede<br>Die Frage mit *de/à quoi*<br>Nomen mit abweichenden Pluralformen<br>Wortbildung: mask. und fem. Nomen<br>*pendant* und *pendant que*<br>*monter* und *descendre* mit direktem Objekt<br>Die Stellung des Personalpronomens beim Infinitiv | 116 |
| < Le plaisir de lire > | **Marion du Faouët** | Einen historischen Lebensbericht lesen | | 122 |

**<Supplément>***

| | | |
|---|---|---|
| zu L 1 | **Claire Bretécher: Le nouveau; A Paris** (Hörverstehenstext) | 124 |
| zu L 2 | **Dans le quartier Balard** | 126 |
| zu L 3 | **Le Centre Pompidou** (Hörverstehenstext) | 128 |
| zu L 4 | **Julien Clerc: L'enfant au walkman** (Chanson) | 130 |
| | **L'école en France; Ionesco: La Leçon** (Theaterstück) | |
| zu L 5 | **Ecoutez Radio Javel** (Hörverstehenstext) | 132 |
| zu L 6 | **Jacques Prévert: Déjeuner du matin** (Gedicht) | 132 |
| zu L 7 | **On fait les courses** (Hörverstehenstext) | 133 |
| | **Sempé: Il y a du courrier** (Cartoon) | |
| zu L 8 | **Claire Bretécher: La cliente frustrée** (Cartoon) | 134 |
| zu L 9 | **Emile Ajar: La vie devant soi** (Lesetext) | 136 |
| | **Alain Souchon: C'est déjà ça** (Chanson) | 137 |
| zu L 10 | **Le tour de Gaule d'Astérix** (Bande dessinée) | 138 |
| | **Jacques Prévert: Il pleut, il pleut** (Gedicht) | |
| | **La météo** (Hörverstehenstext) | |

| | |
|---|---|
| **Vocabulaire** | 141 |
| Lerntechnik: Vokabeln lernen | 149 |
| **Liste des mots** | 186 |
| **Alphabet** | 198 |
| **D'autres expressions utiles en classe** | 199 |
| **Texte supplémentaire sur la cassette et le CD de l'élève** | 200 |
| **Frankreichkarte** (Innenumschlag vorne) | |
| **Metroplan** und **Karte von Paris** (Innenumschlag hinten) | |


Die Texte zu den Hörverstehensaufgaben sind auf der Lehrerkassette bzw. -CD (Klettnummer 530715 bzw. 530719) und im Lehrerbuch (Klettnummer 530713) zu finden.

* Die Supplément-Teile sind fakultativ. Sie können nach der jeweiligen Lektion behandelt werden.

Liebe Schülerinnen, liebe Schüler,

damit ihr euch in dem Buch schneller zurechtfindet, geben wir euch hier ein paar Hinweise:

Die **Approche**-Teile bereiten euch auf die „eigentliche" Lektion vor: neue grammatische Inhalte werden vorweg behandelt oder wichtige Vokabeln eingeführt.

Unter der Rubrik **Lerntechniken** findet ihr nützliche Hilfen für das selbständige Erlernen der französischen Sprache.

In den **On dit-**Kästchen werden wichtige Redemittel zusammengefasst. Sie helfen euch, wenn ihr euch mündlich oder schriftlich ausdrücken wollt.

Übungsteile mit dem Symbol ▽ können ausgelassen werden, ohne dass damit etwas Wichtiges versäumt wird.

Der Bleistift ✎ zeigt an, dass eine Übung sich besonders für die schriftliche Durchnahme eignet.

Bei der Angabe *A vous* sollt ihr besonders aus der eigenen Perspektive berichten.

(S) zeigt an, dass der Text auf der Schülerkassette bzw. der Schüler-CD zu hören ist.

(L) bedeutet, dass der Text nur auf der Lehrerkassette bzw. der Lehrer-CD enthalten ist.

In den **Plateauphasen** (**Le plaisir de lire**) könnt ihr euch „ausruhen". Hier werden zusätzlich kleine Lektüren angeboten, die euch sicherlich Freude bereiten. Und … neue Grammatik braucht ihr hier nicht zu lernen. Der neue Wortschatz ist jeweils auf der Seite angegeben.

Die **Supplément**-Seiten (ab S. 124) enthalten ergänzende Texte und Materialien zu den Lektionen; diese brauchen nicht unbedingt behandelt zu werden, sind aber besonders interessant.

Im **Vocabulaire** (S. 141) findet ihr die neuen Vokabeln mit ihrer Aussprache und mit ihren deutschen Entsprechungen in der Reihenfolge des Lektionsvorkommens.
Besonders wichtig ist die mittlere Spalte. Sie enthält Definitionen, Querverweise, etc. Ihr könnt also mit drei Spalten arbeiten: jeweils eine abdecken und die neuen Wörter lernen.

Mit Hilfe der **Liste des mots** (S.186) könnt ihr herausfinden, in welcher Lektion bzw. in welchem Lektionsteil eine neue Vokabel zum ersten Mal vorkommt.

Und nun … viel Erfolg beim Französischlernen!

Euer Cours intensif-Team

# Salut!

Ihr habt also Französisch gewählt. Das finde ich toll. Mit Französisch kann man sich in Europa und der Welt viel besser verständigen.
Viele französische Wörter kennt ihr bestimmt schon, so wie **baguette**, **bistrot**, **métro** usw.
Und vielleicht wart ihr ja auch schon mal in Frankreich und habt Paris, die **Côte d'Azur**, die **Provence**, die **Bretagne** oder andere Gegenden kennen gelernt.
Übrigens, ich heiße Marc, eigentlich ja Markus ... Meine Mutter kommt nämlich aus Deutschland, mein Vater ist Franzose. Wir haben sehr lange in Köln gelebt, sind dann aber nach Frankreich umgezogen.
Als wir vor fünf Jahren nach Paris kamen, musste natürlich auch ich erst mal richtig Französich lernen. Deshalb kann ich euch bestimmt gute Tipps geben. Ich werde euch durch dieses Buch begleiten und euch beim Lernen helfen.
Und nun stelle ich meine Clique und mich vor.
**En français, bien sûr!**

# Leçon 1

PIZZA VESUVIO
CAFE BRASSERI

# A TEXTE

## Marc ...

Salut!
Moi, je m'appelle Marc!
J'habite rue Balard. C'est à Paris, bien sûr! J'aime Paris, le Centre Pompidou, les boulevards et les cinémas. Mais le stress – non, merci!
J'aime aussi le sport! Le foot et le tennis, c'est super!
J'aime beaucoup les BD, surtout «Tintin».
Et j'adore ... les pains au chocolat.

Voilà le collège, les copains et les copines!

# ... les copains et les copines!

Bonjour! Je m'appelle Florence. J'habite rue Saint-Charles. J'aime le tennis, les maths et les ordinateurs.

Voilà Florence ...

Moi, je suis Frédéric
et j'habite rue des Cévennes.
Le collège, bof ... Les maths, c'est nul!
Moi, j'aime le judo et aussi le rock!
Je suis dans le groupe «Avalanche», c'est génial.

... et Frédéric!

Voilà Olivier, le copain de Frédéric.
Il habite aussi rue Balard et il aime ...

Euh ... Salut.
Moi, euh ... j'aime la nature, l'histoire et les histoires de science-fiction ...

... Tu aimes beaucoup les crêpes.
Et ... tu es très sympa!

Et voilà Aurélie. C'est la copine de Florence. Elle est de la Martinique ...

Salut! Je m'appelle Aurélie.
J'adore la mer et les vagues ... et l'été.
J'aime aussi la mode, la danse et la musique.
Le reggae, c'est chouette, non?

## Lerntechniken – Unbekanntes Vokabular erschließen

1. Hört oder seht euch neue Vokabeln genau an: Viele Wörter ähneln deutschen, englischen, lateinischen oder russischen Vokabeln.

| (frz.) | (dt.) | (engl.) | (lat.) | (russ.) |
|---|---|---|---|---|
| musique | Musik | music | musica | музыка |

**Achtung:** Manchmal gibt es jedoch Unterschiede
- in der Schreibung: chocolat (frz.) ↔ chocolate (engl.) ↔ Schokolade (dt.)
- in der Aussprache: [ʃɔkɔla] (frz.) ↔ ['tʃɒklit] (engl.)
- beim Artikel: le chocolat ↔ die Schokolade

► Welche Wörter aus Text A könnt ihr aus dem Deutschen oder anderen Sprachen ableiten?

2. Manche Vokabeln lassen sich auch aus dem Zusammenhang erschließen:

*Je m'appelle Marc*: Da *Marc* ein Vorname ist, bedeutet *je m'appelle* ich heiße.

► Was bedeuten *j'habite, j'aime, aussi, beaucoup, le collège, la rue?*

◆ zu Hause lesen

## 1 A propos du texte *(Zum Text)*

► Faites des phrases. (Bildet Sätze.)

| | | |
|---|---|---|
| Olivier, Marc, Florence, Frédéric, Aurélie | habite, aime | rue Balard. / à Paris. / … le sport. / la mode. / la nature. / Paris. / les ordinateurs. / les crêpes. / … |

## 2 Le, la, l', les … *(§ 1)*

► Ajoutez les articles définis. (Fügt die bestimmten Artikel hinzu.)

tennis, danse, reggae, rock, copines, crêpe, nature, stress, ordinateurs, histoire, pain au chocolat, foot, boulevard, été

## 3 Moi, je m'appelle …

*A vous* ► Présentez-vous. (Stellt euch gegenseitig vor.)

Moi, je m'appelle/je suis …
J'habite (à) …
J'aime (beaucoup)/J'adore …

Et toi?
Tu t'appelles comment?

Le …/La …/Les …,
c'est chouette/super/génial!
Mais le …/la …/les …,
bof!/c'est nul!

## C'est la rentrée.

❶ *Florence:* Salut, Aurélie!
*Aurélie:* Salut! Ça va?
*Florence:* Oui, ça va, merci. Et toi?
*Aurélie:* Moi? Bof! C'est la rentrée …
*Florence:* Tiens! Voilà madame Rocher, la prof de maths.

❷ *Florence/Aurélie:* Bonjour, madame!
*Mme Rocher:* Bonjour, Aurélie. Bonjour, Florence. Voilà Carole. Carole Garrigue. C'est une nouvelle … Carole, voilà Aurélie et Florence. Elles sont aussi en 3ᵉ F.
*Carole:* Salut!
*Aurélie:* Salut!
*Mme Rocher:* Ça va, les filles?
*Aurélie:* Oui, ça va.
*Mme Rocher:* Vous êtes en salle 2! Au revoir!
*Florence/Aurélie/Carole:* Au revoir, madame.

❸ *Frédéric:* Salut, les filles! Tiens! Qui est-ce?
*Florence:* Salut, Frédéric! C'est Carole, une nouvelle … Carole, voilà Frédéric, un copain. Ah! … et voilà Olivier. Frédéric et Olivier sont des copains. Ils sont aussi en 3ᵉ F et …
*Frédéric:* Et on est très sympa!
*Olivier:* Salut, Carole! Tu es de Paris?
*Carole:* Moi? Euh … non!
*Olivier:* Mais … tu es d'où?
*Carole:* Je suis de Marseille.
*Frédéric:* Et tu habites où, maintenant?
*Carole:* J'habite 3, rue des Cévennes.
*Olivier:* Rue des Cévennes?! Oh là là!
*Carole:* Pourquoi?
*Aurélie:* Frédéric habite aussi rue des Cévennes. Attention!
*Olivier/Florence/Aurélie:* Ha! ha! ha!
*Frédéric:* Oh, ça sonne. On est où?
*Florence:* Nous sommes en salle 2. On y va?

# B ACTIVITÉS

## 1 A propos du texte

▶ Relisez le texte 1 B et complétez les phrases.
(Lest noch einmal den Text 1 B und vervollständigt die Sätze.)

– Mme Rocher? C'est ~ de maths.
– Aurélie et Florence ~ 3e F.
– La 3e F est en ~ .
– Carole? C'est ~/Elle est de ~,
– Maintenant, elle habite à ~ ./Elle habite rue ~ .
– Frédéric ~ rue des Cévennes.
– Olivier est ~ de Frédéric.

## 2 Un, une, des … *(§ 2)*

▶ Ajoutez l'article indéfini (den unbestimmten Artikel).

1. Marc est ~ copain de Florence et Aurélie. 2. Carole est ~ nouvelle. 3. Le collège André Citroën est ~ collège de Paris. 4. Voilà ~ pain au chocolat, ~ crêpe et ~ baguettes. 5. Mme Rocher est ~ prof de maths. 6. Frédéric et Olivier sont ~ copains. 7. Aurélie? C'est ~ copine de Florence.

## 3 Le verbe être *(sein) (§ 3)*

*a* ▶ Cherchez les formes du verbe *être*. (Sucht …)

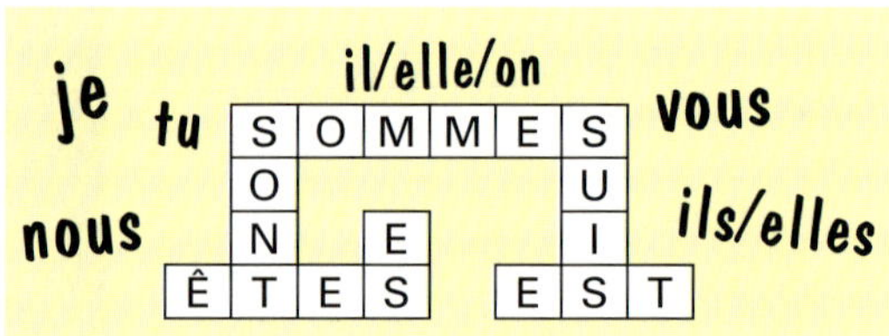


*b* ▶ Ajoutez les formes du verbe *être* et reconstituez les dialogues. (… und fügt die Dialogteile zusammen.)

Vous ~ en salle 2?
Tu ~ d'où?
Vous ~ des copains de Marc?
Oui, on ~ en salle 2.
Florence ~ de la Martinique?
Je ~ de Marseille.
Non, elle ~ de Paris.
C' ~ une prof?
Non, nous ~ les copains d'Olivier.
Oui, c' ~ la prof de maths.

## 4 Jeu de sons *(Spiel mit Lauten)*

▶ Ecoutez. (Hört zu.)

[wa]
Un, deux, trois
toi et moi,
et voilà!

[ɛ̃]
Tiens! Un copain.
C'est le copain de
Tintin.

[r]
Au revoir,
Marseille!
Bonjour, Paris!

[ɑ̃]
Florence aime
la danse,
le rock et la France.

## 5 Qui est-ce? *(§ 4)*

*a* ▶ Travaillez à deux. Regardez les images et faites des dialogues. (Arbeitet zu zweit. Schaut euch die Bilder an und erstellt Dialoge.) Achtet auf die Satzmelodie.

– Qui est-ce? / C'est Marc? – (Oui./Non.) C'est …

– Il/Elle aime …? – Oui, il/elle aime … / Non, il/elle aime …

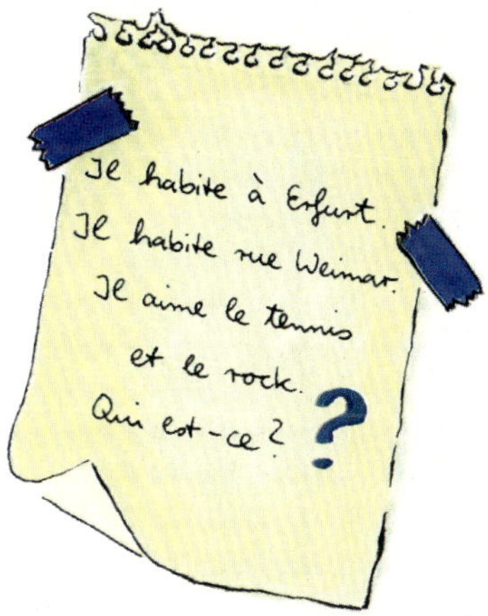


*b* *A vous* ▶ Jouez en classe. (Spielt in der Klasse.) ▿
Faites des portraits.

## 6 Salut, les copains!

*a* ▶ Lisez les exemples. (Lest die Beispiele.)

**On dit**

| **So begrüßt man sich:** | **So fragt man, wie es jemandem geht:** | **So verabschiedet man sich:** |
|---|---|---|
| Bonjour, madame. / mademoiselle. / monsieur. / Aurélie. | – Ça va? | Au revoir, madame. / mademoiselle. / monsieur. / Aurélie. |
| | **So antwortet man:** | |
| Bonjour! | – Ça va très bien, merci. | Au revoir! |
| Salut, Aurélie. | – Ça va bien, merci. | Salut, Aurélie. |
| Salut! | – Oui, ça va. | Salut! |
| | – Non, ça va mal. | |
| | – Non, ça va très mal. | |

*b* *A vous* ▶ Jouez en classe.
Faites des dialogues.

# Leçon 2

*Le parc André Citroën*

# APPROCHE

## Les chiffres et les mots (§ 5)

*a* ▶ Regardez les images. Après deux minutes, fermez le livre et écrivez (Schließt nach zwei Minuten die Bücher und schreibt):

▶ Comptez les points, maintenant! (Zählt jetzt die Punkte!)

| | |
|---|---|
| **1 – 3** | Oh là là! Attention! |
| **4 – 6** | Bof! |
| **7 – 9** | Ça va. |
| **10 – 12** | Bien. |
| **13 – 15** | Très bien! |
| **16 – 18** | Super! |
| **19 – 20** | Génial! |

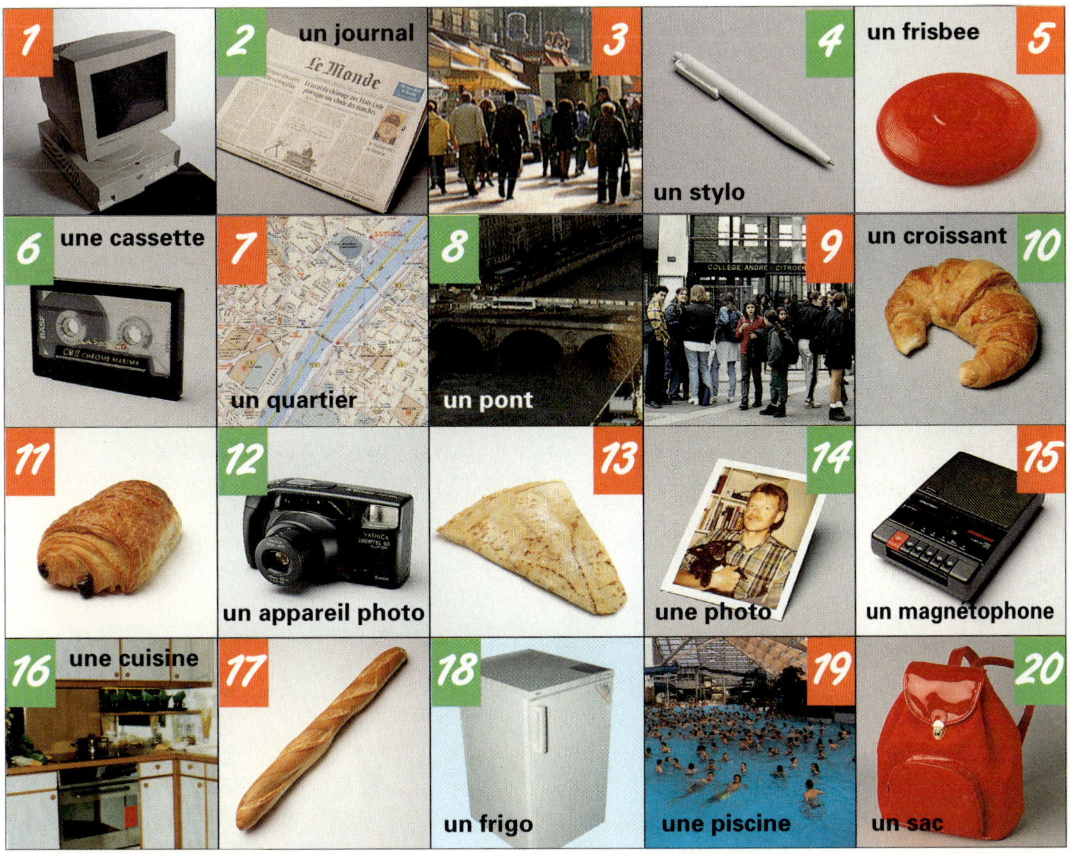


*b* ▶ Jouez en classe.

*Exemple:* – Le «quatre», qu'est-ce que c'est?
– Le «quatre», c'est un stylo.

# A TEXTE

## «Pourquoi pas» … Pourquoi pas?

❶ *Florence:* Salut, Aurélie!
*Aurélie:* Ah, salut, Flo! Tu as une minute?
*Florence:* Oui, pourquoi?
*Aurélie:* Il y a encore des croissants dans la cuisine.
*Florence:* Les croissants, j'adore! Mais on a cours dans vingt minutes! Vite, vite!

❷ *Aurélie:* Oh là là, c'est le stress! Tiens, voilà un croissant …
*Florence:* Merci. Tu as l'appareil photo?
*Aurélie:* Oui, oui. Et dans le sac, j'ai aussi le magnétophone avec trois ou quatre cassettes.

❸ Aurélie et Florence entrent dans le collège.

*Aurélie/Florence:* Salut, Carole! Tu aimes les reportages, toi aussi?
*Carole:* Euh … Oui. Pourquoi?
*Aurélie:* Eh bien … On prépare un reportage sur le quartier Balard et on cherche encore des journalistes.
*Carole:* Mais je suis de Marseille, moi!
*Florence:* Justement. Pour une nouvelle, c'est bien! On visite le quartier et on prépare un texte pour le «Pourquoi pas». D'accord?
*Carole:* Pourquoi pas! …

## 1 A propos du texte

▶ Regardez les images et racontez. (… und erzählt.)

## 2 Un exercice de maths *(§ 5)*

▶ Jouez en classe. Regardez l'exemple et faites des calculs. (… und erstellt Rechenaufgaben.) Utilisez les nombres de 1 à 20. (Verwendet…)

*Exemple:* Julia: «6 – 2, Florian?»
Florian: «6 – 2 = 4. Miriam, 4 + 6?»
Miriam: «4 + 6 = 10.»
etc.

– moins
+ plus
= font

## 3 Mme Garrigue et Carole discutent. *(§ 6)*

***a*** ▶ Cherchez les formes du verbe *avoir*.

| | | | | | |
|---|---|---|---|---|---|
| avons | avez | ai | as | a | ont |
| je | tu | il/elle/on | nous | ils/elles | vous |

***b*** ▶ Complétez les phrases avec le verbe *avoir* ou *être*.

– Tu aimes le collège? Tu ~ déjà des copains et des copines?

– Oui, bien sûr! J'~ des copains et des copines. J'aime beaucoup Florence. Elle ~ très sympa et elle ~ un ordinateur!

– Et dans le collège, il y ~ aussi des ordinateurs?

– Oui, nous ~ une salle avec des ordinateurs. C'~ la salle 5. Nous ~ en salle 5 le mercredi. C'~ aussi la salle pour le journal.

– Ah, vous ~ un journal?

– Oui, oui. On ~ un journal, le «Pourquoi pas».

– Et les profs, ils ~ sympa?

– Oh oui, nous ~ des profs sympa! Ils ~ des idées super.

# B TEXTE

## Vite, vite, une photo!

❶ Les journalistes de «Pourquoi pas» sont en salle 5. Les journalistes, ce sont les élèves du collège André Citroën. Aujourd'hui, ils préparent le reportage sur les activités des jeunes dans le quartier Balard. Ils discutent et discutent …

❷ A l'Aquaboulevard, Florence et Marc posent des questions. Alice note …

*Florence:* Est-ce que tu es souvent ici?

*Une fille:* Oui, je suis souvent ici le mercredi après-midi, après les cours.

*Marc:* Et qu'est-ce que tu aimes ici?

*La fille:* J'adore nager ici. La piscine est super! … Il y a des vagues. Et j'aime aussi …

*Florence:* Regardez! Regardez! Là, sur le pont!

*Marc:* Sur le pont? Ah, oui … C'est Frédéric … et Carole, la nouvelle!

*Florence:* Ça alors! Vite, vite, Marc, une photo!

❸ Aurélie et Olivier font un reportage dans le parc André Citroën.

*Aurélie:* Salut! Vous avez cinq minutes? Nous faisons un reportage pour le «Pourquoi pas».

*Un garçon:* Le «Pourquoi pas»? Qu'est-ce que c'est?

*Olivier:* C'est le journal du collège André Citroën. Alors … qu'est-ce que vous faites dans le parc?

*Le garçon:* On rencontre les copains. On joue de la guitare

*Une fille:* … ou bien on joue au foot ou au frisbee!

*Aurélie:* Le frisbee, c'est génial!

*La fille:* Alors, joue avec nous!

Aurélie pose le magnétophone par terre.

*Olivier:* Mais qu'est-ce que tu fais, Aurélie? Et le reportage, alors?

# ACTIVITÉS

## 1 A propos du texte

**Attention:** Il faut chercher un verbe. (Man muß ein Verb suchen.)

*a* ▶ Relisez le texte 2 B. Posez les questions avec *est-ce que* ou *qu'est-ce que* et trouvez la réponse.
*Exemple:* – Les journalistes de «Pourquoi pas»/en salle 11
→ Est-ce que les journalistes de «Pourquoi pas» sont en salle 11?
→ Non, les journalistes de «Pourquoi pas» sont en salle 5.

1. – Les journalistes/les professeurs du collège
   – Les journalistes/un reportage sur le collège

2. – Florence/les questions
   – Alice/des photos
   – Marc et Florence/sur le pont

3. – Aurélie et Olivier/un reportage dans la rue
   – Les jeunes/au foot dans le parc
   – Aurélie/le frisbee par terre

*b* ▶ Sucht im *Approche*-Teil und in den Texten A und B alle Substantive, die zu dem Wortfeld „Journalismus“ gehören. Erklärt, warum ihr diese Wörter leicht versteht. ▽

## 2 Les journalistes *(§ 8)*

aimer (3x)
discuter
préparer (2x)
entrer
noter
poser (3x)
regarder
visiter
trouver

▶ Trouvez les verbes et complétez les phrases.

Charlotte et Christophe ~ le reportage dans le café Balard.
Un monsieur avec un appareil photo ~ dans le café.

*Christophe:* Tu ~ les questions, Charlotte?
*Charlotte:* D'accord. Bonjour, monsieur. Nous ~ un reportage pour le collège André Citroën.
*Le monsieur:* Un reportage? Oh oui, j' ~ beaucoup les reportages. Alors, vous ~ avec les touristes, vous ~ des questions?
*Charlotte:* Oui, oui. Vous ~ Paris?
*Le monsieur:* Euh … oui. Paris, c'est super, je ~. J'~ beaucoup les rues de Paris. Je ~ les touristes et les boulevards. Je ~ les quartiers sympa. Je ~ des questions et je ~ les réponses.

▶ Le monsieur, qui est-ce?

## 3 Qu'est-ce qu'on fait? *(§§ 7, 9)*

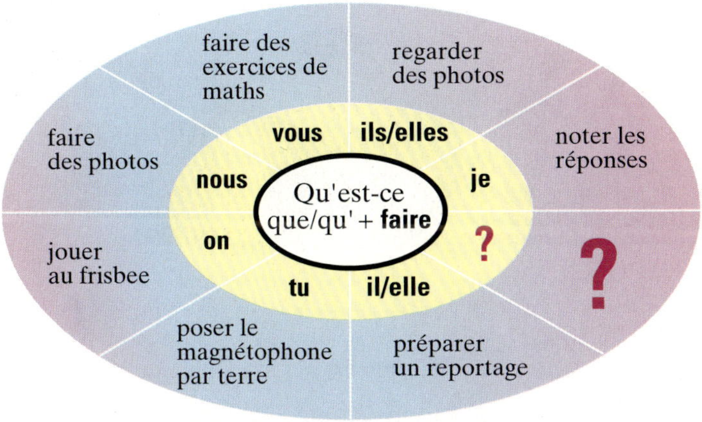


▶ Travaillez à deux.

1. Un(e) élève pose une question avec *qu'est-ce que/qu'* et le verbe «faire». Un(e) élève cherche la réponse.

*Exemple:*
– Qu'est-ce que je fais?
– Tu notes les réponses.

2. Trouvez d'autres exemples. (… weitere Beispiele.) ▽

# B ACTIVITÉS

## 4 Travaillez! (§ 8)

Voilà une liste de verbes.

| | | | | |
|---|---|---|---|---|
| **faire** | **jouer** | **écouter** | **regarder** | **ajouter** |
| **donner** | **fermer** | **raconter** | **poser** | **trouver** |

*a* ▶ Regardez encore une fois les exercices des leçons 1 et 2 et écrivez les énoncés correspondant aux verbes de la liste. (Schaut euch noch einmal … an und schreibt die entsprechenden Arbeitsanweisungen auf.)
*Exemple:* Faire → Faites des phrases.

*b* ▶ Regardez la caricature et continuez avec les verbes de la liste. *Exemple:* Faites des phrases. → Fais des phrases.

## 5 Le Centre d'Animation «Espace Cévennes» (§ 10)

▶ Complétez les phrases: **au / à la / aux** **du / de la / des**

~ Centre d'animation «Espace Cévennes», Magali et Boris posent des questions sur les activités ~ jeunes.

## 6 Posons des questions. (§ 9)

▶ Travaillez à deux. Regardez les images et faites des dialogues.

*Exemple:* Qu'est-ce que c'est? → C'est un stylo.
Qui est-ce? → C'est Alice.
Qu'est-ce qu'elle fait? → Elle note les réponses.

## 7 Dans votre quartier (In eurem Stadtviertel)

▶ *A vous* Faites un reportage sur les activités des jeunes dans votre quartier. ▽

# C TEXTE

## Une surprise pour M. et Mme Moreau

❶ Samedi, après les cours. Les copains de la 3e F sont dans un café. Ils discutent.

*Olivier:* Qu'est-ce qu'on fait ce soir?
*Florence:* Au cinéma, il y a un film avec Gérard Depardieu.
*Frédéric:* Oui, mais le cinéma, c'est cher!
*Aurélie*: J'ai une idée: On regarde des vidéos.
*Marc:* D'accord, mais où?
*Olivier:* Euh … Chez moi! Papa et maman sont à un concert …
*Florence:* C'est une invitation?
*Olivier:* Oui, bien sûr!

❷ Samedi soir, chez Olivier. Que font les copains? Carole, Alice, Frédéric et Florence regardent une vidéo.
Aurélie, Olivier et Marc sont dans la cuisine. Dans le frigo, il y a trois pizzas. Super! Aurélie et Marc préparent les pizzas. Ils font aussi une salade. Olivier fait des crêpes.
Après les pizzas, Marc apporte des photos. Ce sont les photos de l'Aquaboulevard. Marc montre une photo à Frédéric: sur la photo, il y a Carole et Frédéric, mais sans tête! Frédéric donne la photo à Carole et les copains rigolent.

❸ Après le concert, M. et Mme Moreau trouvent Olivier devant l'ordinateur.

*Mme Moreau:* Salut, Olivier. Encore devant l'ordinateur!
*Olivier:* Oui … Je fais un exercice de maths …
*Mme Moreau:* Tu fais un exercice de maths? Avec la musique?
*Olivier:* Euh … Oui! Et vous, ça va?
*Mme Moreau:* Oui, mais moi, j'ai faim maintenant.
*M. Moreau:* Je fais une pizza. D'accord?
*Mme Moreau:* D'accord! Et toi, Olivier, est-ce que tu as faim aussi?
*Olivier:* Moi … Euh … Non merci, maman!

# C ACTIVITÉS

## 1 A propos du texte

*a* ▶ Dans le texte 2 C, il y a des mots nouveaux. Mais vous pouvez les comprendre: pensez à l'anglais ou à l'allemand. (… neue Wörter. Aber ihr könnt sie verstehen: denkt an das Englische oder an das Deutsche.) Regardez aussi la partie *Lerntechniken* à la page 12.

*b* Vrai ou faux?
▶ Relisez le texte 2 C et donnez la réponse. C'est faux? Alors, corrigez les phrases.

*Exemple:* Samedi après les cours, les copains discutent dans la salle 5: **C'est faux.**
→ Samedi après les cours, les copains et les copines discutent dans un café.

1. Ce soir, les parents d'Olivier sont à l'Aquaboulevard. 2. Chez Olivier, les copains et les copines regardent une vidéo. 3. Dans le frigo, il y a une salade. 4. Après les pizzas, ils regardent les photos de l'Aquaboulevard. 5. M. et Mme Moreau trouvent Olivier devant une pizza. 6. Mme Moreau a faim. 7. M. Moreau propose des crêpes.

*c* *A vous* ▶ Tu fais une fête pour les copains et les copines. Qu'est-ce que vous préparez? Qu'est-ce que vous faites? Préparez un sketch et jouez en classe. ▽

## 2 Aurélie donne la photo à Astérix! *(§ 12)*

▶ Faites des phrases. *Exemples:* Florence aime le collège.
Frédéric donne les croissants à Marc.
Les élèves habitent à Paris.

| | | | |
|---|---|---|---|
| Florence | donner | les croissants | à un copain/une copine. |
| Ils/Elles | entrer | le magnétophone | à Marc. |
| Frédéric | aimer | le collège | à un/e prof. |
| Tu | montrer | une vidéo | à Gérard Depardieu. |
| Il/Elle | regarder | le quartier | à Astérix. |
| Vous | habiter | des questions | à Paris. |
| Je/J' | poser | un reportage | dans un café. |
| Nous | proposer | un CD | par terre. |
| Les élèves | visiter | des photos | chez Olivier. |

## 3 Encore une surprise! *(§11)*

▶ Complétez. **il y a / c'est / ce sont**

Mercredi soir, chez M. et Mme Moreau.
1. Dans la cuisine, ~ des garçons et des filles: ~ les copains d'Olivier.
2. Et la fille avec le sac, ~ Carole, la nouvelle.
3. Devant le frigo, ~ deux filles. ~ Florence et Aurélie.
4. Aurélie, ~ la copine de Florence.
5. ~ aussi un monsieur: ~ M. Moreau, bien sûr.
6. Et sur la table, ~ une surprise pour M. et Mme Moreau: ~ une mousse au chocolat!

## 4 Les activités des jeunes

**On dit**

– Qu'est-ce que tu aimes comme activités?

– J'aime | le sport/le cinéma …
la musique/la photo …
jouer | au foot/aux cartes …
avec | un ordinateur …
des copains/copines
rencontrer des copains/copines.
nager …
regarder des vidéos …

*Et toi?*

– Qu'est-ce que tu fais comme sport?

– Je fais | du foot/du ski/du tennis …
de la danse …

*Et toi?*

– Est-ce que tu fais de la musique?

– | Non. Et toi?
Oui. Je joue | du piano/de la guitare …
dans un groupe …

*Et toi?*

*A vous* ▶ Travaillez à deux. Faites des dialogues.

## 5 Jeu de sons

[õ] [z] [s]

Nous proposons
des jeux de sons
dans les leçons.

Nous‿apportons
les‿appareils photo, Flo?

Les‿élèves de Mme Rocher
ont des‿ordinateurs, mais
ils‿ont aussi des‿idées.

## 6 En français

Tu es à Paris et tu visites le parc André Citroën. Là, tu rencontres une fille/un garçon. Elle/Il joue de la guitare. Vous discutez. ▶ Travaillez à deux et jouez la scène.

- Sie/Er fragt, ob du Musik magst. ▶ Du sagst, dass du zu Hause auch Gitarre spielst.
- Sie/Er fragt, woher du bist. ▶ Du sagst, dass du aus … bist.
- Sie/Er sagt, dass das toll sei und fragt, was du im Park machst. ▶ Du sagst, dass du Paris besuchst und Fotos machst.
- Sie/Er fragt, was dir in Paris gefällt. ▶ Du sagst, dass du die Boulevards, die Cafés, die Parks und die Crêpes magst.
- Sie/Er sagt, daß sie/er am Mittwoch mit den Freunden vom Collège Crêpes macht. ▶ Du fragst, ob das eine Einladung sei.
- Sie/Er sagt: „Klar." ▶ Du fragst, wo sie/er wohnt.
- Sie/Er antwortet, dass sie/er in der rue Saint-Charles Nummer 10 wohnt. Sie/Er sagt, dass man sich um 14.00 Uhr trifft und fragt, ob du damit einverstanden bist. ▶ Du sagst, dass du einverstanden bist und verabschiedest dich.

▶ Le quartier Balard vous intéresse? Alors, regardez la partie «Supplément» à la page 126.

# Leçon 3

*Une boulangerie dans le quartier Balard*

## La famille Drouet

A sept heures et quart, c'est le petit déjeuner.

De huit heures et demie à cinq heures, le père de Florence travaille.

A midi, Florence mange avec les copains. A une heure, ils ont cours de maths.

La mère de Florence travaille à l'hôpital de midi à huit heures moins le quart.

A minuit, M. Drouet regarde encore la télé …

► Il est quelle heure? *(§ 14)*

1 2 3 4 5 6 7

1. Il est trois heures et demie.
2. Il est …

## On fait des crêpes. *(§ 16)*

A huit heures et quart, Mme Drouet arrive de l'hôpital.

*Mme Drouet:* Bonjour! Ça va? Qu'est-ce que vous faites?
*Christine:* Florence n'est pas là, elle est encore chez Aurélie.
*Mme Drouet:* Et François, il fait la cuisine?
*Christine:* Non, il ne fait pas la cuisine. Il travaille avec l'ordinateur.
*Mme Drouet:* Et papa? Il regarde la télé?
*Christine:* Non, il ne regarde pas la télé. Papa et moi, on fait des crêpes dans la cuisine.

► Comment est-ce qu'on forme la négation en français? (Wie bildet man im Französischen die Verneinung?)

► Mettez les phrases suivantes à la forme négative: (Verneint die folgenden Sätze.)

1. Christine travaille à l'hôpital.
2. Florence est avec papa.
3. Nous préparons le petit déjeuner.
4. Tu manges.
5. J'aime les crêpes.
6. Vous regardez la télé.

# A TEXTE

## Dimanche matin

❶ *Christine:* Papa, pourquoi est-ce que François est encore au lit? Pourquoi est-ce qu'il n'est pas là pour le petit déjeuner, le dimanche matin?
*M. Drouet:* Euh … parce qu'il rentre tard, le samedi soir.
*Christine:* Et pourquoi est-ce qu'il rentre tard?
*Mme Drouet:* Parce que le samedi soir, il a toujours rendez-vous avec des copains.

❷ *François:* Salut! Il est quelle heure?
*Mme Drouet:* Il est onze heures et demie. C'est tard pour le petit déjeuner!
*Christine:* Maman, et pourquoi François …
*François:* Et pourquoi?! Et pourquoi?! Et toi, pourquoi est-ce que tu poses toujours des questions? Tu as quel âge? Moi, je n'ai plus 8 ans, comme toi. J'ai 18 ans! … La salle de bains est libre?

❸ *François:* Tu es encore dans la salle de bains? Mais il est onze heures et demie!
*Florence:* Justement! C'est dimanche, on a le temps!
*François:* Tiens, le téléphone sonne! Ce n'est pas pour toi, Florence?
*Florence:* Si! C'est Aurélie! Elle appelle toujours le dimanche matin! J'arrive!

❹ *François:* Allô! … Salut, Aurélie. Ça va? Florence arrive.

Florence! C'est pour toi!

❺ *François:* Super! La salle de bains est libre maintenant!
*Florence:* Allô? Aurélie? … Ah! C'est toi, mamie! … Euh, non … Oui, peut-être … D'accord pour le déjeuner. Au revoir, mamie.

❻ *Florence:* C'est mamie. Aujourd'hui, elle ne fait pas la cuisine. Elle n'a pas envie! Elle arrive dans une heure et elle apporte le dessert.
*Christine:* Super! Mamie arrive avec un dessert!
*M. Drouet:* Dans une heure! Mais c'est la catastrophe! Il est déjà midi moins le quart! Qu'est-ce qu'on fait?

## 1 A propos du texte

▶ Relisez le texte et complétez.

1. François ~ ans. Le ~, il rentre ~, parce qu'il est avec des ~.
   Alors, le ~, il n'est pas là pour le ~.
2. Christine a ~. Elle pose toujours ~.
3. A 11h30, la salle de ~ n'est pas encore ~. C'est dimanche, alors Florence a le ~.
4. Le ~ sonne. C'est ~. Aujourd'hui, elle ne fait pas ~. Elle arrive dans ~.
   C'est ~ parce qu'il est déjà ~.

## 2 C'est vrai ou c'est faux? ▶ Répondez. **Non. / Si.**

*Exemple:* Les Drouet n'habitent pas à Paris? (rue Saint-Charles)
→ Si. Ils habitent rue Saint-Charles.
Aurélie n'est pas la copine de François? (copine de Florence)
→ Non. Aurélie est la copine de Florence.

1. Christine n'a pas 18 ans? (8 ans)
2. François n'est pas dans la cuisine? (encore au lit)
3. Florence n'aime pas le sport? (tennis)
4. Aurélie ne téléphone pas le dimanche? (toujours le dimanche matin)
5. Aurélie n'est pas de Paris? (la Martinique)
6. Florence n'est pas dans la cuisine? (salle de bains)
7. Mamie n'arrive pas aujourd'hui? (dans une heure)
8. Ce n'est pas tard pour le petit déjeuner? (déjà onze heures et demie)

## 3 Le minitel *(§ 13)*

Frédéric prépare une fête pour les copains du collège. Aujourd'hui, il fait les invitations, mais il ne trouve plus les adresses des copains. Alors, il regarde sur le minitel.

▶ Lisez les adresses et les numéros de téléphone.

| | | |
|---|---|---|
| Carole Garrigue<br>3, rue des Cévennes<br>☎ 01 45 02 36 45 | Frédéric Le Gall<br>58, rue des Cévennes<br>☎ 01 45 49 40 25 | Aurélie Nadal<br>69, rue Mercier<br>☎ 01 46 42 27 55 |
| Marc Dufrêne<br>7, rue Balard<br>☎ 01 48 31 24 53 | Florence Drouet<br>22, rue Saint Charles<br>☎ 01 42 14 65 50 | Olivier Moreau<br>33, rue Balard<br>☎ 01 48 28 09 59 |

## 4 Le bonheur (§ 16)

*a* ▶ Continuez le poème (das Gedicht). Utilisez les mots suivants et faites des rimes. (… und bildet Reime.)

| | | |
|---|---|---|
| **le petit déjeuner** | **rencontrer des copains** | **nager** |
| **la cuisine** | **le téléphone** | **faire du judo** |
| **le magnétophone** | **faire des photos** | **jouer au frisbee** |
| **les copines** | **les BD** | **visiter Paris** |
| **regarder la télé** | **le dimanche matin** | **le cours de Mme Rocher** |
| **travailler** | | |

*b* ▶ Cherchez d'autres rimes. Utilisez d'autres verbes, par exemple «aimer»:
*«J'aime … ,*
*mais je n'aime pas …»*

## 5 Il est quelle heure? (§ 14)

**On dit**

– Pardon,
madame/mademoiselle/monsieur,

il est quelle heure, / quelle heure est-il, / vous avez l'heure, | s'il vous plaît?

– Il est | trois heures dix. / trois heures et quart. / trois heures et demie. / quatre heures moins vingt. / quatre heures moins le quart.

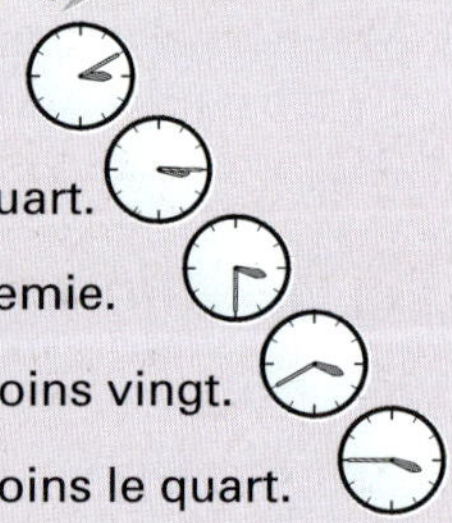

– Olivier, tu as l'heure, s'il te plaît?

– A quelle heure est-ce que tu rentres le samedi soir?
– Je rentre à dix heures moins le quart.

– De quelle heure à quelle heure est-ce que vous avez cours?
– Nous avons cours de huit heures et quart à quatre heures et demie.

*A vous* ▶ Posez des questions sur l'heure et répondez.

*Exemples:*

| | | |
|---|---|---|
| manger | – A quelle heure est-ce que tu manges?<br>– Je mange à midi et quart. | avoir cours, téléphoner à des copains, travailler, regarder la télé, écouter des CD, être dans la salle de bains, rentrer, faire du sport, manger, avoir rendez-vous avec … |
| avoir cours | – De quelle heure à quelle heure est-ce que vous avez cours, le mercredi?<br>– Le mercredi, … | le matin, l'après-midi, le soir, le week-end, le mercredi, le samedi, le dimanche, le samedi soir, le dimanche matin, aujourd'hui, après les cours … |

## 6 *Tu as quel âge?* (§ 13)

**a** *Exemple:* François (18)
– François a quel âge?
– Il a 18 ans.

1. Pierre (6)
2. M. Drouet (51)
3. Alice et Anne (14)
4. Mme Drouet (45)
5. Yasmina (15)
6. Mme Rocher (59)
7. Marc (16)
8. Julien et Franck (8)

**b** A vous ► Posez des questions. ▽
– Tu as quel âge? – J'ai ~ ans. Et toi? – Moi aussi, j'ai ~ ans. / Moi, j'ai ~ .

## 7 *Toujours des questions*

**a** Voilà un tableau (Übersicht) sur l'interrogation partielle.

| | | | |
|---|---|---|---|
| **1. Qui** | Qui est Nathalie?<br>Nathalie, qui est-ce?<br>Pour qui sont les crêpes? | **5. Quand** | Quand est-ce que tu rentres?<br>Tu rentres quand? (ugs.) |
| **2. Que** | Qu'est-ce que c'est?<br>Qu'est-ce qu'on fait?<br>Que fait François?<br>Qu'est-ce que tu aimes comme musique? | **6. Comment** | Comment ça va?<br>Comment tu t'appelles?<br>Comment est-ce que tu t'appelles?<br>Tu t'appelles comment? (ugs.) |
| **3. Où** | Où est Carole?<br>Où est-ce qu'elle est?<br>Où est-ce que tu habites?<br>Tu habites où? (ugs.) | **7. Quel/Quelle** | Quelle heure est-il?<br>Il est quelle heure?<br>Tu as quel âge?<br>Quel âge est-ce que tu as? |
| **4. Pourquoi** | Pourquoi est-ce que tu demandes ça? | | A quelle heure est-ce que tu rentres?<br>Tu rentres à quelle heure? (ugs.) |

**b** Aujourd'hui, c'est mercredi. Il est trois heures. Frédéric rencontre Marc dans la rue Balard.

► Posez les questions pour Frédéric.

1. – Salut, Marc! ~ ?
   – Ça va bien, merci.
2. – ~?
   – J'achète des pains au chocolat.
3. – ~?
   – Les pains au chocolat sont pour Sophie.
4. – ~?
   – C'est une copine. On a rendez-vous, aujourd'hui.
5. – C'est chouette pour toi. ~?
   – A trois heures et demie.
6. – ~?
   – On regarde un film au cinéma.
7. – ~?
   – Elle aime les films de science-fiction.
8. – ~? Elle a quel âge?
   – Elle a 16 ans et elle est très sympa. Oh, il est déjà trois heures et quart! Salut, Frédéric.

# Mamie arrive dans une heure.

Midi moins le quart:

*Mme Drouet:* Mamie arrive dans une heure. Il faut ranger et faire les courses. On n'a pas de légumes …

*M. Drouet:* Et il n'y a plus de baguettes!

*Florence:* Ce n'est pas un problème. Je vais à la boulangerie et toi, maman, tu vas à l'épicerie.

*Mme Drouet:* D'accord.

*François:* Je passe l'aspirateur dans l'appartement!

*Christine:* Et moi, qu'est-ce que je fais?

*François:* Tu ranges la salle de séjour et les chambres, par exemple.

*M. Drouet:* Bon alors … moi, je fais la vaisselle et je range la cuisine.

*Mme Drouet:* Allez, Florence, on y va.

Midi:

Mme Drouet entre dans l'épicerie. Elle achète des avocats, des pommes de terre, deux salades et un camembert.

Florence entre dans la boulangerie. C'est la boulangerie des parents d'Olivier. Le dimanche matin, Olivier est là aussi.

*Olivier:* Salut, Flo! Ça va?

*Florence:* Oui, mais aujourd'hui, c'est le stress. Alors … trois baguettes, s'il te plaît.

Après, Mme Drouet et Florence entrent dans la boucherie. Il n'y a plus de poulets, alors elles achètent des biftecks.

Midi et quart:
François passe l'aspirateur dans le couloir. Dans la chambre de Christine, c'est le bazar. Il y a un frisbee et des livres sur une chaise. Christine cache les livres sous l'armoire et le frisbee derrière l'étagère.

Midi et demie:
M. Drouet fait la vaisselle. Mme Drouet et Florence rentrent à la maison et vont à la cuisine. Florence pose les sacs sur la table.

Une heure moins le quart:
Dans la salle de séjour, Florence et François préparent l'apéritif. Mme Drouet regarde l'heure.

Une heure: Le téléphone sonne …

*Mamie:* C'est la catastrophe! Oncle Gilbert arrive chez moi dans un quart d'heure! Alors, je reste à la maison et je range, bien sûr! Au revoir!

# B ACTIVITÉS

## 1 A propos du texte

*a* ▶ Relisez le texte et répondez aux questions.

1. Pourquoi est-ce qu'il faut faire les courses et ranger?
2. Où est-ce que Mme Drouet et Florence vont?
3. Qu'est-ce que Florence propose pour le déjeuner?
4. Pourquoi est-ce que mamie téléphone à une heure?

*b* *A vous* ▶ Travaillez à deux. Regardez l'exercice 7a page 31 et posez d'autres questions sur le texte.

Est-ce que …
Qu'est-ce que …
A quelle heure …
Où est-ce que …
Qui (fait) …

*c* ▶ Comparez la façon de vivre des Français et des Allemands. Qu'est-ce que vous remarquez? (Vergleicht die Lebensweise der Franzosen und der Deutschen. Was fällt euch auf?)▿

## 2 La chambre de François *(§§ 16, 17)*

Voilà la chambre de François à 11 h 45 et à 12 h 30.
▶ Regardez les images et comparez.

1. Dans la chambre de François, il y a un/une/des …

| | | |
|---|---|---|
| Le … | est | dans … |
| L' … | | sur … |
| La … | | sous … |
| Les … | sont | devant … |
| | | derrière … |
| Il n'y a pas de … | | par terre. |

2. Maintenant, il n'y a plus de …

| | |
|---|---|
| Le … | n'est plus … |
| L' … | |
| La … | |
| Les … | ne sont plus … |

*A vous* ▶ Qu'est-ce qu'il y a dans ta chambre (in deinem Zimmer)? ▿

Dans ma chambre (in meinem Zimmer), | il y a …/j'ai …
| il n'y a pas de …/je n'ai pas de …

## 3 Le verbe «aller» (§ 15)

▶ Complétez avec les formes du verbe *aller* (~): Ajoutez aussi *à/à la/à l'/au/chez*.

1. Ça ~ ? Non, aujourd'hui, ça ne ~ pas très bien.
2. Mme Rocher: « ~ , fermez vite les livres! Frédéric, ~ → tableau, s'il te plaît!»
3. Aurélie n'aime pas beaucoup ~ → collège. Mais elle adore ~ → piscine.
4. Dimanche matin, Mme Drouet et Florence ~ → boulangerie et → épicerie.
5. Vous ~ → Centre d'animation après les cours? Non, nous ~ → Carole: elle fait des crêpes.
6. Salut, Flo! Tu ~ → piscine, mercredi après-midi? Non, je ~ → cinéma avec un copain.

## 4 Jeu de sons ▶ Ecoutez.

[œ]
Dix professeurs avec dix‿ordinateurs
rencontrent Alice à dix‿heures dix.

[ʒ] [ʃ]
Qu'est-ce qu'on fait dimanche?
On joue avec Jacques? On mange?
Oui, et après on range!

[ə] [ø]
C'est le petit déjeuner
de Gérard Depardieu?
Peut-être, monsieur!

[ʃ]
Charlotte cache le chocolat
dans la chambre de Mme
Rocher.

## Lerntechniken

### Wortschatzerwerb (I)

Diese Lerntechnik soll dir zeigen, wie du dir neue Vokabeln zu einem bestimmten Thema (z. B. „Essen") besser einprägen kannst. Dabei werden, ausgehend von einem Kernbegriff, eine beliebige Menge von Wörtern zueinander in Beziehung gesetzt; so entsteht ein Wortfeld („Vokabelnetz").

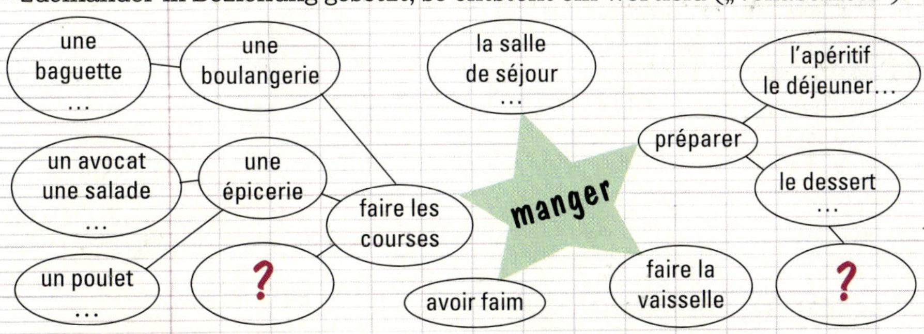


▶ Vervollständige dieses „Vokabelnetz" – welche Wörter kennst du noch zum Thema „manger"?

▶ Versuche selbst einmal, ein Vokabelnetz zum Thema „activités" zu erstellen. (Du findest besonders viele Vokabeln in der Lektion 2.)

◆ zu Hause lesen

## 5 Dimanche matin *(§§ 16, 17)*

▶ Répondez aux questions.

| | | | | | | |
|---|---|---|---|---|---|---|
| j'ai<br>j'achète | un/une/des … | → | je | n'ai<br>n'achète | pas<br>plus | de … |
| c'est | un/une … | → | ce n'est | | pas<br>plus | un/une … |
| ce sont | des … | → | ce ne sont | | pas<br>plus | des … |

*Exemple:*
– Est-ce que Mme Drouet achète des pains au chocolat?
– Non, Mme Drouet n'achète pas de pains au chocolat. (Elle achète …)

1. Est-ce que François est encore au lit à une heure?
2. Est-ce que Florence a un rendez-vous?
3. Est-ce que François est là pour le petit déjeuner?
4. Est-ce que Florence est encore dans la salle de bains à midi?
5. Est-ce que mamie arrive à une heure?
6. Est-ce qu'il y a encore des baguettes chez les Drouet?
7. Est-ce que Christine fait la vaisselle?
8. Est-ce qu'il y a encore des poulets à la boucherie?
9. Mamie arrive pour le déjeuner. Est-ce que c'est un problème?
10. Qu'est-ce qu'il y a sous le lit de Christine? Est-ce que ce sont des CD?

## 6 Dimanche après-midi ▶ Racontez.

# Le plaisir de lire

## Le Noël des copains et des copines

Nous, on fête Noël[1] en famille. La veille[2] de Noël, il y a le réveillon[3]. Mamie vient chez nous. On mange la dinde[4] et la bûche[5] et après, on va à la Messe de minuit[6]. Et le matin de Noël, il y a les cadeaux sous le sapin: Moi, j'aime beaucoup la fête de Noël!

A Noël, maman et moi, on va passer une semaine[7] dans les Alpes. Pour le réveillon, il y a les amis[8] de maman et ils font la fête. Maman n'aime pas Noël, elle ne fait pas de sapin de Noël et il n'y a pas de cadeaux, mais elle me donne 500 francs …

Moi, j'aime bien Noël. Pour Noël on va aller chez ma tante Magali, à Cassis, près de Marseille. Elle raconte toujours des histoires du Midi[9] et on rigole beaucoup. Et pour le repas de Noël[10], elle prépare «les treize desserts»[11]. C'est une coutume[12] du Midi … Et, chez elle, il y a toujours une crêche avec des santons. C'est chouette!

Noël, pour nous, c'est le stress: A la boulangerie, on travaille du matin au soir, alors on n'a pas beaucoup le temps de faire la fête. Noël et le Jour de l'an[13], ce n'est pas des vacances[14]!

- ▶ Comment est-ce qu'on passe Noël en France?
- ▶ Comparez Noël en France et Noël en Allemagne.
- ▶ Et toi, comment est-ce que tu passes Noël?
- ▶ Qu'est-ce que tu aimes, qu'est-ce que tu n'aimes pas?

***Vocabulaire:*** 1 **Noël** Weihnachten 2 **la veille de Noël** der heilige Abend (24.12.) 3 **le réveillon** das Festessen (am Heiligabend) 4 **la dinde** die Pute 5 **la bûche** das Holzscheit 6 **la Messe de minuit** die Mitternachtsmesse 7 **passer une semaine** eine Woche verbringen8 **un ami** ein Freund 9 **le Midi** *hier:* der frz. Süden 10 **le repas de Noël** das Weihnachtsessen 11 **les treize desserts** eine provenzalische Tradition: man bereitet zum Weihnachtsfest einen Dessertteller mit 13 Süßspeisen vor 12 **une coutume** eine Sitte 13 **le Jour de l'an** der Neujahrstag 14 **les vacances** die Ferien

# Leçon 4

*Le collège André Citroën*
*dans le quartier Balard:*
*Il y a 783 élèves et 22 professeurs.*

# APPROCHE

## Une histoire de famille *(§ 18)*

► Traduisez l'histoire. (Übersetzt ...).
Comparez les articles définis et les déterminants possessifs *mon, ma, mes*. Qu'est-ce que vous remarquez?

| | | |
|---|---|---|
| **le** fils | → | **mon** fils |
| **la** fille | → | **ma** fille |
| **les** enfants | → | **mes** enfants |

► Regardez les photos et traduisez. Comparez avec l'allemand.

❶ Voilà Laure, **son** chien, **sa** sœur Elodie et **ses** frères.

❷ Voilà Simon avec **sa** guitare, **son** frère Luc et **ses** sœurs.

❸ Voilà les parents, **leurs** filles Laure et Elodie et **leur** chien.

► Regardez. Trouvez les règles.

| | | | | | | | | | | |
|---|---|---|---|---|---|---|---|---|---|---|
| mon<br>ton<br>son<br>notre<br>votre<br>leur | → | sac/<br>**a**mi/**a**mie(f)/<br>**h**istoire | | ma<br>ta<br>sa<br>notre<br>votre<br>leur | → | maison/<br>sœur | | mes<br>tes<br>ses<br>nos<br>vos<br>leurs | → | sacs/<br>amis/amies(f)/<br>histoires/<br>maisons/sœurs |

## On joue avec les chiffres. *(§ 24)*

► Jouez en classe.
- Un(e) élève va au tableau (... an die Tafel). Il/Elle écrit dans le désordre (durcheinander) les chiffres de 0 à 9. Les autres lisent les chiffres.
- Après, on ajoute encore un chiffre. Maintenant, on a les chiffres jusqu'à 99 (bis 99).
- Ensuite, on ajoute un troisième chiffre. (Dann fügt man eine dritte Ziffer hinzu.) Alors, on arrive à 999.

# A TEXTE

## Une lettre d'Allemagne

❶ Aujourd'hui, Mme Riffonneau, la prof d'allemand, arrive dans la 3e F avec une lettre d'Allemagne.

*Mme Riffonneau:* Voilà une lettre de ma collègue de Stuttgart et de vos correspondants. Ils demandent des informations sur notre collège. C'est sympa, non? Alors, qu'est-ce que nous allons envoyer à vos copains de Stuttgart? Vous avez des idées?

❷ *Christophe:* On va aller au CDI et demander la brochure sur le collège à Mme Dupré.

*Olivier:* Bof! Envoyer une brochure, c'est nul!

*Carole:* Et une brochure, c'est trop difficile. Nos corres font du français depuis six mois seulement.

*Alice:* Eh bien, on va parler du collège dans une lettre et envoyer des photos.

*Olivier:* Oui, mais c'est encore un reportage. Je ne suis pas d'accord!

❸ *Mme Riffonneau:* Bon alors, vous allez trouver quelque chose, non? Marc, tu as une idée, toi?

*Marc:* Une vidéo sur le collège, peut-être?

*Florence:* Une vidéo, ça c'est chouette! Ça va être intéressant pour nos correspondants, et nous, on va bien rigoler!

# ACTIVITÉS

## 1 A propos du texte

*a* ▶ Résumez les informations du texte sur les élèves de Stuttgart. (Fasst die Informationen zusammen.)

*b* ▶ Qu'est-ce que les élèves du Collège André Citroën proposent? (Il y a trois réponses.)

## 2 Une copine de Cologne (§ 18)

▶ Complétez. Utilisez les déterminants possessifs.

Marc arrive au collège avec ~ copine Julia de Cologne. Julia est à Paris pour une semaine. Elle habite chez ~ copain Marc. Aujourd'hui, Marc montre ~ école à Julia.

*Marc:* Voilà ~ classe, ~ copains et ~ copines.
Salut, Florence. Salut, Frédéric, voilà ~ amie Julia. Elle est de Cologne.

*Florence:* Ah, c'est ~ amie d'Allemagne. Salut, Julia. Tu travailles avec ~ classe, aujourd'hui? Maintenant, on a cours d'allemand.

*Julia:* Ah oui? Alors, je vais rester dans ~ classe. D'accord?

*Marc:* D'accord. Chut … Mme Riffonneau, la prof d'allemand, arrive.

*Mme Riffonneau:* Bonjour! Aujourd'hui, on va préparer ~ vidéo.

Mme Riffonneau regarde Julia.

*Mme Riffonneau:* Tiens, il y a une nouvelle dans ~ classe?
Guten Tag! Sprichst du gut deutsch?

*Julia:* Ääh … Ich glaube, ja! Ziemlich fließend sogar.

## 3 Aujourd'hui, les parents vont rentrer tard. (§ 19)

*a* Les enfants Drouet discutent. ▶ Jouez la scène et utilisez le futur composé.

*b* A vous ▶ Discutez.▽

– Qu'est-ce que tu vas faire pendant le week-end?
Et ta copine/ton copain/ton frère/ta sœur/tes parents?

| |
|---|
| faire …/jouer …/aller …/regarder …/travailler …/écouter …/discuter …/acheter …/préparer …/rencontrer … |

– Je vais/Je ne vais pas …
Mes parents vont …
Mon frère/ma sœur …

▶ Demande aussi à ton voisin/à ta voisine. (Frage auch deinen Nachbarn/deine Nachbarin.)

# B TEXTE

## Le collège André Citroën

*Chers amis de Stuttgart, salut!*
*Merci pour votre lettre. Nous avons une surprise pour vous: une vidéo sur le collège*
*C'est une idée de notre classe. Nous pensons que c'est intéressant. Regardez …*

Voilà la salle d'allemand. Nous faisons de l'allemand depuis deux ans avec Mme Riffonneau. «Der, die, das», c'est difficile! Mais on a un spécialiste. Marc, dis quelque chose en allemand!

Ici, c'est la salle de permanence. Quand nous n'avons pas cours ou quand un prof n'est pas là, nous allons en permanence. Ici, on lit, on écrit, on fait ses devoirs. Le surveillant demande toujours si on travaille. Je trouve que c'est le stress! …
Qu'est-ce que tu fais, Frédéric?

Tiens, Alice! Encore à l'infirmerie? Tu es malade? Mais tu as une interro de maths maintenant!

Là, c'est notre «self»! 350 élèves mangent ici à midi. Spécialité de la maison: poulet frites.
Et le bruit! Les profs disent qu'on fait toujours un bruit d'enfer. Vous entendez?

Maintenant, c'est la «récré». Pendant la récré, on reste dans la cour du collège. On discute avec les copains, on joue aux cartes, on fait du sport. Flo, qu'est-ce que tu fais?

Je montre mes devoirs de maths à Frédéric.

Voilà le CDI et Mme Dupré. Le «CDI», c'est le «Centre de Documentation et d'Information». Ici, les élèves lisent, cherchent des informations, etc. On travaille aussi avec l'ordinateur, comme Olivier. Quand est-ce que tu vas rendre tes livres, Olivier?

Je n'ai pas le temps!
J'écris une histoire de science-fiction.

Voilà les copains du club théâtre. Salut! Qu'est-ce que vous jouez?

«La Leçon» de Ionesco.
Restez avec nous. On va bien rigoler.

Cinq heures! Ouf! C'est la fin des cours, mais c'est toujours le stress. Nous allons rentrer à la maison et faire nos devoirs. Les profs ne demandent pas si nous avons des activités après les cours!

# B ACTIVITÉS

## 1 A propos de la vidéo

*a* ▶ Regardez la vidéo. Qu'est-ce que les élèves montrent à leurs correspondants? Faites une liste.

*b* ▶ Faites des phrases avec les mots de la liste.
*Exemple:* Le CDI → Au CDI, on cherche des informations.

*c* ▶ Comparez l'école en France et votre école.
Notez les différences dans votre cahier. (Schreibt die Unterschiede in euer Heft.)

## 2 Dire/lire/écrire/attendre *(§§ 21, 23)*

| | lire | dire | écrire | attendre |
|---|---|---|---|---|
| je/j' | + | + | – | + |
| tu | – | + | + | – |
| il/elle/on | + | – | – | ● |
| nous | + | + | – | + |
| vous | – | + | + | – |
| ils/elles | – | + | – | + |

*a* ▶ Faites des phrases affirmatives ou négatives. (Bildet bejahte oder verneinte Sätze.)

*Exemple:*
+ je/lire → Je lis une BD.
– nous/écrire → Nous **n'**écrivons **pas de** lettres, aujourd'hui.

*b* ▶ *A vous* ▽
1. Est-ce que tu aimes lire? Qu'est-ce que tu lis? Quand? Où?
2. Est-ce que tu écris aussi? Demande aussi à ta voisine/ à ton voisin.

## 3 Les élèves lisent, le prof écrit. *(§§ 21, 23)*

▶ Complétez. Utilisez *dire (1), lire (6), écrire (2), répondre (1), attendre (2), rendre (1), entendre (1).*

## 4 L'emploi du temps de Carole (§ 14)

| EMPLOI DU TEMPS | Nom Carole Garrigue | | | Classe 3e F | |
|---|---|---|---|---|---|
| HEURES | LUNDI | MARDI | MERCREDI | JEUDI | VENDREDI |
| 8 h 15<br>9 h 10 | sciences naturelles | maths | | sciences physiques | histoire-géo |
| 9 h 15<br>10 h 10 | sciences naturelles | allemand | histoire-géo | technologie | maths |
| 10 h 20<br>11 h 15 | français | | sciences physiques | allemand | français |
| 11 h 20<br>12 h 15 | français | éducation civique | EPS | anglais | |
| 14 h<br>14 h 55 | allemand | maths | | maths | français |
| 15 h 05<br>16 h | EPS | histoire-géo | | dessin | musique |
| 16 h 05<br>17 h | EPS | | | anglais | musique |

*a* ▶ Versucht die Bezeichnungen der Fächer aus dem Englischen bzw. Deutschen abzuleiten. (EPS heißt ausgeschrieben „Education physique et sportive".)

*b* ▶ Lisez l'emploi du temps de Carole. Utilisez l'heure officielle (die offizielle Uhrzeit).

*Exemple:*
- Le jeudi, de 8 h 15 à 9 h 10, Carole a un cours de …
- Après, de 9 h 15 à 10 h 10, elle a …
- Après, elle mange …
- La fin des cours, c'est à …

*c* ▶ Parle de ton emploi du temps à une copine/à un copain de France. ▿

## 5 La lettre de la 3e F (§ 20)

```
Chers amis de Stuttgart, salut!
Merci pour votre lettre. Nous avons une surprise: une vidéo sur le collège.
C'est une idée de notre classe … Nous avons aussi des questions. Est-ce que
votre emploi du temps est très différent? Est-ce que les profs et les
surveillants sont sympa à Stuttgart? Est-ce qu'il y a un bruit d'enfer dans
votre self? Est-ce que vous avez aussi une «spécialité de la maison»?
Est-ce que vous travaillez beaucoup après les cours? Et … est-ce que vous
aimez votre collège? Nous attendons votre visite. Notre prof de français
dit que vous allez arriver après les vacances de printemps. Est-ce que vous
préparez déjà votre voyage à Paris? Est-ce que vous allez préparer une
vidéo pour notre classe?
A bientôt. Nous attendons votre réponse!
                                        Les élèves de la 3e F
```

▶ Mettez la lettre au discours indirect. (Übertragt den Brief in die indirekte Rede.)

*Exemple:* 1. Les élèves de la 3e F écrivent qu'ils ont une surprise: une vidéo sur le collège.
2. Ils demandent aux élèves de Stuttgart si leur emploi du temps est très différent.

C TEXTE

▶ Regardez la partie «Lerntechniken», puis (dann) lisez le texte C.

## Lerntechniken

**Lesen und Verstehen**

1. Bevor du einen unbekannten Text liest, versuche zunächst, deine ersten Eindrücke zu sammeln. Die Überschrift oder Zeichnungen bzw. Photos liefern dir häufig wichtige Anhaltspunkte.
2. Lies dann den Text zum ersten Mal. Störe dich nicht daran, dass du einiges nicht verstehst. Schreibe dir Wörter, besonders aber Schlüsselwörter heraus, die du verstehst und die dir wichtige Informationen liefern können.
3. Beim zweiten Lesen versuche um die Schlüsselwörter herum dem Text weitere Informationen zu entnehmen. (Versuche diesmal dir unbekannt erscheinende Wörter aus anderen Sprachen und dem Kontext zu erschließen.)
4. Versuche als weitere Hilfe die Zeitstruktur des Textes festzuhalten: In welcher zeitlichen Abfolge stehen die einzelnen Abschnitte? Wo finden sie statt?

◆ *zu Hause lesen*

# Le collège en 2076

Frédéric et Carole rencontrent Olivier dans la cour du collège. Il lit un texte. C'est son histoire de science-fiction pour le «Pourquoi pas».

**Paris, le 23/47/2076, <u>8 h 15</u> : Dans ma chambre, il y a un bruit d'enfer. C'est mon ordinateur, Malabar F3! «Bonjour Olivier, je programme ton emploi du temps pour aujourd'hui. Je propose trois modules: Pour le module de futurolangue et le module de technologie, tu restes à la maison et tu travailles sur Giganet.**
**Et après la pause de midi, tu as un rendez-vous au collège André Citroën avec tes collègues de Paris pour le module d'histoire. D'accord?»**

**<u>9 h 10:</u> J'apprends la futurolangue sur Giganet. Dans mon groupe, il y a 978 collègues. Ils habitent partout dans le monde. Le futuroprof parle en futurolangue et quand on ne comprend pas quelque chose, il explique les questions en français, en anglais, en allemand, etc. (il parle 216 langues!)**

**<u>10 h 45:</u> Je suis toujours sur Giganet. Pendant le module de technologie, on travaille encore (!!!) sur l'aspirateur de pollution.**

**<u>12 h 45:</u> J'entends Malabar: «Bip ... bip ... je programme ta mobilauto pour le collège. Alors, prends ta multicarte.»**

Dans la rue AC 13, je rencontre Etienne et Magali. Ils prennent aussi leur mobilauto. Au collège, nous avons un module d'histoire avec Mme Barroc. Elle explique que nous allons faire un voyage de deux heures sur Histonet ... Deux minutes après, nous arrivons sur un pont. «Mais regardez - c'est une ville?», demande Etienne. «Mais c'est Paris, patate, répond Anthony. Ça, c'est la Seine, et là, c'est le Louvre.» Par terre, il y a une femme avec ses enfants. Elle dit: «S'il vous plaît, je n'ai plus de pain. Mes enfants ont faim, et moi, je suis malade.» «Mais c'est la misère, ici!», dit Damien. Mme Barroc regarde son mémo et dit: «C'est le Paris de Louis XIV. On est le 12 mai 1664.» «Et où est le roi?», demande Magali. «Le roi n'habite plus au Louvre! Il està Versailles, maintenant», dit Mme Barroc. «Alors, on y va», dit Naïma. Nous programmons les ordinateurs et arrivons à Versailles.

Dans le parc du château, on entend une musique. Ici, c'est la fête. Des gens font du théâtre devant le château. «Eh, regardez, c'est le roi, c'est Louis XIV avec sa famille et ... pardon, Monsieur, vous n'êtes pas Molière?», dit Anne. «Mais si, c'est moi. Notre roi aime le théâtre ... et les fêtes à Versailles. Ce soir, on joue Tartuffe», répond Molière. «Eh oui, le roi n'a pas de problèmes. Mais les gens à Paris, c'est différent ...», dit Pierre.

Mme Barroc dit qu'il reste seulement cinq minutes pour le voyage de retour et qu'il faut rester ensemble parce que le retour (c'est le code RE 2076 FC) est difficile.

Attention, encore trois minutes ... deux minutes ... une minute ... et nous arrivons au collège en 2076. Mais où est Céline? Elle aime les voyages et les surprises. Elle "surfe" encore dans le temps. Elle tape son code: RE 1997 CC et elle arrive au collège André Citroën, mais en 1997! Et là, Céline rencontre un garçon supergénial: Il s'appelle Olivier et dit qu'il écrit un texte sur le collège André Citroën en 2076!

*Carole:* Pas mal, Olivier, ton cybercollège! Mais quelque chose ne va pas dans ton texte.
*Olivier:* Et qu'est-ce que c'est?
*Carole:* Tu n'es pas supergénial ... mais cybergénial!

## ACTIVITÉS

### 1 A propos du texte

► Comment est-ce que vous trouvez le cybercollège André Citroën? Qu'est-ce que vous aimez? Qu'est-ce que vous n'aimez pas? Qu'est-ce que vous préférez: le collège André Citroën de 1997 ou le collège André Citroën en 2076? (Was zieht ihr vor ...)

## 2 Les jours/les mois/les saisons/la date

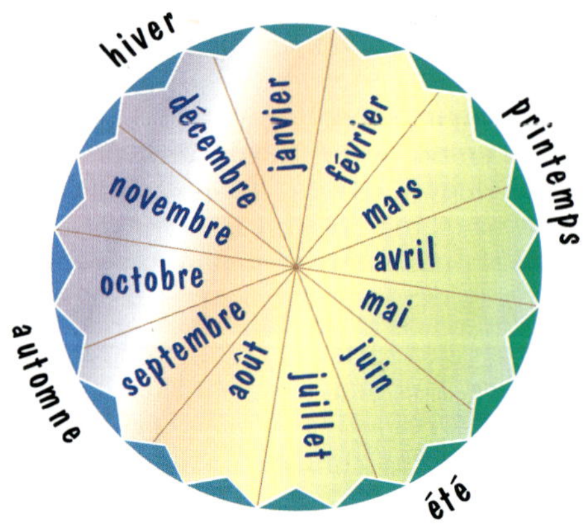

**On dit**

– C'est / On est / Nous sommes | quel jour / le combien | aujourd'hui ?

– C'est / On est / Nous sommes | lundi. / le trois août. / le lundi 3. / le premier mai.

– On est | en quelle année? / en quel mois?

– On est | en 199…/20… / en janvier/février …

– Quand est-ce que c'est, ton anniversaire? / C'est quand, ton anniversaire?

– Mon anniversaire, c'est le …

*A vous* ▶ Travaillez à deux. Posez des questions à votre voisine/voisin.

1. On est quel jour, aujourd'hui?
2. On est le combien, aujourd'hui?
3. Quand est-ce que c'est, ton anniversaire? Et l'anniversaire de ta sœur/ton frère/ ta copine/ton copain/ta mère/ton père?
4. Quel jour est-ce que tu fais de la musique, du sport, etc.?
5. Qu'est-ce que tu aimes comme saison?
6. Quand est-ce que vous avez des vacances?

## 3 Prendre /apprendre /comprendre *(§ 22)*

| | | | |
|---|---|---|---|
| Je/J' | prenez | un café/l'apéritif | quand j'ai le temps |
| Tu | comprennent | le (petit) déjeuner | au restaurant/au café |
| Il/Elle/On | apprends | le français/la guitare | depuis deux ans/un mois |
| Nous | prends | des cours de guitare | à la maison |
| Vous | comprend | les leçons/l'exercice | au petit déjeuner |
| Ils/Elles | apprenons | le problème/le texte | dans la cour |
| | etc. | l'anglais/l'allemand … | dans le parc … |

▶ Faites des phrases. Utilisez la forme affirmative ou la forme négative.

*Exemples:* – Je prends des cours de guitare depuis deux ans.
– Je **ne** comprends **pas** le texte.

## 4 Jeu de sons

▶ Lisez.

**1. [p], [t], [k]**

– Papa pose le pain, le poulet, les pommes de terre et les pizzas par terre. Pourquoi pas? Ce n'est pas un problème pour Pierre!
– Tintin joue toujours au tennis le matin. Après, c'est trop tard: Il travaille au théâtre.
– Mercredi dans la cuisine, Frédéric et Carole mangent quatre biftecks, quatorze camemberts, quinze avocats et comme dessert … quarante crêpes! Catastrophe!

**2. [s], [z]**

Quatorze élèves sont dans la salle de classe. Ils ont un cours de musique, et ils écoutent des cassettes et des CD, bien sûr.

## 5 Une école de rêve *(Eine Traumschule)*

***a*** ▶ Relisez la partie «Lerntechniken» à la page 35, puis faites un «filet à mots» sur le thème de l'école. (… erstellt ein Vokabelnetz zum Thema „Schule“.)

***b*** ▶ Ecrivez un texte sur votre école de rêve. Parlez:

– *des cours*
– *des profs*
– *des activités*
– *des devoirs*
– *des matières (Schulfächer)*
– *des salles*
– *de la vie dans votre école (par exemple du self, de la récré, des vacances, etc.)*

## 6 En français

Enfin, Marc a la réponse de la classe de Stuttgart.

▶ Traduisez la lettre en français.

Lieber Marc,

vielen Dank für euren Brief mit dem Video. Es ist sehr interessant. Wir lernen seit 6 Monaten Französisch. Hier sind die Antworten auf eure Fragen. Das Leben in unserer Schule ist nicht so wie bei euch, z. B. gibt es keine „permanence“. Wenn wir keinen Unterricht haben, bleiben wir im Schulhof. Und es gibt kein CDI. Also lernt man die Lektionen zu Hause.
Am Nachmittag haben wir keinen Unterricht. Um 13.00 Uhr ist Unterrichtsschluss. Am Montagnachmittag mache ich Musik (Ich spiele Gitarre!), dienstags mache ich Sport, am Mittwoch treffe ich meine Freunde im Jugendhaus, donnerstags gehe ich mit Christoph ins Schwimmbad, am Freitag habe ich einen Tanzkurs, und am Samstag gehe ich oft ins Konzert. Am Sonntag bleibe ich zu Hause und räume mein Zimmer auf. Das ist wirklich Stress!
Im Juni werden wir euer Collège und Paris

# Leçon 5

*Le quartier Balard*

## Dans la cave, c'est le bazar. (§ 25)

*a* ► Image 1: Dans les textes, vous trouvez les pronoms objets *me/m'* et *te/t'*. Qu'est-ce que vous remarquez?

*b* ► Regardez les images 2 et 3. Quels noms est-ce que les pronoms objets *le, la, les, lui, leur* remplacent? (Welche Nomen werden durch die Objektpronomen … ersetzt?) Quels pronoms remplacent un objet direct? Quels pronoms remplacent un objet indirect?

**Attention:**
manger **qc** (direktes Objekt)
attendre **qn** (direktes Objekt)
téléphoner à **qn** (indirektes Objekt)
rendre **qc à qn** (direktes + indirektes Objekt)

## Je pars en vacances. (§ 26)

*a* ► Ecrivez les formes du verbe *partir* avec les pronoms sujets dans votre cahier (… in euer Heft).

*b* ► Trouvez les formes correspondantes (die entsprechenden Formen) des verbes *dormir* et *sortir*.

# A TEXTE

## Le 10, rue des Cévennes

*Michel Agba:* Je viens du Togo et je fais des études de physique à l'université. J'ai seulement une petite chambre, mais le loyer est cher, surtout pour un étudiant. Alors, je fais du baby-sitting: Je garde le petit Gabriel Bouchon quand ses parents sortent.

*Mme Sabion:* J'habite dans l'immeuble depuis quarante ans. Je trouve que le quartier est agréable et animé avec le parc André Citroën, la rue Saint-Charles et ses magasins. Et en plus, nous avons un supermarché tout près. Je vais avoir soixante-douze ans, alors vous comprenez, je suis vite fatiguée et je ne sors pas beaucoup. L'après-midi, je dors un peu, et à quatre heures, mon petit David arrive …

*Mme Bouchon:* Nous, on vient de Normandie. On habite ici pendant la semaine, mais on préfère la vie à Caen. Et le vendredi soir, on repart en Normandie.
Gabriel, notre garçon de trois ans, dort très mal ici, surtout quand Frédéric Le Gall et ses copains font un bruit d'enfer dans la cave. Comme lundi, par exemple, jusqu'à dix heures et demie!

*Gunilla:* J'habite ici pour six mois seulement. Je viens de Stockholm et je fais un stage à «Canal Plus», la chaîne de télévision. Stockholm ne me manque vraiment pas. J'adore Paris, surtout le Quartier Latin – c'est chouette pour les jeunes. Il y a des jolis magasins de mode, des cinémas, des bons petits restaurants et des cafés branchés.

*Mme Le Gall:* Pour mon métier – je suis architecte – Paris est une ville formidable. J'ai toujours des projets intéressants. J'ai un grand bureau dans l'appartement, mais quand je travaille, je déteste le bruit. Alors quand mon fils fait de la musique avec son groupe, il va dans la cave.
Le soir, je sors souvent avec des amis: nous allons au restaurant, au cinéma ou au théâtre. Et de temps en temps, Frédéric et moi, nous partons en week-end près de Tours. Mes parents tiennent un petit hôtel à La Membrolle.

*David:* J'habite ici avec mon papa et ma maman. Quand je reviens de l'école, je vais chez mamie Sabion … Ce n'est pas ma vraie mamie parce que ma vraie mamie, elle habite à Orléans. Mais Mme Sabion, je l'aime bien. Elle me fait toujours des bonnes tartines et moi, je lui raconte des histoires …

*Lucie:* Alors, moi, l'école, les parents, la famille, non merci! Avec mes parents, c'est la catastrophe, surtout avec ma mère. Elle me dit toujours: «Tu sors encore! Ne rentre pas trop tard! Range ta chambre, ce n'est pas un hôtel, ici!» Quand mes parents reviennent du boulot, moi je pars chez mes copains. Mais on ne reste pas dans le quartier: Balard, c'est nul!

# A ACTIVITÉS

## 1 A propos du texte *(§ 27)*

*a* ▶ Complétez le tableau. (Vervollständigt die Tabelle.)

| | âge | famille | métier/activité(s) | problème(s) |
|---|---|---|---|---|
| Michel Agba | 18 à 25 ans | Il vient du Togo. | Il fait des études de physique.<br>Il fait du baby-sitting | Son loyer est cher. |

*b* ▶ Comment est-ce que vous trouvez les gens du 10, rue des Cévennes?
Pour répondre, utilisez les adjectifs

**agréable, formidable, chouette, sympa, génial, intéressant, nul, super**

**Attention à l'accord.** (Achtet auf die Angleichung.)

*Exemple:* Mme Sabion, je la trouve sympa, parce que …
Des mots vous manquent? Alors demandez à votre professeur!

*c* ▶ Inventez un dialogue entre deux personnes de l'immeuble. (Erfindet einen Dialog zwischen zwei Hausbewohnern.) ▽

## 2 Des situations *(§ 26)*

*a* ▶ Complétez. **sortir / dormir / partir**

*b* ▶ Travaillez à deux. Posez des questions sur votre emploi du temps. ▽
Utilisez les verbes *dormir/sortir/partir.*

*Exemples:*
– Est-ce que tu dors encore à sept heures/à huit heures/…?
– A quelle heure est-ce que tu sors de ton lit pendant la semaine/le dimanche/… ?
– A quelle heure est-ce que tu pars de la maison quand tu as cours?
– Est-ce que tu sors le soir?

## 3 *Discussions dans l'immeuble* (§ 25)

▶ Complétez les phrases avec des pronoms objets.

1. *Frédéric:* Est-ce que tu téléphones souvent à tes parents, Michel?
*Michel Agba*: Oui, je ~ téléphone de temps en temps, et ma mère ~ écrit souvent. Dans ses lettres, elle ~ parle toujours de la famille. Dans trois mois, ma sœur va venir en France et je vais ~ montrer Paris.

2. *Mme Bouchon:* Bonjour, madame. Vous avez une minute? Je vais ~ dire quelque chose: Quand Frédéric et ses copains font de la musique dans la cave, le soir, nous ~ entendons. Et notre petit Gabriel ne dort pas. Pour nous, c'est un problème.
*Mme Le Gall:* Je ~ comprends, bien sûr. Ecoutez, on va chercher une solution. Quand les jeunes vont venir à la maison, je vais ~ parler.

3. *Lucie:* Ma mère ne ~ comprend pas. Quand je ~ explique mes problèmes, elle ne ~ écoute pas.
*Gunilla:* Moi, je ~ trouve sympa, ta mère. Ton père aussi, il est sympa. Quand je ~ rencontre, il ~ dit toujours bonjour.

## 4 *C'est un livre intéressant.* (§ 27)

**a** ▶ Faites des dialogues.

**Attention à la forme et à la place de l'adjectif.**
(Achtet auf die Form und die Stellung des Adjektivs!)

*Exemples:*
– Comment est-ce que tu trouves le quartier Montmartre?
– C'est un **joli** quartier.
– Comment est-ce que tu trouves les histoires d'Olivier?
– Ce sont des histoires **intéressantes.**

| | | | | |
|---|---|---|---|---|
| une BD | un hôtel | un copain | une danse | une fille |
| une histoire | une maison | un restaurant | un chien | un garçon |
| un livre | un café | un magasin | un journal | un groupe |
| un film | une rue | une vidéo | un quartier | un/une prof |
| | | | | nul |
| bon | cher | sympa | branché | formidable |
| petit | grand | agréable | animé | difficile |
| joli | vrai | intéressant | fatigué | différent |

**b** ▶ Maintenant, utilisez le pluriel.
*Exemple*: – Comment est-ce que … les histoires?
– … des histoires **intéressantes**.

## 5 *Faites des rimes.* (§ 28) ▶ Complétez.

| | |
|---|---|
| 1. *Mamie:* Qu'est-ce que tu ~, Sophie? | dire |
| *Sophie:* Je ~ que je ~ au lit, mamie. | dire, lire |
| 2. *Martin:* Quand est-ce qu'il ~, Julien? | venir |
| *Alain:* Il ~ demain. ~! Voilà son chien. | venir, tenir |
| 3. *Aurélie:* Ah bon? Nous ~ avec les garçons? | sortir |
| *Carole:* Ah non! Nous ~ nos leçons! | apprendre |
| 4. *Etienne:* Est-ce que tes parents ~ dans une semaine? | venir |
| *Luc:* Oui, ils m'~ qu'ils arrivent avec mon frère Yves. | écrire |

# B TEXTE

## «Avalanche»

Un jour, dans l'immeuble ...
Bonjour, Mme Sabion! Attendez, je vais vous aider à porter vos sacs.
8
Merci, mon petit. Et la musique, ça marche?
9
... et Frédéric lui raconte son «histoire».
Alors, maintenant on cherche une salle pour nos répétitions, mais on ne trouve pas!
10
TIIIIIIT TIIIIIIT TIIIIIIT
Allô, Frédéric? C'est Mme Sabion. Est-ce que tu peux venir chez moi avec tes copains? Je pense que j'ai une solution pour vous.
11
Mme Sabion leur explique que sa sœur, Mme Renaud, a un garage, rue Duranton ...
Ma sœur n'a plus de voiture. Elle n'a pas besoin d'argent, mais elle a besoin de quelqu'un pour faire ses courses et, de temps en temps, pour passer l'aspirateur ... Vous êtes d'accord?
12
Vous pouvez jouer quand vous voulez ... moi, j'aime bien la musique.
13
14
Je vous préviens ... mon garage n'est pas vide. C'est le bazar, mais je vous donne tout. Tenez, voilà la clé!
15

5

# B TEXTE

organisation sociale
Qu'est-ce qu'on va faire avec tout ça?
A mon avis, il faut téléphoner à Emmaüs.
Oui, mais réfléchis! Tout n'est pas intéressant pour Emmaüs. Moi, je veux d'abord regarder si je trouve quelque chose pour moi!
16
Claire trouve une veste et des chaussures …
Super! Elles me vont!
17
Et mon chapeau, il n'est pas chouette?
18
Et moi, pour ma chambre, je choisis la chaise rétro!
19
Regardez! Des cartes postales!
Et là, il y a deux étagères avec des livres. On va proposer tout ça à un antiquaire.
20
Eh bien, on peut dire qu'on a de la chance.
ANTIQUITÉS
Oui, on a un garage gratuit pour nos répétitions et 400 F pour acheter nos T-shirts!
21
Et un mois plus tard, à la fête de l'école …
«AVALANCHE»
AVALANCHE»
22

## 1 A propos du texte

Frédéric et son groupe cherchent une salle …

*a* ▶ Résumez l'histoire.

*Exemples:* Images 1 et 2 → Le groupe «Avalanche» ne peut plus jouer dans sa cave.
Images 3 et 4 → Comment trouver une salle de répétition? Avec une annonce, bien sûr!
etc.

*b* A vous ▶ Qu'est-ce que vous pensez de la solution?

## 2 La planète sans voyelles *(§ 26)*

*(Der Planet ohne Vokale)*

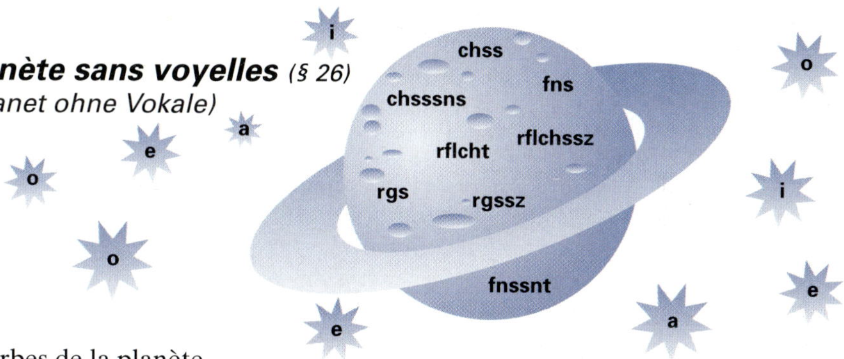


*a* ▶ Trouvez les verbes de la planète et ajoutez les pronoms sujets.

*b* ▶ Faites une autre planète avec les verbes *être, avoir, aimer, aller, écouter, écrire.* ▿

## 3 Claire discute avec Mme Renaud. *(§ 29)*

▶ Complétez. **pouvoir / vouloir**

1. *Mme Renaud:* Claire, qu'est-ce que tu ~ faire plus tard?
*Claire:* Je ~ être journaliste!
*Mme Renaud:* Et ta copine? Qu'est-ce qu'elle ~ faire?
*Claire:* Aurélie? Elle ~ faire du cinéma.
*Mme Renaud:* Et Frédéric et ses copains?
*Claire:* Ils ~ faire de la musique! Dans un groupe!
*Mme Renaud:* C'est bien. Mais, il faut beaucoup travailler quand on ~ donner des concerts!

2. *Mme Renaud:* Tiens, bonjour Claire! Dis, tu ~ passer l'aspirateur chez moi, demain?
*Claire:* Non, je ne ~ pas. Demain, je sors avec des copains.
*Mme Renaud:* Et Aurélie? Elle ~ ?
*Claire:* Aurélie? Non, je pense qu'elle ~ aller au cinéma.
*Mme Renaud:* Et dans votre groupe, qui ~ venir?
*Claire:* Euh … Demain, Frédéric et ses copains ne ~ pas …
*Mme Renaud:* Ah bon! Ils ne ~ pas ou ils ne ~ pas?
*Claire:* Eh bien … Ils ~ , mais samedi soir, ils ont leur premier concert. C'est le problème. Mais mercredi après-midi, nous ~ venir, si vous ~ .
*Mme Renaud:* D'accord! Et bonne chance pour le premier concert!

## 4 Comment est-ce que tu réagis? (§ 30)

▶ Complétez si nécessaire (falls notwendig).

**1** Tes copains proposent ... aller au cinéma.
- a) Tu préfères ... aller dans une discothèque et tu demandes à tes copains ... venir avec toi. (1)
- b) Tu préfères ... regarder le film à la télé. Mais tu adores ... sortir avec tes copains. Alors tu vas quand même au cinéma. (3)
- c) Tu dis à tes copains qu'ils peuvent ... aller au cinéma, mais sans toi. Tu leur expliques que tu n'as pas envie ... sortir aujourd'hui. (2)

**2** Un copain de ta classe ne comprend pas le texte de la leçon.
- a) Tu lui dis: «Ce n'est pas un problème: j'adore ... expliquer les textes aux copains.» (3)
- b) Tu penses: «Il n'a pas de chance! Mais il faut ... dire que le texte est difficile.» (2)
- c) Tu lui dis: «Quand on veut ... comprendre, il faut ... travailler!» (1)

**3** A la télé, il y a un film de science-fiction, mais tes parents veulent ... regarder une vidéo sur Gérard Depardieu.
- a) Tu leur dis: «Vous pouvez ... regarder votre vidéo plus tard, non?» (1)
- b) Tu penses: «J'ai de la chance ... avoir des parents branchés», et tu regardes la vidéo avec tes parents. (3)
- c) Tu leur dis: «D'accord, vous pouvez ... regarder votre vidéo. Je vais ... regarder mon film chez un copain.» (2)

**4** Pendant les vacances, tu n'as pas de chambre pour toi et tu dors dans une pièce avec quelqu'un de ta famille (ta sœur/ton frère/ton cousin/...).
- a) Tu penses: «Pour les vacances, ça va. On peut ... rester dans la même pièce.» (2)
- b) Tu penses: «C'est super. J'adore ... être avec ma sœur/mon frère/mon cousin/...» (3)
- c) Tu demandes à ta sœur/à ton frère/à ton cousin/à ... ... ne pas faire de bruit dans la chambre. (1)

▶ Maintenant, lisez vos résultats.

| | |
|---|---|
| 1 – 4 | Attention: Dans ta tête, c'est toujours «moi d'abord». Si tu veux avoir des vrais amis, il faut aussi penser aux autres. Réfléchis un peu ... |
| 5 – 8 | Quand il y a un problème, avec toi on trouve toujours une solution: c'est formidable! |
| 9 – 12 | Bravo! Tu es vraiment sympa avec tes copains/ta famille. Mais ... pense aussi à toi de temps en temps! |

## 5 ✎ D'accord, pas d'accord.

**a** ▶ Cherchez dans les textes A et B les expressions qu'on utilise pour donner son avis. (... die Ausdrücke, die man ...) Puis, faites un tableau «On dit» comme à la page 30.

**b** ▶ Travaillez à deux. Posez des questions et discutez.

*Exemple:* – Qu'est-ce que tu penses de ...
– A mon avis ...

Pour répondre, utilisez les mots ou les phrases de ***a***.

## 6 Jeu de sons

► Jouez la scène et faites attention aux «r».

Aujourd'hui, mercredi quatorze mars, c'est l'anniversaire de Pierre.

*Son père:* Alors, Pierre, tu dors encore? Ta sœur prépare le petit déjeuner avec ta mère.
*Pierre:* Ah? Mais il est quelle heure?
*Son père:* Il est neuf heures et quart.
*Pierre:* Oh, merci, c'est super, j'arrive. Mais d'abord, je vais sortir.
*Son père:* Ah bon! Et pourquoi?
*Pierre:* Parce que je vais chercher le journal: il y a un article sur le quartier Balard et sur le groupe de Frédéric!

## 7 Anne raconte ...

**Attention à la place des adjectifs.**

► Complétez les phrases.

Salut! Je (s'appeler) Anne! La musique (tenir) une très ~ place ~ dans ma vie. Quand j' (acheter) des CD, je (choisir) surtout des CD de hard rock ou de funk. Quand un CD (sortir), je (aller) tout de suite dans un ~ magasin ~ de disques. Mais, j'ai de la chance, j'ai des ~ parents ~ . Ils (ne pas réagir) trop mal quand ils entendent ma musique. Ils (avoir) une ~ pièce ~ dans leur cave. Alors, je (pouvoir) écouter des CD quand je (vouloir). Maintenant, vous (comprendre) pourquoi les copines (venir) souvent chez moi! Ensemble, nous (choisir) des ~ disques ~ et nous (finir) toujours par faire notre hit-parade. Encore quelque chose: Quand mes copines (partir), elles me (dire) toujours «Tu as des ~ parents ~.»

## Lerntechniken — Wortschatzerwerb (II)

Einige Regeln können das Lernen und Behalten von Vokabeln erleichtern:

**1 Lernen in Gegensatzpaaren**

z. B.: *entrer* ↔ *sortir, adorer* ↔ *détester, grand* ↔ *petit, faux* ↔ *vrai*, etc.

► Arbeitet in Gruppen und erstellt eine Liste mit Gegensatzpaaren zu den Wortarten Verben, Adjektive, Nomen und Präpositionen.

► In einem zweiten Schritt bildet Gegensatzpaare zu einem bestimmten Thema, z. B. Zeitangaben:

*le matin* ↔ *le soir, l'été* ↔ *l'hiver, à midi* ↔ *à minuit*

**2 Lernen in Wortfamilien**

z. B.: *la musique* → *le musicien*
*rentrer* → *la rentrée*

► Versucht mit Hilfe dieser Technik die Bedeutung folgender Wörter zu raten: *le joueur, sportif, la sortie, le boulanger, la maladie, la proposition, polluer, la différence, l'explication.*

◆ *zu Hause lesen*

un télésiège

le ski de piste

des moniteurs sympa

le ski de fond

# Leçon 6

*L'Alpe d'Huez: une station de ski*

un petit village

## Après les vacances d'hiver *(§ 31)*

Dans les couloirs du collège, les élèves parlent de leurs vacances. Florence et Aurélie racontent:

*Aurélie:* On **a passé** des vacances formidables à la montagne!
*Florence:* Oui, mes parents **ont trouvé** un gîte super à Ornon. C'est dans les Alpes, tout près de l'Alpe d'Huez, et comme Christine, ma sœur, a préféré rester chez mamie, on **a invité** Aurélie.
*Aurélie:* On **a rencontré** Gilles, un mec génial et un jour, nous **avons** même **fait** du ski à l'Alpe d'Huez avec lui.
*Florence:* Gilles **a expliqué** à Aurélie comment on fait une descente en ski! Et puis …
*Aurélie:* Ah non, tu n'as pas besoin de raconter ça …

Mais ça sonne. C'est déjà la fin de la récré …

***a*** ► Regardez les formes *on a passé, ils ont trouvé,* etc. Ce sont des exemples de «passé composé». On utilise ce temps quand on veut raconter quelque chose qui a eu lieu dans le passé. (… was sich in der Vergangenheit abgespielt hat.) Comment est-ce qu'on forme le passé composé?

***b*** ► Racontez au passé composé:

Olivier (passer) ses vacances à Paris. Le premier week-end, il (rencontrer) des copains et il (jouer) au foot. De lundi à jeudi, il (aider) dans la boulangerie de ses parents.
Et à la fin des vacances, le vendredi, il (faire) ses devoirs. Il (travailler) sur Internet au cybercafé du Centre Pompidou. Il (chercher) des informations sur la Martinique pour l'interro de géo.

***c*** ► Regardez les photos de la station.
Trouvez les mots allemands pour : *la station de ski, la piste, le ski de piste, le ski de fond, le télésiège, le moniteur de ski, la neige.*

Qui est-ce que ⇒ chez

# A TEXTE

## Le premier soir à Ornon

Le premier soir, les Drouet vont prendre l'apéritif chez M. Tisserand, le propriétaire du gîte. Les Tisserand tiennent le gîte depuis un an. Ils habitent tout près.

*M. Tisserand:* Est-ce que vous avez fait un bon voyage?

*M. Drouet:* Oui, merci. On a pris l'autoroute jusqu'à Grenoble …

*Mme Drouet:* … et on n'a pas eu de neige.

*Florence:* Vous avez de la chance d'habiter ici. Ce n'est pas comme à Paris, avec le bruit et la pollution!

*M. Tisserand:* Oui, c'est vrai. Ici, nous avons l'air pur, le calme et la nature, mais vous savez, ce n'est pas toujours facile. Nous devons faire dix kilomètres en voiture pour faire les courses et c'est difficile de trouver un travail ici.

*François:* Et vous, qu'est-ce que vous avez trouvé comme travail, ici?

*M. Tisserand:* Quand nous avons acheté notre maison à Ornon, ma femme a d'abord travaillé dans le petit café de la station, mais seulement l'hiver. Moi, j'ai voulu faire des meubles: des tables, des armoires, mais ça n'a pas bien marché. Alors, l'année dernière, nous avons réfléchi et nous avons décidé d'acheter la ferme derrière notre maison. Et nous avons ouvert un gîte! Les premiers mois, ça n'a pas été facile, mais maintenant ça marche bien. Tiens, voilà mon fils, Gilles. Il est au lycée à Grenoble et il revient le week-end. Bonjour, Gilles. Tu as passé une bonne semaine?

*Gilles:* Oui, ça va.

*Aurélie:* Tu fais tes études à Grenoble? C'est loin!

*Gilles:* Je dois aller à Grenoble parce qu'il n'y a pas de lycée à Bourg d'Oisans! Et je passe le bac en juin.

*Florence:* Ah oui? Qu'est-ce que tu prépares, comme bac?

*Gilles:* J'ai choisi le «bac S», mais je veux être moniteur de ski. Après le bac, je vais revenir ici, parce que j'aime beaucoup la montagne.

*Florence:* Mais c'est super! Euh … Aurélie et moi, on a besoin d'un moniteur de ski. Tu n'as pas envie de nous donner un cours?

*Gilles:* Demain, je ne peux pas. Je suis désolé. Mais dimanche, je veux faire les pistes noires à l'Alpe d'Huez. Avant, je peux vous montrer comment on fait une descente. Vous voulez venir avec moi?

*François:* Eh bien, tu vois, Florence, tu as trouvé un moniteur pas cher! Tu n'as pas honte?

*Gilles:* Mais non! Elle a raison! Donner des cours, c'est un plaisir pour moi.

## 1 A propos du texte

Le premier soir, Aurélie téléphone à ses parents. Qu'est-ce qu'elle leur raconte?
▶ Mettez les phrases dans le bon ordre. (Bringt die Sätze in die richtige Reihenfolge.)

- On a fait un bon voyage.
- Dimanche, il va nous donner un cours de ski à l'Alpe d'Huez.
- Son fils Gilles est très sympa.
- On a déjà rencontré M. Tisserand, le propriétaire du gîte.
- Pendant la semaine, il est au lycée à Grenoble. Il veut être moniteur de ski.
- C'est moi, Aurélie.
- Il fait des meubles. Il a ouvert le gîte l'année dernière.
- Ça va être chouette!

## 2 La semaine de Gilles *(§ 31, 32)*

Pendant la semaine, Gilles habite dans un foyer à Grenoble.

▶ Racontez. Utilisez le passé composé.

| Lundi soir | Mardi, 11 h | Mercredi | Jeudi | Vendredi |
|---|---|---|---|---|
| – faire ...<br>– regarder ... | – préparer interrogation ... jusqu'à | – ne pas travailler<br>– avoir la visite/ mes amis | – jouer<br>– mes parents/ faire une surprise | – ranger<br>– préparer mon sac |

## 3 Le ski hors piste *(§§ 31, 32, 33)*

*a* ▶ Mettez les verbes au présent **ou** au passé composé. (Setzt die Verben ...)

Un moniteur de ski de l'Alpe d'Huez raconte: «L'année dernière, on a (avoir) des problèmes avec les skieurs à l'Alpe d'Huez. Des jeunes (faire) du ski hors piste et il y (avoir) une avalanche. Après la catastrophe, on (discuter) à la station; et on (trouver) une solution: Maintenant, on (surveiller) les pistes parce que les touristes (ne pas faire attention). Des jeunes de l'Alpe d'Huez (préparer) un texte. Dans leur texte, ils (donner) des informations aux skieurs.»

*c* ▶ Traduisez les verbes *faire du ski, faire attention, faire des descentes.*

*b* ▶ Complétez avec les formes de *devoir*:

*Attention aux avalanches!*

1. Amis skieurs, nous ~ vous informer sur les problèmes de la montagne!
2. Vous ~ lire les informations de la station avant de monter sur les pistes.
3. Les skieurs ~ toujours rester sur les pistes.
4. Faites attention: On ne ~ pas faire des descentes trop difficiles.
5. Vous avez un problème? Alors, vous ~ tout de suite prévenir quelqu'un.

*Passez des bonnes vacances à l'Alpe d'Huez!*

## 4 Savoir n'est pas pouvoir. *(§§ 29, 33)*

*a* ▶ Dans votre cahier, préparez un tableau de conjugaison pour les verbes *savoir, pouvoir* et *devoir*. (… erstellt für die Verben … eine nach Personen gegliederte Tabelle.)
Dans le texte A, vous trouvez des formes des verbes *savoir, pouvoir* et *devoir*. Ecrivez-les dans le tableau. Puis, complétez le tableau à l'aide de votre carnet de grammaire (… mit Hilfe eures Grammatischen Beiheftes.)

*b* ▶ Lisez le texte et expliquez la différence entre *savoir* et *pouvoir*.
Armelle, la sœur de Gilles, **sait** très bien faire du ski. Mais elle ne **peut** pas skier parce qu'elle a un pied dans le plâtre. Elle doit rester à la maison, elle ne **peut** pas aller à l'Alpe d'Huez.

*c* ▶ Complétez. Utilisez *savoir, pouvoir* ou *devoir*.

*Aurélie:* Et toi, Armelle, tu ~ faire du ski?
*Armelle:* Oui, mais avec mon pied, je ne ~ pas faire de ski. Je ~ rester à la maison pendant une semaine.
*Florence:* Mais on ~ faire quelque chose ce soir. Aurélie ~ très bien chanter.
*Gilles:* Et moi, je ~ jouer de la guitare.
*Armelle:* Ah non, Gilles! Pas ça! Je préfère écouter des CD.
*Gilles:* Oh, vous ~, ma sœur n'aime pas la guitare.
*François:* Je comprends. Elle n'aime pas TA GUITARE!
*Florence:* On ~ aussi jouer au poker!
*Armelle:* Bonne idée. Mais d'abord, vous ~ me montrer comment on joue, parce que je ne ~ pas jouer au poker.
*Gilles:* Et avec ton pied sur la table, tu ~, c'est cool.

*A vous* ▶ Faites des dialogues. Utilisez *savoir, pouvoir* et *devoir*. ▽

*Exemple:* – Est-ce que tu **peux** m'expliquer comment on joue au poker, s'il te plaît?
– Non, je suis désolé(e). Je ne **peux** pas t'expliquer:
Je ne **sais** pas jouer./Je **dois** partir, maintenant.

## 5 Il neige trop pour skier. *(§ 34)*

▶ Mettez *elle, elles, lui, eux, moi, toi, nous* à la place des expressions entre crochets (anstelle der Ausdrücke in Klammern).

*M. Drouet:* Où sont Aurélie et Florence, François? Tu ne pars pas skier avec [Aurélie et Florence]?
*François:* Non. Il neige trop. On ne peut pas skier aujourd'hui. Les filles et [François], on va aller à Grenoble. Est-ce que vous avez envie de venir avec [Aurélie, Florence et François], maman et [papa]?
*M. Drouet:* Pourquoi pas! Grenoble, c'est chouette. Et ta mère, [maman], elle adore visiter des villes. Mais dis donc, votre copain Gilles est aussi à Grenoble. On va pouvoir visiter la ville avec [Gilles]!
*François:* Euh … Je ne sais pas, parce que les élèves de Grenoble ne sont pas en vacances, [les élèves de Grenoble].

# A l'Alpe d'Huez

1 Florence, Aurélie, François et Gilles sont donc allés aujourd'hui à l'Alpe d'Huez pour faire du ski. Gilles a choisi une piste facile et il a aidé Aurélie à faire sa première descente. Après, Florence est restée avec Aurélie, et Gilles est allé faire des pistes noires avec François. Ils ont bien rigolé, surtout quand François a perdu son bonnet! Mais ils ont eu de la chance – une skieuse est arrivée tout de suite après … et elle lui a rendu le bonnet.

A midi, les quatre copains sont allés manger au restaurant d'altitude «Les Marmottes». A table, Gilles leur a expliqué pourquoi il aime skier à l'Alpe d'Huez:
«Pour faire du ski, ici, c'est le pied: il y a 220 kilomètres de pistes. Vous avez vu, on n'a même pas attendu une fois aux télésièges … Et puis, on peut manger à 2300 m d'altitude, devant «le Pic Blanc». La spécialité du resto, c'est le croque-monsieur.»

2 Après la pause, Florence a voulu aller sur une piste rouge avec Gilles. Aurélie et François sont restés ensemble sur des pistes faciles. Les quatre jeunes ont rendez-vous à quatre heures au café «Rocher Soleil», dans le village.

A quatre heures et quart, Florence et Gilles sont au café, mais François et Aurélie ne sont pas encore arrivés. Florence et Gilles décident alors de les attendre. Gilles a invité Florence à prendre une tasse de chocolat chaud. «Moi aussi, je voudrais un chocolat chaud, s'il vous plaît» demande un jeune – il a un petit accent. Il raconte qu'il vient de Salzbourg et qu'avec le brouillard, il a dû faire sa dernière descente à 15 h 30. Quand elle entend ça, Florence commence à avoir peur pour Aurélie et François … A cinq heures et demie, ils entrent enfin dans le café.

3 *Florence:* Aurélie, François! Mais qu'est-ce que vous avez fait? On vous attend depuis une heure et demie!
*Aurélie:* Vite, une chaise! Je suis crevée, j'ai mal aux pieds, à la tête … partout … et j'ai froid, aussi!
*Gilles:* S'il vous plaît, … encore deux chocolats chauds!
*Aurélie:* Vous ne pouvez pas savoir comme on a eu peur! On est allés sur une piste noire sans le savoir.
*Gilles:* Une piste noire? Mais c'est beaucoup trop difficile pour toi, Aurélie!
*Aurélie:* Oui, on a vite compris …
*Florence:* Mais vous êtes partis sans regarder les panneaux?
*François:* La bonne blague! Les panneaux, on ne les a pas vus. Avec le brouillard, tu ne vois même pas tes skis …
*Aurélie:* … et moi, je suis tombée trente-six fois et j'ai perdu un ski …
*François:* … et en plus, il a commencé à neiger. J'ai cherché la piste bleue, mais je ne l'ai pas trouvée.
*Aurélie:* J'ai appelé …, mais je n'ai plus vu de skieurs. J'ai pensé: «une nuit dans la neige, c'est l'horreur!» Mais tout à coup, deux pisteurs de la station sont arrivés. Ils ont fait la descente avec nous et nous sommes enfin rentrés à la station …
*François:* On a eu de la chance!
*Florence:* De la chance? A cinq heures, Gilles est allé prévenir les pisteurs! C'est ça votre chance!

# *B* ACTIVITÉS

## 1 A propos du texte *(§§ 31, 32, 35, 36)*

Aurélie écrit à ses parents. ▶ Mettez les verbes au passé composé.

Ornon, le 8 février

Chère maman, cher papa,

La neige, c'est génial! Ornon, c'est vraiment une petite station de ski. Nous (arriver) au gîte samedi à 6 heures, et les propriétaires sont très sympa. Aujourd'hui, je (faire) ma première descente! Gilles, le fils du propriétaire, est moniteur de ski. Il (venir) avec moi. Après, il (partir) avec François. Florence et moi, nous (rester) sur la piste bleue. Après la pause de midi, je (rester) avec François et on (prendre) la piste noire. Oh la catastrophe! Tout à coup, il (commencer) à neiger et on ne plus (trouver) la piste. Mais, Gilles et Florence (attendre) dans un café de la station. Après une heure, Gilles (prévenir) les pisteurs. Enfin, ils (arriver). Ouf! Je peux vous dire que je ne vais plus prendre la piste noire!!! Demain, on va rester à Ornon et faire du ski de fond. Voilà pour aujourd'hui. Je pense bien à vous.

Grosses bises et à bientôt

*Aurélie*

## 2 Les vacances des copains et des copines *(§§ 31, 32, 35, 36)*

*a* ▶ Racontez. Utilisez le passé composé.

1. Carole/amies/aller/à Marseille//manger croque-monsieur dans un café//Après une semaine/rentrer/à Paris.
2. Damien et Alice/ne pas partir en vacances//rester à Paris//aller visiter le château de Versailles.
3. Marc/travailler/magasin de livres//argent/acheter des CD//Mercredi soir/sortir avec Olivier et Chrystelle.
4. Frédéric et Luc/rester à Paris//vouloir/faire de la musique//ne pas pouvoir trouver/clé du garage.

*b* ▶ Ecris une lettre à ta/ton corres. Raconte comment tu as passé tes vacances.

## 3 Gilles raconte. *(§§ 31, 32, 33, 35, 36)*

Au café, Gilles raconte à ses amis de Paris ses dernières vacances de février. ▶ Racontez.

L'année dernière/… inviter des copains

Marc/ne pas vouloir…/préférer, patinoire

Je/donner un cours
André/première descente

Le soir, Jean/avoir mal à/
devoir aller chez le médecin

Après, Jean, ne plus faire de ski/
acheter des BD/lire à la maison

Le dernier soir/aller au resto/
manger une fondue savoyarde

## 4 Le resto «Chez Lulu» *(§§ 31, 35, 36, 38)*

**Attention à l'accord des pronoms!**

▶ Ecrivez le poème (das Gedicht) au passé composé.

### *La fille de mes rêves*

*Je l'ai vue dans le resto*
*Je (lui) (apporter) sa pizza*
*Puis elle (me) (appeler)*
*Mais elle (ne pas (me) regarder)*
*Elle (me) (demander) une salade*
*Je (la) (poser) sur la table sans la regarder*
*A onze heures je (apprendre) son nom*

*Fleur*

*Elle (rester) jusqu'à minuit*
*Mais elle (ne pas (me) regarder)*
*Et puis son copain (venir)*
*Je (les) (voir) ensemble*
*Alors, je (rentrer) à la maison*
*Et je (la) (garder) dans mes rêves*
*Mais je (ne pas revenir)*
*Au resto «Chez Lulu»*

### *Le garçon de mes rêves*

*Je l'ai vu dans le resto*
*Il (me) (apporter) ma pizza*
*Puis je (le) (appeler)*
*Mais il (ne pas (me) regarder)*
*Je (lui) (demander) une salade*
*Il (la) (poser) sur la table sans me regarder*
*A onze heures je (apprendre) son nom*

*Eric*

*Je (rester) jusqu'à minuit*
*Mais il (ne pas (me) regarder)*
*Et puis sa copine (venir)*
*Je (les) (voir) ensemble*
*Alors, je (rentrer) à la maison*
*Et je (le) (garder) dans mes rêves*
*Mais je (ne pas revenir)*
*Au resto «Chez Lulu»*

## 5 Le week-end d'après *(§§ 31, 32, 35, 36, 38)*

▶ Complétez au passé composé. Attention à la place des mots.

Le samedi d'après, Aurélie, Florence et François (aller) encore une fois à l'Alpe d'Huez avec Gilles. Les quatre jeunes (skier) ensemble, mais ils (ne pas faire) de piste noire! Après le ski, Aurélie et Florence (aller acheter) des cartes postales. Florence (trouver) une carte très chouette. Quand elle (lire) le texte de la carte postale «Je préfère le hors piste», elle (la prendre) tout de suite et elle (la montrer) à Aurélie. Elles bien (rigoler). Après, elles (aller) au «Café des skieurs» et elles (retrouver) Gilles et François. Le dimanche, (neiger), alors les jeunes (ne pas partir skier). Ils (aller) à la patinoire et … après cinq minutes Gilles (tomber)!!! A quatre heures, Gilles (rentrer) chez lui. Puis, il (devoir) partir pour Grenoble. Florence, François et Aurélie lui (dire) au revoir. Ils lui (donner) leur adresse à Paris. Et Gilles les (inviter) pour les vacances de Noël.

## 6 Le Tour de France *(§ 37)*

**a** ▶ Regardez la liste et cherchez les Français.

Le *premier* Français est arrivé *huitième*.
Le *deuxième* Français est arrivé *douzième*.
Le *troisième* …

**b** ▶ Continuez.

**15e ETAPE** Villard de Lans – Serre Chevalier: 203 km Lundi 4 juillet
1. Tony Rominger (SUI); 2. Alvaro Mejia (COL); 3. Miguel Indurain (ESP); 5. Zenon Jaskula (POL); Erik Breukink (HOL); 7. Oliviero Rincon (COL); 8. Richard Virenque (FRA); 9. Roberto Conti (ITA); 10. Javier Mauleon (ESP); 11. Antonio Martin (ESP); 12. Charles Mottet (FRA); 13. Pedro Delgado (ESP); 14. Thierry Claveyrolat (FRA); 15. Laudenio Cubino (ESP); 16. Thierry Bourguignon (FRA); 17. Miguel Ange Martinez (ESP); 18. Alex Zülle (SUI); 19. Bjarne Riis (DAN); 20 Laurent Fignon (FRA); 21. Gianni Bugno (ITA);

C

## [TEXTE]*

* Die Durchnahme dieses Textes ist fakultativ.

### Choisissez votre style ...

**Dans les Alpes, à 50 kilomètres de Grenoble, dans le Massif de l'Oisans, vous pouvez faire du ski dans deux stations très différentes: l'Alpe d'Huez et Ornon. Tout le monde sait où est l'Alpe d'Huez. Avec ses hôtels, ses cafés, ses discothèques, ses magasins de mode, ses cinémas, c'est une grande station moderne et branchée. A seulement 15 kilomètres de là, il y a le village d'Ornon, avec son petit hôtel calme, ses fermes anciennes, l'air pur et 40 km de pistes pour le ski de fond.**

**Choisir sa station, c'est choisir son style. Pour vous aider à choisir entre les deux stations, Isabelle Maille et Thierry Berger les ont visitées pour vous. Quatre personnes leur ont donné leur avis.**

# L'Alpe d'Hue

### L'Alpe d'Huez: une station à la mode

**Mme Mazel travaille à l'office de tourisme.**
Ici, on fait du ski à 3000 m d'altitude. La neige est toujours au rendez-vous, même l'été. En plus, on a 385 canons à neige quand la saison n'est pas bonne. Les gens viennent à l'Alpe d'Huez pour le ski, mais aussi pour les activités après le ski! Et il faut dire que nous proposons mille activités aux touristes. La piscine et la patinoire sont ouvertes jusqu'à 21 heures, et dans les discothèques, on fait la fête jusqu'à 2 heures du matin. Bien sûr, ça coûte cher, mais vous êtes dans la station du plaisir. La semaine dernière, les vacances ont commencé à Paris, alors on a eu surtout des Parisiens. Nous les avons reçus avec plaisir. Nous recevons tout le monde avec plaisir!

**Julien, 19 ans, étudiant**
Moi, j'adore l'Alpe d'Huez, parce que c'est une station branchée. Pour faire les 108 pistes de ski, il faut peut-être une semaine ou deux. Et le soir, le sport continue sur les pistes des discothèques. Je sais, les écologistes n'aiment pas l'Alpe d'Huez. Eux, ils disent que les touristes et les grands immeubles abîment la montagne, que les animaux sont partis et que les canons à neige font de la pollution. Pour moi, ce n'est pas un problème, parce que les touristes aiment venir à la montagne et, en plus, avec les touristes, le travail ne manque pas pour les gens de l'Alpe d'Huez.

**L'Alpe d'Huez**

| | |
|---|---|
| ***Touristes par an*** | 200 000 |
| ***Ski*** | 108 pistes, 220 km |
| ***Altitude*** | 1500 m à 3300 m |
| ***Activités*** | ski de piste/ski de fond/ patinoire/piscine |
| ***Hébergement*** | 40 hôtels/2 gîtes/ 49 appartements/ 15 000 lits |

## Ornon: une station dans la nature

**Eric Gauthier est moniteur de ski à Ornon.**

A Ornon, nous recevons surtout des groupes et des familles. Ils viennent passer des vacances calmes, pour un week-end ou pour une semaine. Les gens aiment venir à Ornon parce que c'est une petite station. Ici, on n'a pas encore abîmé la nature. Bien sûr, il n'y a pas de piscine, pas de patinoire, pas de cinéma. Il y a seulement un petit village savoyard, la montagne, la neige, l'air pur.

**Ornon**

| | |
|---|---|
| **Touristes par an** | 2 000 |
| **Ski** | 5 pistes, 15 km |
| **Altitude** | 1300 m à 2000 m |
| **Activités** | ski de piste/ ski de fond |
| **Hébergement** | 1 hôtel/10 gîtes/ 250 lits |

# z ou Ornon?

**Sandrine, 18 ans**
**Elle vient en vacances à Ornon avec sa famille.**

Nous, on vient à Ornon depuis sept ans. On habite toujours dans le gîte des Meunier. Ornon n'est pas très cher, alors le soir, on va souvent manger une fondue savoyarde dans le petit restaurant du village. Ici, c'est très sympa. On dit bonjour aux gens dans la rue. Quand on va dans la montagne, on voit souvent des animaux.
Moi, je n'aime pas beaucoup les grandes stations: le monde, le bruit et la pollution, ce n'est pas pour moi, c'est comme à Paris! Ici, ce sont les vraies vacances.

# C ACTIVITÉS

## 1 [A propos du texte]

*a* ▶ Relisez les textes B et C. Puis faites une liste avec les avantages (Vorteile) et les inconvénients (Nachteile) des deux stations.

*b* ▶ Discutez en classe: Qu'est-ce que vous préférez comme station? Ornon ou l'Alpe d'Huez? Dites pourquoi.

*c* ▶ La vie à la montagne. Discutez le pour et le contre (… das Für und Wider). ▽

## 2 Chez le médecin*

**On dit**

*Die unbekannten Vokabeln dieser Übung werden in den folgenden Lektionen nicht vorausgesetzt.

*a* ▶ Regardez les dessins (die Zeichnungen) et traduisez en allemand.

*b* ▶ Ecrivez le dialogue dans le bon ordre et complétez les phrases:

5 – Depuis deux jours.
2 – Bonjour. Où est-ce que tu as mal?
9 – Merci, au revoir, docteur.
4 – Depuis quand est-ce que tu …
1 – Bonjour, docteur.
3 – J'ai mal … j'ai …
7 – D'accord.
8 – Tiens, voilà ton ordonnance et maintenant tu vas aller acheter …
6 – Tu as la grippe. Il faut prendre …

*c* ▶ Ecrivez un autre dialogue et jouez la scène. ▽

## 3 Jeu de sons

▶ Lisez les phrases. Attention aux lettres soulignées (auf die unterstrichenen Buchstaben)!

| | | | |
|---|---|---|---|
| C'est l'anniversaire du frère de Philippe. Il n'y a pas d'apéritif, mais Frédéric et Florence ont fait des frites. | [f] | [v] | Je veux voir les vidéos du Louvre avec David après les vacances de février. |
| Bonjour, monsieur Bouchon, nous montrons à mon oncle Franck le pont d'Avignon. | [õ] | [ɑ̃] | Florence rencontre Sandrine à Caen pendant les vacances de printemps. |
| Sur la photo, Olivier porte un chapeau et prend un chocolat chaud avec Flo. | [o] | [ɔ] | Christophe est comme Charlotte. Il adore les ordinateurs et il rigole aussi beaucoup. |

## Lerntechniken

**Freies Schreiben**

In dieser Lektion hast du das passé composé kennen gelernt. Diese Zeitform ermöglicht es dir immer mehr französische Texte zu verstehen (s. Seite 132). Sie kann dir aber auch helfen, einen längeren französischen Text selbst zu schreiben, z. B. ein Gedicht oder auch einen Prosatext:

- Such dir zunächst ein Thema, das dir gefällt (z. B. *les vacances, les amis, les activités*).
- Sammle das Vokabular zum Thema in einem Wortfeld (siehe Seite 35).
- Um den Text zu strukturieren stell dir die folgenden Leitfragen: *Qui? Quand? Où? Quoi? Comment?* Die Reihenfolge von Ereignissen kannst du durch folgende Signalwörter verdeutlichen: *d'abord – puis – tout à coup – après – enfin.*
- Erzähle den Text in einer der drei Zeitstufen Gegenwart *(le présent)*, Futur *(le futur composé)* oder Vergangenheit *(le passé composé)*. Gehe beim Schreiben von einer Hauptzeitform aus.

▶ Schreibe einen Text von etwa 150 Wörtern über ein Thema deiner Wahl.

*zu Hause lesen*

## 4 Expédition «pôle sud» *(§§ 31, 32, 33, 34, 35, 36, 37, 38)*

▶ Mettez les verbes au passé composé. Mettez *lui, elles, eux* à la place de ~ et un nombre ordinal à la place des chiffres.

Deux Canadiens, Bernard Voyer et Thierry Petry, (vouloir) aller au pôle sud à skis, sans moteur et sans chiens, avec seulement deux pulkas[1] pour leur matériel. Bernard Voyer (être) moniteur de ski dans les Alpes et il est professeur de sport à Montréal. Thierry Petry, ~ , est médecin. Ils (préparer) leur expédition pendant trois ans. Ils (écrire) des lettres pour trouver de l'argent pour leur projet. Leurs lettres, il les (envoyer) à des magasins de sport, à des firmes, à des universités et aussi à des journaux. Ils (partir) de Montréal le 20 octobre 1995 et ils (arriver) en Antarctique par avion[2]. Pour monter jusqu'au pôle sud, à 2800 m d'altitude, ils (devoir) marcher pendant 65 jours et faire 1500 km dans la neige et le froid. Ils (prendre) avec ~ 350 kilos de bagages[3] pour manger, dormir et avoir chaud. Ils (ne pas être) malades, mais ils (être) souvent très fatigués. Ils (faire) du ski dix heures par jour. Les pauses , ~ , (être) toujours très courtes (5 à 20 minutes). Souvent, ils (devoir) manger sans faire de pause pour ne pas avoir froid. Ils (prendre) 5500 calories par jour, mais ils (perdre) quand même 10 kilos pendant l'expédition! Les [1] semaines, ils (ne pas avoir) de problèmes et ils (faire) 25 à 30 km par jour. Mais après, ils (trouver) devant ~ des grands blocs de neige et alors, il (être) difficile de continuer à skier.
«Où sont-ils? Comment vont-ils?» On le (savoir) jour après jour parce que l'expédition, on la (voir) sur Internet. On (pouvoir) voir aussi comment ils ont réalisé[4] leur programme scientifique. Enfin, au commencement du [3] mois, les deux hommes (arriver) à Amundsen-Scott, la station du pôle sud. Bien sûr, ils (ne pas venir) ici les [1]. Mais l'idée d'aller au pôle à skis, huit personnes seulement la (avoir) avant ~ . Ce n'est pas beaucoup quand on sait que déjà douze hommes (marcher) sur la lune[5].

D'après un article de *Québec international*

1 **un pulka** arktischer Schlitten für Skiläufer 2 **par avion** mit dem Flugzeug 3 **les bagages** Gepäck 4 **réaliser** verwirklichen 5 **la lune** Mond

# Le plaisir de lire

## Une nuit de février

Marc Dixier a deux métiers: il est agriculteur[1] et ouvrier[2]. Il est agriculteur au Bourgnon, un petit village de vingt maisons, à 25 kilomètres de Clermont-Ferrand. Il travaille aussi comme ouvrier chez Michelin, à Clermont-Ferrand.
Un soir, Marc sort de l'usine, fatigué.
Un collègue lui demande:

– Tu as vu le temps[3]? Il va neiger. Viens dormir chez moi: les routes[4] peuvent être dangereuses[5], ce soir.
– C'est gentil[6], merci, mais les enfants sont seuls[7]. Et puis, il y a les bêtes[8] ...

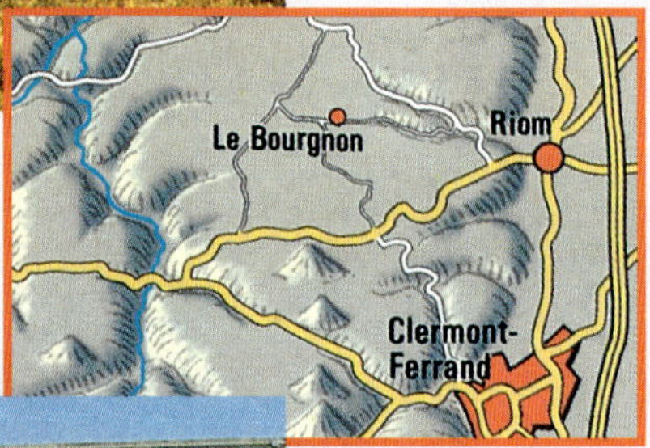


– Tu travailles trop! Pourquoi est-ce que tu gardes ta ferme?
– Parce que c'est la ferme de la famille, et j'aime le travail à la ferme. Merci pour ton invitation, mais je dois rentrer. Allez, à demain!

Et il commence à neiger ...

Dans la ferme des Dixier, les enfants sont à table. Muriel et ses deux petits frères sont seuls. Leur mère est partie parce qu'elle travaille à l'hôpital de Riom, ce soir. Mais maintenant, il neige, et on entend le bruit du vent[9] dans le toit[10]. Les garçons ont peur, Muriel est très inquiète[11] aussi. Leur père n'est pas rentré et il n'a pas téléphoné. Elle espère[12] qu'il va rester à Clermont-Ferrand pour la nuit ...

***Vocabulaire:*** 1 **un agriculteur** [agrikyltœr] ein Landwirt 2 **un ouvrier** ein Arbeiter 3 **le temps** das Wetter 4 **une route** eine Landstraße 5 **dangereux,-se** gefährlich 6 **gentil,-le** [ʒɑ̃ti] nett 7 **seul** allein 8 **les bêtes** *(f) hier:* das Vieh 9 **le vent** der Wind 10 **le toit** [twa] das Dach 11 **inquiet/inquiète** [ɛ̃kjɛ] beunruhigt 12 **espérer** hoffen

Entre Riom et Le Bourgnon, sur la petite route de montagne, la circulation[1] est très difficile. La neige continue à tomber. Marc Dixier est inquiet: est-ce qu'il va pouvoir monter jusqu'à son village? Bientôt, c'est une vraie tempête[2] de neige. Et tout à coup, la neige bloque[3] la voiture de Marc Dixier. Il commence à avoir très peur. Il pense à sa famille, à la ferme et aux vaches[4]. Le toit de l'étable[5] n'est pas très solide[6], et avec la neige … Mais il est obligé[7] d'attendre dans sa voiture, et une heure passe[8], puis deux … Il n'y a plus de vent, maintenant, la tempête est finie. Et puis le chasse-neige[9] arrive enfin …

Marc Dixier rentre chez lui à une heure du matin. Il va tout de suite à l'étable. Mais là … Par terre, devant la porte[10], il y a des tuiles[11] tombées du toit! Mon Dieu[12]! Il entre vite dans l'étable. Près de la porte, il trouve le petit veau[13], mort[14]. Et les vaches? Il n'y a plus de vaches dans l'étable, mais il voit un grand trou[15] dans le toit. Et où sont les enfants?

Il les appelle et les cherche partout.

Tout à coup, il entend Muriel:
– C'est toi, papa?
– Muriel! Où est-ce que vous êtes?
– On est chez les voisins[16].
– Et où sont les vaches?
– Elles sont là aussi.
– Comment est-ce que vous avez fait?
– A minuit, j'ai entendu un bruit dans l'étable. J'ai tout de suite pensé au toit. Alors, j'ai vite appelé les voisins. Ils ont été très gentils; ils ont mis nos vaches dans leur étable. Mais le petit veau a eu peur, il est tombé. Et puis le toit de l'étable …
– Ne pleure pas[17], Muriel. Le petit veau est mort, je sais. Mais tu as été formidable! Tu as sauvé[18] nos bêtes! Allons vite chez les voisins, je veux leur dire merci.

***Vocabulaire:*** 1 **la circulation** der Verkehr 2 **une tempête** ein Sturm 3 **bloquer** blockieren
4 **une vache** eine Kuh 5 **une étable** ein Stall 6 **solide** stabil 7 **obligé,e de** gezwungen zu;
8 **passer** *hier:* vergehen 9 **un chasse-neige** ein Schneepflug 10 **une porte** eine Tür
11 **une tuile** [tɥil] ein Dachziegel 12 **mon Dieu!** mein Gott! 13 **un veau** [vo] ein Kalb 14 **mort,e** tot
15 **un trou** ein Loch 16 **un voisin** ein Nachbar 17 **Ne pleure pas.** Weine nicht 18 **sauver** retten

# Leçon 7

*La vieille Bourse à Lille*

## Le championnat junior de judo ...

Le week-end prochain, le club de judo de Frédéric participe à un championnat junior à Lille. Le journal «Judo» présente les équipes.

### LA BELGIQUE
Louvain

Les Belges ont déjà gagné le championnat l'année dernière ... Attention!

### LA SUISSE
Neuchâtel

La Suisse vient au championnat pour la première fois, mais avec Toni Mattern, les Suisses ont un très bon entraîneur.

### L'ALLEMAGNE
Schwerin

En Allemagne, il y a aussi des très bons judokas. Andreas Neubauer est l'espoir du club.

### L'ITALIE
Milan

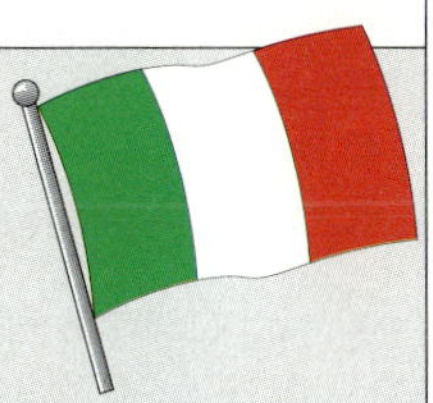

Attention, nos amis italiens viennent pour gagner!

### LES PAYS-BAS
Alkmaar

Aux Pays-Bas, on adore le judo. Les Hollandais sont des adversaires à surveiller.

### L'AUTRICHE
Graz

L'équipe autrichienne de Graz est très motivée. Est-ce qu'elle va gagner?

### L'ANGLETERRE
Parkminster

En rugby, les Anglais ont l'esprit sportif. Et sur les tapis de judo?

### LE DANEMARK
Skagen

Les Danois ne sont pas venus l'année dernière ... Est-ce qu'on va les voir à Lille?

### LA FRANCE
Paris 15e

Et les Français? Ils ont aussi leurs chances!

1. ▶ Cherchez 12 mots sur le thème du sport dans l'article du journal «Judo» et traduisez. Utilisez les méthodes de la leçon 1, page 12 et de la leçon 3, page 35.

2. ▶ Faites trois listes avec les noms des pays (die Ländernamen), les noms des habitants (die Namen der Einwohner) et les adjectifs de nationalités (die Nationalitäten).

# A TEXTE

## On va gagner!

❶ Vendredi 15 avril. Le club de judo de Frédéric a rendez-vous à 17 heures 30 devant le Centre d'Animation «Espace Cévennes». Aujourd'hui, l'équipe des filles et l'équipe des garçons partent à Lille pour le championnat junior.

❷ Un peu plus tard, dans le minibus.

*Patrick (l'entraîneur):* Tout le monde est en forme? Alors, écoutez bien, je vais vous lire la première page du journal «Judo».

Il commence à lire.

*Irène:* Moi, j'ai peur des Anglais, j'ai lu qu'ils ont un entraîneur japonais.

*Frédéric:* Et moi, je vous dis qu'on va gagner parce qu'on est super bons, même Irène et Lucie! Et puis, avec moi, vous pouvez être tranquilles.

*Lucie:* Frimeur! Tu as de la chance: il n'y a pas de combat fille-garçon …

❸ Le soir, au Foyer International.

*Patrick:* Alors, bonsoir tout le monde et demain, pensez au jogging à 6 heures et demie!

*Vincent:* A six heures et demie du matin? Et en plus, le week-end! C'est une blague?

*Patrick:* Mais non. Vous n'êtes pas en vacances, ici! Et il faut être en forme pour le championnat.

*Vincent:* Et qui va préparer le petit déjeuner?

❹ Samedi, c'est le grand jour. A neuf heures, au Centre sportif L.U.C., le championnat commence. Au premier tour, l'équipe des garçons français gagne trois combats, les Italiens aussi. Au dernier combat du tour, Frédéric a comme adversaire un grand Italien.

*Tous:* Allez, Frédéric, vas-y!

Le combat est rapide, Frédéric est en forme et réagit vite. Il réussit son o-soto-gari contre l'Italien.

*Tous:* Ouais, super, vas-y!

Mais l'Italien est très rapide, lui aussi. Il repart tout de suite. Les deux adversaires sont crevés et Frédéric est énervé parce que l'Italien résiste beaucoup. Les deux judokas veulent gagner, et tout de suite. Mais tout à coup … Non, ce n'est pas possible, comment est-ce qu'il a pu faire ça? Pour l'équipe des garçons, c'est une vraie catastrophe. Les copains ne comprennent pas: Frédéric est sorti du tapis et l'équipe des garçons est éliminée.

❺ Après, c'est le combat des filles. Pour le club de Paris, les filles sont maintenant le dernier espoir de gagner une médaille. L'adversaire d'Irène est une Belge très motivée. Le combat n'est pas facile …

*Tous*: Vas-y, Irène, tu es super. Montre que tu sais faire uchi-mata!

Irène est en forme, elle bloque la Belge et fait sa spécialité … un uchi-mata formidable!

*Tous:* Bravo, super!

Et voilà une médaille de bronze pour les filles!

# ACTIVITÉS

## Lerntechniken

### Ein Resümee schreiben

Wenn ihr die wichtigsten Informationen eines Textes in einem Resümee zusammenfassen wollt, könnt ihr folgendermaßen vorgehen:

1. Lest den Text ein erstes Mal durch. Haltet euch nicht an Details auf, sondern findet das Thema des Textes. Der Titel kann euch erste Hinweise liefern.
2. Lest den Text ein zweites und drittes Mal durch. Teilt ihn in Abschnitte ein und sucht die Schlüsselwörter (*mots-clés*) und auch Bindeglieder zwischen den Textteilen (*mots-charnières:* Umstandsbestimmungen, Adverbien, Konjunktionen) heraus, die wichtige Elemente des Textes darstellen.
3. Erstellt ein Raster, in das ihr die Schlüsselwörter und Bindeglieder eintragt.
4. Benützt das Raster, um euer Resümee zu schreiben.
   Achtet dabei auf folgende wichtige Regeln:
   - Gebraucht immer das Präsens.
   - Schreibt in der 3. Person.
   - Vermeidet die direkte Rede.
   - Beschreibt im ersten Satz, wovon der Text handelt.
   - Fasst jeden Teil zusammen: Behaltet dabei die Grobgliederung des Ausgangstextes bei. Gebraucht die Schlüsselwörter und die Bindeglieder. Berücksichtigt nur die wichtigsten Informationen.

◆ zu Hause lesen

# A ACTIVITÉS

## 1 A propos du texte

Voilà un tableau pour résumer le texte A.

| Partie | Quand? | Où? | Qui? | Quoi? |
|---|---|---|---|---|
| ① | vendredi 15 avril | à Paris | le club de judo de Frédéric | – partir à Lille<br>– un championnat |
| ② | | dans le minibus | l'entraîneur | journal judo |
| ③ | le soir | au Foyer International (à Lille) | l'entraîneur | jogging |
| ④ | samedi | au Centre sportif | l'équipe des garçons | catastrophe |
| ⑤ | après | | l'équipe des filles (Irène) | médaille de bronze |

▶ Ecrivez un résumé dans votre cahier.

## 2 Qui a gagné entre 1990 et 1997? (§ 39)

| Année | 1990 | 1991 | 1992 | 1993 | 1994 | 1995 | 1996 | 1997 |
|---|---|---|---|---|---|---|---|---|
| Où? | DK | CH | I | GB | NL | A | B | D |
| Equipe | F | GB | NL | A | B | CH | I | D |

*Exemple:* En 1990, les Danois  ont organisé le championnat et l'équipe française  a gagné.

▶ Continuez.

## 3 Londres, c'est où? (§ 39)

▶ Regardez la carte et répondez.

La France → **en** France
Le Portugal → **au** Portugal
Les Pays-Bas → **aux** Pays-Bas

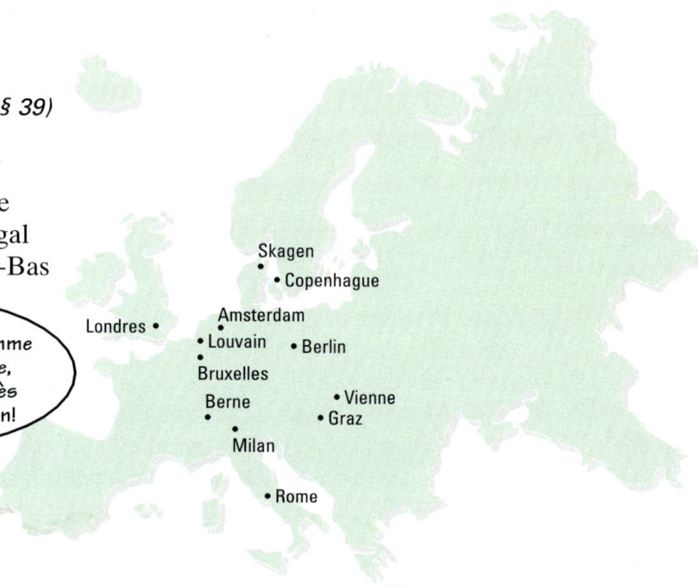

# B TEXTE

## Les courses à Lille

❶ Samedi, après le championnat. Les judokas de Paris n'ont pas gagné, mais ils veulent faire une petite fête quand même. Ils décident de visiter Lille et de faire les courses pour la fête. Irène et Sandra vont faire des spaghettis à la bolognaise. Et Vincent et Lucie, eux, vont préparer le dessert: une salade de fruits.
Les jeunes doivent donc acheter du gruyère, des tomates, de la viande hachée, de l'huile, des fruits, etc. …
Mais quand ils arrivent sur la place aux Oignons, le marché est déjà fini.
Alors, ils entrent dans un magasin de fruits et légumes.

❷ *Le marchand:* Bonjour les jeunes, qu'est-ce qu'il vous faut?
*Lucie:* Je voudrais des fruits, s'il vous plaît. D'abord, il nous faut un kilo de pommes.
*Le marchand:* Et avec ça, mademoiselle?
*Lucie:* Euh … Je vais prendre des oranges et … une dizaine de bananes! Ça fait combien, s'il vous plaît?
*Le marchand:* Ça fait quarante-cinq francs cinquante …
*Lucie:* Eh, Sandra, tu as l'argent du club?
*Sandra:* Ah oui, c'est vrai. Tiens!
*Le marchand:* Vous êtes dans un club de quoi?
*Sandra:* De judo! Et aujourd'hui, on a gagné la médaille de bronze au championnat de Lille!
*Le marchand:* Ah … bravo! Tenez, je vous mets trois kiwis avec vos fruits. C'est bon pour les sportifs!

❸ Lucie paie et ils sortent du magasin. Après, ils passent devant l'Eglise Notre-Dame et arrivent sur la place de la vieille Bourse. Là, il y a un marché aux puces.

*Sandra:* Regardez, j'ai trouvé un livre sur le judo! C'est un cadeau sympa pour l'entraîneur, non? On va lui faire la surprise ce soir!
*Vincent:* Oui, mais regarde, les textes sont en japonais!
*Irène:* Et alors, je ne vois pas le problème. L'important, c'est le judo. Le livre coûte combien, madame?
*La marchande:* Trente-cinq francs.
*Irène:* Pour vingt-cinq francs, on le prend!
*La marchande:* D'accord.

❹ Plus tard, ils passent devant une boulangerie. Dans le magasin, on vend aussi des «Bêtises de Cambrai».

*Sandra:* Tiens, des bêtises! Voilà un supercadeau pour Frédéric!

Ils rigolent et achètent une boîte de bêtises pour leur copain.

❺ Après, les jeunes vont dans un supermarché pour acheter le reste: les spaghettis, la viande hachée, les tomates, les oignons, l'huile et le gruyère. Ils achètent aussi un paquet de sucre et des boissons. Et ils voient un panneau: Aujourd'hui, on peut acheter deux bouteilles de rhum pour 35 francs.

*Lucie:* Est-ce qu'on prend du rhum pour la salade de fruits?

*Irène:* Oui, mais on ne va pas acheter deux bouteilles de rhum! Qu'est-ce qu'on va faire avec le reste?

*Vincent:* Moi, je veux bien le boire.

*Lucie:* Toi? Mais tu ne bois pas d'alcool!

*Vincent:* C'est une blague, bien sûr!

# B ACTIVITÉS

## 1 A propos du texte

► Résumez le texte. Utilisez les méthodes de la partie A, page 79.

## 2 Une dizaine de bêtises *(§ 40)*

► Regardez l'exemple et continuez. *Exemple:* un paquet de café

| | | | | |
|---|---|---|---|---|
| un kilo | | fruits | avocats | poulets |
| un paquet | | viande hachée | bêtises | gruyère |
| une dizaine | | oranges | pommes | spaghettis |
| un litre | de/d' | sucre | rhum | oignons |
| une boîte | | huile | chocolat | tomates |
| une tasse | | café | camembert | bananes |
| une bouteille | | croissants | frites | pommes de terre |

## 3 Des crêpes avec du rhum? (§§ 40, 41, 42)

▶ Mettez les formes des verbes et ajoutez les articles.

*Isabelle:* Qu'est-ce qu'on (acheter) pour (mettre) sur ~ crêpes? Moi, je (manger) toujours mes crêpes avec ~ sucre. Et toi? Qu'est-ce que tu (mettre) sur ~ crêpes?
*Pierre:* Moi, sur ~ crêpes, je (mettre) ~ sauce au chocolat. C'est très bon avec ~ crêpes.
*Isabelle:* Et … est-ce que nous (acheter) aussi ~ alcool pour (mettre) sur ~ crêpes?
*Pierre:* Non, non, je n'aime pas ~ alcool dans les crêpes! Mais on peut (mettre) du gruyère sur ~ crêpes. Tu (payer) ~ gruyère et moi, je (payer) ~ sauce au chocolat. D'accord?
*Isabelle:* Bon, d'accord. Est-ce qu'on (acheter) aussi ~ huile?
*Pierre:* Non, il y a ~ huile à la maison.

## 4 Faire les courses (§ 45)

**On dit**

| **La marchande/le marchand** | **La cliente/le client:** |
|---|---|
| – C'est à qui, maintenant? | – C'est à moi. |
| – Qu'est-ce qu'il vous faut, madame/monsieur/mademoiselle? | – Je voudrais des pommes. / Des pommes, s'il vous plaît. |
| – Oui. Combien? | – Deux kilos. |
| – Voilà. Et avec ça? | – Combien coûtent les tomates? |
| – Elles coûtent 11,90 F le kilo. | – Alors, je prends un kilo de tomates. |
| – C'est tout? | – Oui, c'est tout. Merci. Ça fait combien? |
| – Ça fait 55 F. | – Voilà 100 F. |
| – Et voilà 45 F. Merci, madame/mademoiselle/monsieur, et au revoir. | – Au revoir, madame/monsieur. |

*A vous* ▶ Vous faites les courses chez M. Lebœuf. Travaillez à deux et faites des dialogues.

# C TEXTE

## Ce soir, on fait la fête.

❶ Samedi soir, dans la cuisine du Foyer International, il y a les deux équipes et Patrick, leur entraîneur, mais aussi Rosa Maria (une Espagnole), Torben et Lisa (deux Danois), et trois Allemands, Kerstin, Florian et Katharina.

*Rosa Maria:* Salut, vous venez d'où?
*Irène:* Nous sommes de Paris et nous avons fait un championnat de judo, aujourd'hui. Et ce soir, on fait la fête. Tu ne veux pas manger avec nous? On fait des spaghettis!
*Rosa Maria:* Des spaghettis! Oh, je ne dis pas non! Et pour l'apéritif, j'ai un grand paquet de chips. Je peux le mettre sur la table.
*Stéphane:* D'accord, c'est sympa! Et maintenant, on prépare les spaghettis.
*Irène:* Je prends combien de paquets de spaghettis?
*Stéphane:* Tu en prends six ou sept.
*Vincent:* Tu rigoles, il faut neuf ou dix paquets. J'ai faim, moi!

*Stéphane:* Maintenant, il y a vraiment assez de spaghettis pour tout le monde!
*Sandra:* Attention Irène, il ne faut pas mettre trop de sel.
*Irène:* Ecoute, je ne fais pas la cuisine pour la première fois.
*Vincent:* Et pour la sauce, il me faut un peu d'huile, cinq oignons, les tomates et la viande hachée. Zut, on n'a pas d'herbes de Provence!
*Patrick:* Si, attends, j'en ai vu sur l'étagère.

❷ Dans la salle à manger, les autres mettent les verres et les boissons sur la table: il y a des jus de fruits, de la limonade et du coca.

*Vincent:* Est-ce qu'il manque encore quelque chose?
*Rosa Maria:* De la musique! Attendez, je vais chercher ma guitare dans ma chambre.
*Torben:* Oui, oui. Tu vas nous jouer du flamenco!

Florian et Katharina ont un magnétophone et des cassettes. On mange, on danse … bref, c'est la fête et on ne pense plus au judo … sauf Frédéric.

*Lucie:* Avant le dessert, nous avons une petite surprise pour Patrick …
Lucie lui donne le livre.
*Patrick:* Merci. Ça me fait vraiment plaisir. Oh … Je vais devoir apprendre le japonais.
*Vincent:* Et maintenant, nous avons encore une bêt…, euh … une surprise pour Frédéric. Regarde, Frédéric! On t'a acheté … des bêtises de Cambrai! Tu sais, l'important, c'est de participer.

Tout le monde rigole et la fête continue … avec Frédéric.

❸ Vers 22 heures, trois jeunes arrivent dans la salle à manger. Ils sont aussi au foyer et ont entendu la musique.

*Un jeune:* On peut faire la fête avec vous?
*Lucie:* Euh … oui, pourquoi pas. Il y a encore beaucoup de spaghettis, on en a trop fait.
*Un jeune:* Merci, on n'a pas faim, mais vous avez des boi … boissons?
*Lucie:* Il y en a sur la table.
*Un jeune:* Je vais chercher les bières dans no … notre chambre et des bonnes cassettes, la musique est nulle, ici.
*Irène (à Lucie):* T'as vu? Ils ont déjà bu …
*Un jeune (à Lucie):* On a de la b … bière, tu n'en veux pas, chérie?
*Lucie:* D'abord, je ne m'appelle pas «chérie». Et ensuite, je ne bois pas d'alcool, je suis une sportive! Je préfère les jus de fruits.
*Le jeune:* Mais après le sport, c'est bon, tu sais. Tiens …
*Frédéric:* Eh! Tu vas la laisser tranquille! On ne veut pas de problèmes.
*Le jeune:* On ne t'a pas demandé ton avis, minable. Allez, chérie, bois une bière avec nous.
*Lucie:* Je t'ai déjà dit que je ne veux pas d'alcool. Tu ne peux pas comprendre ça?
*Le jeune:* Oh là là! On ne peut pas rigoler, ici. Allez, venez! On va faire la fête ailleurs!

# C ACTIVITÉS

## 1 A propos du texte

*a* Lucie n'a pas eu le temps d'écrire son journal intime (Tagebuch). Elle a seulement pris des notes pour l'écrire à la maison. Voilà ses notes:

*samedi soir:* préparation de la fête dans la cuisine du foyer → spaghettis – boissons/musique (Rosa Maria → la guitare)
*la fête:* danser/manger/Frédéric – faire la fête/les cadeaux
*le problème:* trois jeunes → de la bière

► Ecrivez le journal de Lucie. Utilisez des «mots-charnières».

*b* A vous ► Relisez la fin de l'histoire. Les copains de Frédéric sont dans une situation difficile. Vous êtes dans leur situation: Comment est-ce que vous réagissez?

## 2 Faites des fêtes. *(§ 44)*

Ce soir, les copains sont là.
On mange de la salade et des pizzas.
Et comme dessert, il y a
de la mousse au chocolat.
Mais, qu'est-ce qu'on boit?

**bois** **buvez** **boit** **bois** **buvons** **boivent**

*une tasse de café* *coca* *bière avec moi* *limonade dans la cave* *chocolat* *jus de citron*

► Continuez le poème. Utilisez les pronoms personnels *(je, tu, il/elle, nous , …)*. Utilisez aussi l'article partitif quand c'est possible. Et pensez aux rimes!
*Exemple:* «**Je** bois du coca, **tu** …

## 3 10, rue des Cévennes *(§ 46)*

▶ Répondez aux questions et utilisez *en* dans vos réponses. (Pour trouver les bonnes réponses, regardez encore une fois le texte A de la leçon 5.)

1. Il y a combien *d'étages* dans l'immeuble?
2. Est-ce qu'on trouve *un supermarché* près de la maison?
3. Est-ce qu'il y a aussi *des enfants* dans la maison?
4. La famille Bouchon a combien *d'enfants*?
5. Est-ce que la sœur de Mme Sabion a *un garage*?
6. Où est-ce que Frédéric et le groupe «Avalanche» font *de la musique*?
7. Pourquoi est-ce qu'ils ne peuvent plus faire *de répétitions* 10, rue des Cévennes?
8. Où est-ce qu'ils trouvent *une salle* pour faire de la musique?

## 4 Marc fait les courses. *(§ 40)*

**Attention!**
**avec du** sel
**sans** sel

*a* ▶ Mettez l'article défini, indéfini ou partitif quand c'est nécessaire.

Aujourd'hui, Marc a proposé à ses parents d'aller faire les courses.
*Marc:* Est-ce que nous avons encore ~ limonade?
*Mme Dufrêne:* Non, il n'y a plus ~ limonade. Tu vas acheter deux bouteilles ~ limonade, Marc. Et on n'a plus beaucoup ~ café. Alors, achète aussi un paquet ~ café, s'il te plaît.
*M. Dufrêne:* Et, comme fruits, prends ~ oranges et ~ bananes, Marc. Mais surtout, ne prends pas ~ kiwis pour moi. Je n'aime pas ~ kiwis.
*Marc:* Et je prends combien ~ oranges et ~ bananes?
*M. Dufrêne:* Tu peux prendre un kilo ~ oranges, mais ne prends pas beaucoup ~ bananes. Hier, j'ai mangé trop ~ bananes et j'ai mal au ventre, aujourd'hui.
*Mme Dufrêne:* Est-ce que tu as ~ argent, Marc?
*Marc:* Euh … Oui, j'ai 30 F.
*Mme Dufrêne:* Ce n'est pas assez. Voilà 100 F. Sans ~ argent, on ne peut pas faire ~ courses!

*b* A vous ▶ Vous avez invité des amis et vous allez faire des courses au supermarché avec un copain/une copine. Qu'est-ce que vous allez acheter? Discutez. (Vous pouvez aussi utiliser le dictionnaire.)

*c* ▶ Jouez la scène. ▽

## 5 Le club de judo *(§ 40)*

**un peu de / plus de / beaucoup de / assez de / pas de / combien de / trop de**

Un journaliste pose des questions à un entraîneur du club de judo de Frédéric.
▶ Complétez. Attention: Utilisez les expressions une fois seulement.

*Le journaliste:* Vous avez ~ sportifs dans votre club de judo?
*L'entraîneur:* Oh, nous avons ~ jeunes entre 11 et 18 ans. Mais nous n'avons pas ~ sportifs pour les championnats, vous savez. Les jeunes pensent que les championnats prennent ~ temps et que quand on fait des championnats, on n'a ~ week-ends pour voir ses amis.
*Le journaliste:* Et … vous avez trouvé une solution?
*L'entraîneur:* A mon avis, il n'y a ~ problèmes quand on organise bien son emploi du temps. Je pense qu'on peut faire des championnats et sortir avec ses amis. Et avec ~ chance, on gagne une médaille. Et ça, c'est formidable, non?

## 6 *Un petit déjeuner international* *(§§ 39, 40, 41, 42, 43, 44, 45, 46)*

Au Foyer International, Frédéric prend le petit déjeuner avec Cathy (une Anglaise), Silvio (un Italien) et Julia (une Allemande).

*a* ▶ Complétez les phrases.
*b* ▶ Qui dit ces phrases? Où est-ce que ces personnes habitent? Justifiez votre réponse.

**1. préférer / boire / manger (4x) / il faut / tasses de / sans / en / du (2x)**

«Oh, vous avez déjà fini! Mais ~ prendre le temps de ~ le matin! Moi, je ~ beaucoup au petit déjeuner. Ici en France, les gens ~ surtout ~ pain. Chez nous, on ~ les cornflakes. J'~ ~ toujours quand je suis à la maison. Et je ~ aussi deux ou trois ~ thé ~ sucre »

**2. payer / mettre (3x) / manger / boire / assez de / beaucoup de / des (3x) de / de l' / du (2x) / en (2x)**

«Chez nous, les gens ~ seulement ~ café le matin. Mais le soir, ils ~ bien. Moi, pour gagner ~ argent, je travaille dans une pizzeria deux soirs par semaine. Quand il n'y a pas ~ clients, il y a ~ restes pour préparer une super pizza pour l'équipe des collègues. Sur la pizza, nous ~ ~ tomates, ~ oignons et ~ fromage. Moi, je ~ toujours un peu ~ salami quand il ~ reste, et quand il n'y ~ a plus, on ~ ~ champignons. C'est toujours très bon et en plus, nous ne ~ pas parce que le chef est très sympa.»

**3. manger / acheter / assez de / du (6x) / de la / des**

«Des pizzas gratuites, c'est le pied! Moi, le mardi et le jeudi après-midi, je fais ~ tennis et ~ judo dans un club avec mes copines. Mais après les cours, nous n'avons pas ~ temps pour rentrer à la maison et prendre un repas chaud. Alors à midi, nous ~ ~ petits pains avec ~ beurre et ~ fromage par exemple. Pour le sport, nous ~ ~ limonade et ~ chocolat dans le petit supermarché près ~ lycée.»

**4. commencer / plus de / trop de / du (2x) / de la**

«Tu as ~ chance de faire ~ sport l'après-midi! Nous, nous sortons ~ collège à 17 heures et quand nous arrivons à la maison, nous ~ tout de suite à faire nos devoirs. Je trouve que nous passons ~ heures au collège. Moi aussi, le judo, c'est ma passion et je voudrais avoir ~ temps pour préparer les championnats.»

## 7 *Jeu de sons* *(§§ 42, 43, 44)* ▶ Lisez.

*acheter*

Qui [aʃɛt] des avocats?
C'est moi!
[aʃtõ] aussi un camembert
et des oranges pour le dessert.

*vendre*

Que [vɑ̃] M. Martin?
Il [vɑ̃] du bon pain.
et ses voisins [vɑ̃d]
de la bière allemande.

*payer*

Vous [peje] les fruits?
Je [pɛ] les kiwis,
mais les pommes,
non merci.

*préférer*

Je [prefɛr] le poulet
aux Bêtises de Cambrai.
Vous [prefere] le gruyère
aux pommes de terre.

*prendre, commencer, manger, boire*

[prənõ] le petit déjeuner
[kɔmɑ̃sõ] tout de suite à [mɑ̃ʒe].
[mɑ̃ʒõ] d'abord des baguettes,
et [byvõ] du café, c'est chouette!

▶ Ecrivez les verbes (sans la transcription phonétique) dans votre cahier.

# Leçon 8

*Le Centre Pompidou*

## Question de style ... (§§ 47, 48)

jaune
rouge
noir
vert
gris
bleu
violet/violette
blanc/blanche
orange
marron

*a* ► Regardez les cinq scènes.

Cherchez les mots interrogatifs et les déterminants démonstratifs.

Expliquez leur formation.

*b* À vous ► Travaillez à deux. Utilisez les adjectifs *super, joli, moche,* etc.

*Exemple:* – **Quel** pantalon est-ce que tu préfères? **Ce** pantalon rouge ou **ce** pantalon bleu?
– **Ce** pantalon bleu, je le trouve super!

une jupe* une chemise* un pull* un blouson*

* Diese Vokabeln werden in den folgenden Lektionen nicht vorausgesetzt.

# A TEXTE

## «Sonia Arlain»

► Avant de lire le texte, regardez l'exercice 1a, page 91.

❶ Aurélie a décidé de travailler pendant les vacances de printemps pour gagner un peu d'argent. Sa mère lui a trouvé un travail dans la boutique de son amie Sonia, rue du Sentier. «Sonia Arlain», c'est un magasin mais aussi une marque de vêtements pour jeunes. Ce matin, Aurélie a rangé la vieille collection dans des cartons et elle a mis la nouvelle collection de printemps sur les présentoirs. Cet après-midi, Sonia et son équipe cherchent des idées pour la collection d'été de l'an prochain.

❷ *Sonia:* Pour l'été prochain, nous allons présenter une mode jeune et pas trop chère, mais bien sûr avec un nouveau design et des nouvelles couleurs. Alors, quelles couleurs est-ce que vous proposez?

*Laurent:* Moi, je propose un beau vert bouteille … le vert, c'est la nature, les voyages, les vacances …

*Sonia:* Oui, c'est vrai, mais on a déjà eu cette couleur il y a deux ans …

*Céline:* Et puis, pour une marque comme «Sonia Arlain», il faut choisir des couleurs gaies!

*Aurélie*: Oui, du jaune ou du rouge, par exemple …

*Laurent:* Et pourquoi pas des couleurs plus classiques, du marron ou du gris?

*Céline:* Non, mais écoutez-le! Je rêve! Sonia, Tino, expliquez-lui que ce n'est pas notre style!

*Tino:* Céline a raison.

*Laurent:* Bon, ça va, je ne dis plus un mot. Vous êtes contre moi … surtout Céline … comme toujours!

*Sonia:* Bon, maintenant, on continue! Voyons … quels tissus est-ce que nous pouvons prendre? Tu as apporté les nouveaux catalogues, Céline? Alors, pose-les sur la table, s'il te plaît.

*Céline:* Voilà. Regardez … ce tissu jaune avec des belles fleurs rouges, vertes et violettes … ou alors ces petits cœurs bleus et blancs … Ça va bien avec du rouge.

*Tino:* Oui, c'est beau … on peut même prendre des tissus rouges et jaunes et choisir des accessoires orange ou noirs.

*Sonia:* Allez, au boulot! Il faut commencer à dessiner les modèles. Nous devons avoir tout fini pour le mois d'octobre!

❸ Sonia et son équipe sont très motivés. Ils travaillent maintenant du matin au soir et font seulement une petite pause à midi pour aller manger au «Bel ami», un vieux restaurant de la rue du Sentier. Là, ils rigolent bien, surtout avec Tino, le nouvel employé. Tino est Italien. Il adore raconter des histoires, et avec son petit accent, il amuse tout le monde. Mais quand Laurent est là, Céline, elle, ne rigole pas. Elle déteste Laurent parce qu'il est toujours contre elle. Elle veut même quitter «Sonia Arlain» à cause de lui. Et pourtant, elle aime beaucoup son travail!

# ACTIVITÉS

## 1 A propos du texte

*a* ▶ Dans la partie «Lerntechniken» de la leçon 4, vous avez appris comment il faut faire pour comprendre les nouveaux textes des leçons. Utilisez ces techniques pendant la lecture du texte A. Faites surtout attention à l'ambiance et aux relations entre les personnes. (Achtet vor allem auf die Stimmung und auf die Beziehungen zwischen den Personen.)

*b* ▶ Répondez maintenant à ces questions:
- Comment est-ce qu'Aurélie a trouvé son travail?
- Comment est l'ambiance chez «Sonia Arlain» pendant la discussion sur la collection de l'été prochain? Qui est d'accord avec qui? Qui ne l'est pas?
- Comment est l'ambiance au restaurant? Pourquoi?

*c* *A vous* 1. ▶ Quelle(s) personne(s) est-ce que vous (ne) trouvez (pas) sympathique(s)? Pourquoi?
2. ▶ [A votre avis, quel(s) vêtement(s) est-ce qu'elle(s) porte(nt)?] ▽
3. ▶ [Dessinez cette/ces personne(s).] ▽

## 2 Les personnes et leurs couleurs *(§ 47, 50)*

*a* ▶ Dans le texte A, l'équipe «Sonia Arlain» discute des couleurs pour la nouvelle collection. Quelles couleurs, quels tissus, quels accessoires est-ce que les collègues proposent? Dites pourquoi.

*Exemple:* Laurent propose la couleur «vert bouteille» parce que c'est la nature, les voyages, les vacances.

*b* *A vous* 1. ▶ Présentez votre collection de mode. Quels tissus et quels accessoires est-ce que vous choisissez?
2. ▶ Jouez en classe. Un(e) élève décrit (beschreibt) un(e) autre élève de la classe. Il/Elle utilise des adjectifs de couleur. Qui est cet/cette élève? Les autres doivent trouver la réponse. ▽

*Exemple:* La personne porte un pantalon noir, des chaussures marron, une chemise noire, un pull vert. Elle a un stylo rouge et un sac blanc.

## 3 Aurélie range la vieille collection. *(§§ 49, 51)*

▶ Lisez l'exemple et faites des phrases.

*Exemple:* 1. Qu'est-ce que/faire/vieux/collection? ➪ ranger/cartons!
– Qu'est-ce que je fais avec la vieille collection?
– Range-la dans des cartons!

2. Où/mettre/vieux/modèles? ➪ dans/cave!
3. Où/poser/nouveau/catalogue? ➪ sous/table!
4. Qu'est-ce que/faire/vieux/pantalons? ➪ donner/Emmäus!
5. Où/mettre/nouveau/collection? ➪ présentoirs!
6. Qu'est-ce que/faire/vieux/photos/l'an dernier? ➪ ranger/armoire!
7. Et … Où/mettre/bouteilles de jus d'orange? ➪ frigo!

## 4 Aurélie apprend à présenter la nouvelle collection. (§ 49)

▶ Répondez aux questions. Utilisez l'impératif et les pronoms *lui/leur/les/en*.

*Exemple:* Qu'est-ce que je dis aux client(e)s?
→ **Dis-leur:** Est-ce que je peux vous montrer notre nouvelle collection?

1. Qu'est-ce que je montre d'abord à un(e) client(e)?
   ➪ (Montrer) – ~ le nouveau design et les nouvelles couleurs!
   ➪ (Demander) – ~ : «Quelles couleurs est-ce que vous aimez?»
2. Comment est-ce que j'explique notre style à une vieille dame?
   ➪ (Montrer) – ~ les tissus de la maison «Sonia Arlain» dans un catalogue!
3. Comment est-ce qu'on réagit avec les client(e)s?
   ➪ D'abord, (laisser) – ~ tranquilles quand ils/elles regardent la nouvelle collection sur les présentoirs!
   ➪ Ensuite, (écouter) – ~ bien pour savoir quel style ils/elles ont!
   ➪ (Proposer) – ~ nos accessoires et (aider) – ~ à choisir!
4. Est-ce que je peux mettre des accessoires quand il n'y a pas de clients dans la boutique?
   ➪ Mais, bien sûr. (choisir) – ~ deux ou trois!

## 5 La nouvelle collection est belle! (§§ 47, 48, 51)

▶ Travaillez à deux. Faites des dialogues.

*Exemple:* – Comment est-ce que tu trouves **cette** collection?
– **Quelle** collection?
– Mais la **nouvelle** collection «Diorix»!
– Oh! Je (ne) la trouve (pas) très **belle**!

1. voiture
vieux, beau

2. homme
vieux, beau

3. maisons
vieux, beau

4. collection
nouveau, beau

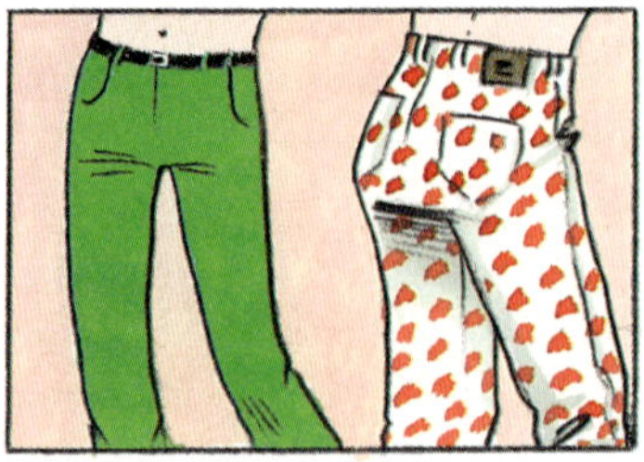

5. pantalons
nouveau, beau

6. ordinateur
nouveau, beau

# B TEXTE

## Une surprise au café

❶ Le lendemain, Céline va manger avec Aurélie dans un petit café près du Centre Pompidou. Il fait beau, alors elles se mettent à la terrasse et commandent deux sandwichs et deux cafés. Céline s'entend bien avec Aurélie, et elle veut lui parler de ses problèmes avec Laurent.

*Céline:* Tu sais, si ça ne s'arrange pas avec Laurent, je cherche un autre boulot. J'en ai marre de me taire.
*Aurélie:* Mais Sonia t'aime bien … Est-ce qu'elle sait tout ça?

Les deux filles sont en train de discuter quand tout à coup …

*Céline:* Hé, regarde la fille, là …
*Aurélie:* Quelle fille?
*Céline:* Cette fille, là, sur le trottoir. Elle porte un pantalon «Sonia Arlain»!
*Aurélie:* Et alors, elle s'habille à la mode! C'est bien, non?
*Céline:* Non, parce que c'est un pantalon de la collection de printemps. Ces pantalons, nous venons de les terminer et nous allons commencer à les vendre demain. Ils ne sont pas encore dans les boutiques!
Viens, dépêche-toi, on va lui demander des explications.
Garçon! L'addition, s'il vous plaît!

❷ Une heure plus tard, dans la boutique «Sonia Arlain».
*Céline:* On s'est tout de suite posé la question: Où est-ce qu'elle a pu trouver ce pantalon? Alors, on s'est levées et on a payé, mais quand nous sommes arrivées au coin de la rue … plus de fille!
*Sonia:* Vous êtes bien sûres?
*Aurélie:* Oui, je me souviens bien de ce pantalon, je l'ai même essayé. Il me plaît beaucoup … Attendez … Voilà! C'est un pantalon comme ça …
*Tino:* Alors, tu vois, Laurent, les pantalons «Sonia Arlain» plaisent beaucoup cette année … On les copie déjà!
*Sonia:* Tu veux dire qu'on nous vole nos idées!
*Laurent:* Dis donc, Tino, ta famille a une boutique à Milan, non?
*Tino:* Bien sûr, je suis étranger, donc on m'accuse … Ma famille copie les vêtements en Italie, puis elle vient à Paris pour les vendre juste devant votre magasin … C'est nul, ton explication!
*Laurent:* Ou alors …
*Céline:* Oh, Laurent, tais-toi!
*Sonia:* Mais attendez un peu. Je crois que je sais comment on peut trouver l'espion!

## 1 A propos du texte (§ 52)

*a* ▶ Pour bien comprendre l'histoire, cherchez les parties du texte. Regardez encore une fois la page 79 (Lerntechnik: Ein Resümee schreiben) et faites un schéma comme à la page 80. Ecrivez votre résumé à partir du schéma (ausgehend vom ...).

*b* ▶ «Elle s'habille à la mode.» Voilà un exemple de verbe pronominal . Trouvez les autres formes du présent.

## 2 Alors, qui est l'espion?

Qui vole les idées de «Sonia Arlain» et copie ses modèles?

*a* ▶ Réfléchissez! Quelles informations est-ce que vous avez déjà sur les personnes/la situation? Résumez ces informations et discutez en classe.

*b* ▶ Maintenant, écoutez la fin de l'histoire sur la cassette de l'élève.

### Lerntechniken — Hören und Verstehen

Wenn ihr euch in einem fremden Land aufhaltet, bekommt ihr die meisten Informationen über das Hören (z. B. am Bahnhof, am Telefon oder allgemein im Umgang mit fremden Menschen). Daher ist das Hörverstehen besonders wichtig.

**Tipp 1** • Man darf nicht aufgeben, wenn man zunächst nicht alles versteht. Ihr werdet aber überrascht sein, wieviel ihr über **Geräusche**, **Betonung** oder **Wiederholung** bestimmter Ausdrücke bereits versteht.

**Tipp 2** a) Bevor ihr einen Text hört, versucht bereits vorher möglichst viele Informationen über den Inhalt zu bekommen: z. B. durch den **Titel** oder den **Zusammenhang**, in dem der Text steht.
b) Überlegt auch, was ihr an Information heraushören wollt: Kommt es auf **Einzelheiten** oder die **Grundaussage** des Textes an?

**Tipp 3** • Beim ersten Hören solltet ihr die Grundaussage herausfinden. Versucht einfach auf die W-Fragen (wer, wo, wann, was, wie, warum) eine Antwort zu finden.
Beim zweiten bzw. dritten Hören könnt ihr euch dann auf Einzelheiten konzentrieren.

◆ zu Hause lesen

## 3 *Un matin, chez les Drouet* (§§ 49, 52)

▶ Racontez. Mettez les verbes au présent ou à l'impératif.

## 4 *Le dimanche matin de Florence* (§ 52)

*a* Aurélie demande à Florence: «Qu'est-ce que tu fais le dimanche matin?»
▶ Qu'est-ce que Florence répond? Racontez au présent.

Le dimanche matin, je (dormir) jusqu'à sept heures, puis je (se lever). Je (s'habiller) et je (aller à la boulangerie). Là, je (s'acheter) un pain au chocolat et je (acheter) des croissants pour la famille. Puis, je (rentrer) à la maison et je (se préparer) un café. Après, dans la salle de bains, je (se regarder) dans la glace: Quelle horreur! Je (se trouver moche)! Mais, ça (s'arranger vite). Je (ne pas se dépêcher). Je (prendre son temps). Et après une demi-heure, je (se trouver) super jolie!

*b* ▶ Racontez au passé composé: Dimanche matin, Florence a dormi …

## 5 *Comment décrire quelqu'un** (§ 50)

**On dit**

1. C'est un/une | petit(e) / grand(e) / joli(e) / beau/belle | brun(e). / blond(e). / roux/rousse. Il/Elle porte des lunettes.

Il/Elle a les cheveux | courts/longs … / blonds/bruns / roux / noirs | et les yeux | bleus. / verts. / marron/noirs.

2. Il/Elle a bon caractère. | Il/Elle a mauvais caractère.

Je le/la trouve …

sympa(thique), dynamique, intelligent(e), sensible, calme, drôle, direct(e), discret(ète), gentil(le), curieux(se),

antipathique, bête, bizarre, agressif(ve), méchant(e), égoïste, paresseux(se), ennuyeux(se)

*a* ▶ A votre avis, comment sont Aurélie, Sonia, Laurent, Céline et Tino?
*b* ▶ Décrivez Florence et Frédéric.
*c* ▶ Décrivez un(e) élève de votre classe ou un professeur.
La classe doit trouver cette personne! ▽

* Die unbekannten Vokabeln dieser Übung werden in den folgenden Lektionen nicht vorausgesetzt.

## 6 La journée de Sonia

*a* ► Racontez la journée de Sonia Arlain.

*Exemple:* 20 h: Sonia **vient de** faire la cuisine, elle **est en train** de manger et elle **va** regarder la télé.

*b* ► Travaillez à deux. ▿

Tu donnes une heure à ta voisine/ton voisin et tu lui poses trois questions:
- Qu'est-ce que Sonia **est en train de** faire?
- Qu'est-ce qu'elle **vient de** faire?
- Qu'est-ce qu'elle **va** faire?

La voisine/le voisin donne les trois réponses.

## 7 Qui n'a pas de problèmes? *(§§ 49, 52, 53)*

► Mettez les verbes au présent, au passé composé ou à l'impératif.

1. Sonia discute avec Aurélie:
«Je (voir) que le travail à la boutique te (plaire) beaucoup, Aurélie! Mais l'ambiance ici n'est pas toujours bonne, (croire)! Tu (voir) les problèmes dans notre équipe, ce matin? Eh bien, c'est souvent comme ça: Laurent et Céline ne (s'entendre) pas. Quand Céline (voir) Laurent, elle (se taire). Ce garçon ne lui (plaire) pas, alors elle n'(essayer) pas de le comprendre. Quand il y a un problème à la boutique, Céline (accuser) toujours Laurent. La semaine dernière, je lui (dire): «(Ecouter), Céline, les choses (s'arranger) avec le temps, mais elle ne me (croire) pas!»

2. Un étudiant de Paris écrit à son amie:
«Tu (voir), Paris me (plaire). Mais, j'habite dans une grande maison, et les voisins, eux, ne me (plaire) pas. Ils ne me (voir) pas, ils ne me (parler) pas. Alors, je (se taire), moi aussi. Est-ce qu'ils (croire) que je ne les (voir) pas? Mais toi et moi, on (s'entendre) bien. Tu me (comprendre) et tu me (écouter). (écrire) vite!»

## 8 *Jeu de sons*

[ɥi] [je] [jɑ̃] [ja] [jɔ̃] [jɛ̃]

Cette nuit, le huit juillet à minuit,
Sonia a entendu un bruit:
Dans la cuisine, il y a de l'ambiance.
Ses employés sont là et ils dansent.

Tiens, tiens! Qui est ce client avec le chien?
Un Autrichien, un Italien, un musicien?
Mais non, voyons! C'est un espion!
Attention: il veut copier notre collection.

[g]

Le groupe de Gabriel
donne des concerts gratuits
dans un garage.

[k]

Dans un café calme,
Carole écrit des cartes postales
à une copine de sa classe.

## 9 *En français*

Stéphane est un copain d'Aurélie. Aurélie l'a invité pour son anniversaire. Stéphane sait qu'elle a travaillé dans une boutique pendant les vacances et il veut être à la mode. Alors, il va dans une boutique branchée, rue du Sentier …

▶ Travaillez à deux. Faites le dialogue entre la vendeuse et Stéphane.

● Die Verkäuferin grüßt Stéphane und fragt, ob sie ihm helfen kann. ▶ Er bejaht und sagt, dass er gern ein grünes Hemd, eine rote Hose und ein gelbes T-Shirt hätte.

● Sie sagt, dass der „Carnaval“ aber schon vorbei ist. ▶ Er antwortet, dass es nicht für den „Carnaval“ ist. Er sagt, dass er nur Kleider tragen will, die „in“ sind.

● Sie sagt, dass sie versteht und dass sie ihm die neue Kollektion zeigen will. Sie sagt, dass das lila Hemd sehr modisch ist und fragt ihn, ob es ihm gefällt. ▶ Er antwortet, dass es seinem Stil entspricht.

● Sie sagt, dass er es anprobieren soll. ▶ Er antwortet der Verkäuferin, dass er keine Zeit hat. Er bittet sie auch, ihm die gelbe Hose zu geben und fragt sie, ob sie denkt, dass die Hose ihm passen wird.

● Sie antwortet, dass die Hose zu groß sein wird und fügt hinzu, dass solche Hosen allerdings sehr modisch sind. Sie sagt, er soll sie nehmen. ▶ Er sagt, dass er einverstanden ist. Er sagt, dass er auch ein schönes T-Shirt mit fröhlichen Farben sucht.

● Sie bietet ihm ein T-Shirt in den Farben Rot und Gelb an und sagt, dass es super aussieht. ▶ Er sagt, dass es ihm sehr gut gefällt. Er sagt, dass er das lila Hemd, die gelbe Hose und das rotgelbe T-Shirt nimmt und erkundigt sich nach dem Preis.

● Die Verkäuferin sagt, dass es 2000 Francs kostet. ▶ Er sagt, dass es für ihn viel Geld ist, dass er aber in den Sommerferien in Versailles arbeiten wird. Er wird den Touristen das Schloss zeigen.

# Le plaisir de lire

## Louis XIV et son époque[1]

«Versailles, ce n'est pas un château comme les autres. Ce château, c'est le rêve d'un grand roi de France. Mais le luxe[2] de Versailles contraste[3] avec la misère du petit peuple[4] des villes et surtout de la campagne[5]. (A cette époque, il y a 18 millions[6] de paysans[7] en France.) Le peuple a faim et les taxes[8] du Roi sont lourdes[9].»
*(Stéphane, 18 ans)*

Voilà des personnes et des scènes[10] de l'époque du «Roi-Soleil[11]».

A la cour de Versailles, il y a 10.000 nobles[12] pour servir[13] le roi, mais aussi pour son plaisir.
«J'ai quitté la Bourgogne et mon château pour venir à la cour. Pour moi, c'est un grand honneur[14]. Ce matin, j'ai pu participer pour la première fois au lever[15] du Roi: J'ai ouvert les rideaux[16] du lit de sa Majesté[17]. Je ne vais pas oublier[18] ce moment. Un noble lui apporte sa chemise[19], un deuxième lui donne sa perruque[20], un troisième son parfum[21]: Etre près du roi, quel bonheur!» (*Un noble*)

Le roi aime la guerre[22]. L'armée[23] française combat[24] en Lorraine, en Hollande, prend la Franche-Comté, Strasbourg et attaque[25] le Luxembourg. Elle va bientôt être la première armée du monde.

Louvois, le ministre de la guerre, demande 100.000 soldats[26] pour les armées de Flandre.

***Vocabulaire:*** 1 **une époque** eine Epoche 2 **le luxe** der Luxus 3 **contraster** einen Gegensatz bilden 4 **le peuple** das Volk 5 **la campagne** das Land 6 **un million** eine Million 7 **le paysan** der Bauer 8 **une taxe** eine Steuer 9 **lourd,e** schwer 10 **une scène** eine Szene 11 **le Roi-Soleil** der Sonnenkönig 12 **un noble** ein Adliger 13 **servir** dienen 14 **l'honneur** die Ehre 15 **le lever** Morgenzeremonie 16 **le rideau** der Vorhang 17 **une Majesté** eine Majestät 18 **oublier** vergessen 19 **une chemise** ein Hemd 20 **une perruque** eine Perücke 21 **le parfum** das Parfüm 22 **la guerre** der Krieg 23 **l'armée** das Heer 24 **combattre** kämpfen 25 **attaquer** angreifen 26 **les soldats** die Soldaten

Un jour, on attend l'ambassadeur de Perse[27]! Le roi décide de donner une fête en son honneur.

«Tout ça coûte cher, Sire. Il n'y a plus d'argent !» (*Un ministre*)

«Alors, il faut augmenter[28] les taxes, sur le tabac[29] et le sel, par exemple!» (*Le Roi*)

Un gueux

Les pauvres[30] ne peuvent même pas demander l'aumône[31] dans les rues.

«Qu'est-ce que vous attendez encore? Mettez en prison[32] les gens qui demandent l'aumône! Cinq sous[33] à chaque[34] Français qui prend[35] un gueux[36]!» (*Un noble, aux soldats*)

Une jeune femme demande l'aumône.

«Nos enfants ont faim et le roi augmente les taxes! Ça ne peut pas continuer comme ça! On ne peut plus payer le pain et les soldats du roi nous volent. Mort au[37] roi! Attaquez les châteaux!» (*Un paysan*)

«J'ai de la chance. J'ai souvent dormi dans des fermes et je n'ai pas toujours pu payer les tissus pour les costumes[38]. Mais je n'ai pas perdu courage[39].
Je sais que tout le monde a besoin de rire, même le roi. Je suis donc venu à Paris. Monsieur, le frère du roi, aime beaucoup le théâtre et m'a donné la possibilité[40] de jouer devant sa Majesté et la cour. Je suis monté sur scène[41]. On a joué et ça a plu au roi. Victoire[42]!» (*Molière*)

27 **l'ambassadeur de Perse** der Botschafter von Persien 28 **augmenter** erhöhen 29 **le tabac** der Tabak 30 **les pauvres** die Armen 31 **demander l'aumône** um ein Almosen betteln 32 **une prison** ein Gefängnis 33 **le sou** die Münze 34 **chaque** jeder 35 **prendre** hier: erfassen 36 **le gueux** der Lump, der Bettler 37 **mort au …** Tod dem … 38 **le costume** das Kostüm 39 **perdre courage** den Mut verlieren 40 **la possibilité** die Möglichkeit 41 **la scène** die Bühne 42 **la victoire** der Sieg

# Leçon 9

*La Grande Arche de la Défense*

## La corres de Carole *(§ 54)*

Pendant la récré, Carole discute avec une copine de la 3e B. Elle lui raconte que les corres arrivent aujourd'hui.

- Regarde! Voilà la lettre et la photo de ma corres **qui** arrive cet après-midi.
- Dans sa lettre, elle parle du voyage en train **que** sa classe va faire.
- Sur la photo, on voit le quartier **où** elle habite.

*a* ▶ Expliquez les mots **qui, que, où**.

*b* ▶ Complétez les phrases avec *qui, que, où*.

Carole a une correspondante ~ habite à Stuttgart. La correspondante ~ Carole va recevoir, s'appelle Katharina. C'est Mme Riffonneau ~ a organisé la visite des Allemands. Le quartier ~ Katharina habite, s'appelle «Sillenbuch». Le train ~ les Allemands prennent pour venir, arrive à Paris à 16 heures 20.

## A Paris

*a* ▶ Qu'est-ce que vous voyez sur les photos?

*Exemple:* Sur la photo 1, on voit/c'est la tour Eiffel.

1

2

3

4

5

6

7

8

- la tour Eiffel
- la Grande Arche de la Défense
- Notre-Dame
- l'Arc de Triomphe
- la Pyramide du Louvre
- le Sacré-Cœur
- les Champs-Elysées
- le Centre Pompidou

*b* ▶ Cherchez sur le plan de Paris à la fin du livre les mots français pour *Bahnhof, Wald, Insel, Friedhof, Garten, See, Kanal, Museum, Turm, Platz.*

*c* ▶ Maintenant, trouvez les noms:
- de cinq boulevards/de cinq grandes places/de six gares.
- de deux parcs/de deux jardins/de trois cimetières/de deux lacs/de deux îles.

# A TEXTE

## Dans une famille française

❶ Le vendredi 12 juin.
Les correspondants allemands sont dans le train qui va bientôt arriver à Paris. Six heures de train, c'est long. Et ils en ont un peu marre, mais ils sont très excités parce qu'ils vont enfin rencontrer leurs corres. Katharina, la correspondante de Carole, vient en France pour la première fois et pense qu'elle va souvent avoir besoin de son dictionnaire, mais zut!
Elle ne le trouve pas!

❷ Quand Katharina arrive chez les Garrigue, elle est très étonnée: tout le monde lui fait la bise, même Alain, le frère de Carole, qui a 19 ans. Mme Garrigue lui demande si elle a fait bon voyage. Oh là là, elle a l'impression que les Garrigue parlent très vite. Il y a beaucoup de phrases qu'elle ne comprend pas. Mais M. Garrigue fait toujours des gestes quand il explique quelque chose, Alain lui parle un peu en anglais et Carole l'aide avec des mots allemands. Alors, ça va quand même. Katharina trouve la famille Garrigue vraiment très sympa.

❸ Après, Carole montre à Katharina la chambre où elle va dormir. Elles reviennent ensuite dans la, salle à manger pour le repas du soir. Là, Katharina donne une bouteille de vin à M. et Mme Garrigue.

*Katharina:* C'est un … euh … en anglais, on dit «present».
*Carole:* Ah! Tu veux dire un «cadeau».
*Katharina:* Oui, c'est ça, c'est un cadeau de mes parents. C'est pour vous.
*M. Garrigue:* Ah! C'est un vin de Stuttgart! Merci beaucoup. C'est très gentil!

❹ *Mme Garrigue*: Bon, on va se mettre à table. Tu sais, Katharina, aujourd'hui, ce sont Carole et Alain qui ont fait la cuisine. Alors, qu'est-ce qu'on mange ce soir?

*Carole* : Eh bien, après la quiche qu'Alain a préparée, il y a des biftecks, de la salade, puis du fromage et, comme dessert, une mousse au chocolat que j'ai faite hier soir.

*Mme Garrigue:* Tu dois avoir faim, Katharina, tu n'as pas dû manger beaucoup dans le train.

*Katharina:* C'est vrai et la quiche, c'est très délicat!

*Carole:* Délicat? Ah, tu veux dire «délicieux»! Mais tu sais, Katharina, si tu aimes la quiche, dépêche-toi! Alain en mange toujours la moitié.

Après la quiche, M. Garrigue apporte les biftecks. Katharina est gênée: la viande n'est pas cuite comme à la maison!

*Carole:* Qu'est-ce que tu as, Katharina? Tu n'aimes pas la viande?

*Katharina:* Euh, c'est le ... elle est rouge ...

*Mme Garrigue:* Ah, la viande n'est pas assez cuite pour toi? Ce n'est pas un problème, Carole va la cuire un peu plus.

❺ A la fin du repas ...

*Mme Garrigue:* Tu veux peut-être une infusion, Katharina.

*Katharina:* Une infusion? Mais pourquoi? Je ne suis pas malade. En Allemagne, les infusions, c'est seulement à l'hôpital!

*M. Garrigue*: A l'hôpital?

Carole et Katharina regardent alors dans le dictionnaire et trouvent l'explication. Le mot allemand «Infusion», c'est une «injection» en français et le mot français «infusion», c'est «Kräutertee» en allemand!

*Carole:* Tu dois être fatiguée, Katharina!

*Katharina:* Oh oui, je suis très fatiguée.

*Carole:* Bon, alors on va au lit, maintenant. Demain, je vais te montrer Paris et il faut être en forme.

Dans la chambre, les deux filles discutent encore un peu.

*Carole:* Tu as besoin de quelque chose?

*Katharina:* Non, merci.

Mais quand Katharina veut se mettre au lit, elle remarque qu'il n'y a pas de couette et se demande comment elle va dormir.

# A ACTIVITES

## 1 A propos du texte

*a* ▶ Quelles informations est-ce que le texte donne sur la famille Garrigue? Parlez aussi de vos premières impressions.

*b* A vous ▶ Imaginez: Vous avez la visite de votre corres français(e). Comment est-ce que vous allez passer le premier soir?

## 2 Il y a quand même des différences!

1. Un(e) Français(e) explique à un(e) Allemand(e):
   - quand on fait la bise en France.
   - quand on mange du fromage en France.
   - quand les élèves français vont à l'école.
2. Un(e) Allemand(e) explique à un(e) Français(e):
   - quand on boit du café ou du thé en Allemagne.
   - quand on mange du pain en Allemagne.
   - quand on peut faire les courses en Allemagne.

*a* ▶ Prenez le rôle du Français/de la Française ou de l'Allemand(e).

*b* A vous ▶ Parlez des clichés. (… vorgefasste Meinungen.) Qu'est-ce que les Allemands pensent des Français en général? (… im Allgemeinen?)

### Lerntechniken

### Verständigung leicht gemacht

Diese Lerntechnik hilft euch, wenn euch die passenden Wörter auf Französisch fehlen oder wenn ihr etwas nicht verstanden habt.

**Tipp 1** ***Umschreibungstechnik:*** Umschreibt das gesuchte Wort, z. B. mit einem Oberbegriff, einer Erklärung oder dem Gegenteil:

→ *die Kirsche:* C'est un petit fruit rouge.
→ *Briefmarken:* Il en faut un quand on veut envoyer une lettre.
→ *der Tag:* C'est le contraire (das Gegenteil) de «la nuit».

**Tipp 2** ***Ausweichtechnik:*** Auch im Französischen gibt es sogenannte „Allerweltswörter“. Sie werden in Frankreich häufig benutzt um Gegenstände zu beschreiben, z. B. „le truc“ (das Ding).

→ *der Dosenöffner:* C'est un truc qu'on utilise pour ouvrir des boîtes.

Ebenso könnt ihr auf Dinge zeigen und nach ihnen fragen:

Ce truc-là, | comment est-ce que ça s'appelle en français?
| qu'est-ce que c'est en français?

**Tipp 3** ***Erläuterungstechniken:*** Ihr könntet euren Gesprächspartner

- um eine Erläuterung bitten:
  → Qu'est-ce que ça veut dire, «prendre une infusion»?
- um eine Wiederholung oder um eine langsamere Sprechweise bitten:
  → Vous pouvez | répéter | s'il vous plaît?
  Tu peux | parler un peu moins vite, | s'il te plaît?
- um Bestätigung bitten:
  → Est-ce que j'ai bien compris: Une infusion, c'est une boisson?

◆ zu Hause lesen

## 3 Qu'est-ce que c'est en français? (§ 54)

*Exemple:* ein Kugelschreiber → C'est un instrument **qu**'on prend pour écrire.

C'est une personne qui …
C'est un appareil que …
C'est une machine …
C'est un instrument …
C'est un endroit où …

*a* ▶ Expliquez en français. Utilisez les pronoms relatifs:

1. eine Gabel
2. ein Reisebüro
3. ein Programmierer
4. ein Koch
5. ein Bademeister
6. ein Flugzeug
7. eine Schreibmaschine
8. eine Pizzeria
9. ein Schuhgeschäft

*b* ▶ Jouez en classe. Quelqu'un décrit un métier ou une personne et les autres devinent de qui on parle. ▿

*Exemples:* – C'est une personne qui vend des fruits au marché. (un marchand)
– C'est une personne qui a été roi de France et qui a habité à Versailles. (Louis XIV)

## 4 Katharina à la découverte du collège André Citroën (§ 54)

▶ Faites des phrases avec les pronoms relatifs *qui, que, où*.

Mardi matin, Carole présente le collège André Citroën à sa correspondante.

*Exemple:* Carole emmène Katharina à un cours de français. Il commence à 10 heures.
→ Carole emmène Katharina à un cours de français **qui** commence à 10 heures.

1. Le prof de français explique un texte. Katharina ne comprend pas ce texte.
2. Elle pense que demain, elle va prendre un livre. Son père lui a donné un livre sur Paris.
3. Pendant la récré, elle va dans la cour du collège. Là, elle parle avec ses copains et ses copines de Stuttgart.
4. En permanence, Katharina rencontre un jeune surveillant. Il parle un peu allemand.
5. A une heure, les élèves allemands mangent au self. Là, ils rencontrent leurs profs.
6. L'après-midi, Katharina a très envie de participer au championnat de frisbee. Le jeune surveillant a organisé ce championnat.
7. Mais elle décide de rester avec Carole. Carole a cours d'allemand avec Mme Riffonneau!

## 5 La fête (§ 54)

*a* ▶ Trouvez la fin des phrases.

1. Le jeudi soir, il y a une fête
2. Les élèves ont apporté des salades
3. Et Frédéric a apporté un CD super
4. Mais les filles préfèrent la musique de Céline Dion
5. Frédéric veut danser avec Katharina
6. Alors, il prend un verre de coca sur la table
7. Il mange aussi de la salade de tomates
8. Puis, il va sur la piste de danse

qui
qu'
que
où

- ils ont faites l'après-midi.
- est aussi à la mode en Allemagne.
- il a acheté la semaine dernière.
- il y a les boissons.
- est en train de discuter avec un autre garçon.
- il rencontre Hülya.
- les élèves français et allemands ont organisée.
- il a préparée avec Jean-Luc.

*b* ▶ Continuez l'histoire.

# B TEXTE

## Une promenade dans Paris

❶ Le samedi matin, Carole et Katharina prennent le petit déjeuner ensemble dans la cuisine. Les parents de Carole sont partis faire les courses et Alain doit travailler aujourd'hui. Alors, les filles décident d'aller se promener dans Paris. Et à 14 heures, elles ont rendez-vous avec Alain à Belleville, devant l'imprimerie où il travaille.

❷ Bien sûr, Katharina veut voir la tour Eiffel et y monter. Elles prennent le RER à la station «Javel» et descendent à la station «Tour Eiffel». Mais quand elles arrivent à la tour Eiffel, il y a déjà beaucoup de touristes japonais qui font la queue pour prendre l'ascenseur. Alors, Katharina et Carole décident de prendre l'escalier. Quand elles arrivent au deuxième étage, elles sont vraiment fatiguées, mais elles peuvent voir tout Paris.

❸ *Katharina:* Carole, le Louvre, c'est loin d'ici?
*Carole:* Non, tu veux y aller? Je suis sûre que tu veux voir la Joconde.
*Katharina:* Non, non! Je voudrais voir Mona Lisa.
*Carole:* Ah? Mona Lisa … Qu'est-ce que c'est?

Mais quand elles visitent le musée et arrivent devant le tableau de la Joconde, elles comprennent et rigolent. Mais tout à coup, Carole regarde l'heure: il est déjà une heure et demie.

*Carole:* Oh là là, Katharina, il faut aller à Belleville, maintenant. C'est dans le 20$^{e}$ arrondissement. Viens, il faut prendre le métro! Alain nous attend.

❹ Elles se dépêchent et prennent le métro à la station «Louvre». A la station «Châtelet», il faut changer de ligne et prendre la direction «Mairie des Lilas». Mais les couloirs sont longs, il faut marcher, marcher, marcher … Katharina a chaud et marche derrière Carole quand tout à coup quelqu'un lui dit:

*Un homme:* T'as pas un peu de fric?

Katharina ne comprend pas.

*Carole:* Ne t'inquiète pas! Il veut seulement du fric, euh … de l'argent. Tu sais, Paris est une belle ville, mais il y a aussi beaucoup de misère.
*Katharina:* Attends, je vais lui donner un peu d'argent.

❺ A Belleville, Alain les attend déjà devant l'imprimerie.

*Alain:* Salut, les filles, vous devez avoir faim! Il y a un restaurant tunisien au coin de la rue, on y va?
*Carole:* Oui, comme ça, Katharina, tu vas pouvoir manger du couscous!
*Katharina:* Couscous? Qu'est-ce que c'est?
*Carole:* C'est une spécialité du Maghreb.
*Katharina:* Euh … C'est quoi?
*Carole:* Le Maghreb, c'est l'Afrique du nord: le Maroc, l'Algérie, la Tunisie.

«Chez Saïd», ils mangent un couscous délicieux et boivent du thé à la menthe. Ils y restent une heure et quand ils en sortent, ils n'ont vraiment plus faim. Après, Carole, Katharina et Alain se promènent dans les rues de Belleville.

*Katharina:* C'est joli, ces petits magasins! Et puis, ça sent bon!
*Carole:* Oui, ce sont les épices qu'on vend ici. Tu sais, il y a des petites boutiques où on peut acheter des tissus avec des couleurs gaies, des jolis bijoux. Tu vois, c'est un quartier sympa.

❻ *Carole:* Dis, Katharina, tu n'as pas envie d'aller à Montmartre? Ce n'est pas loin d'ici en métro.

Les trois jeunes prennent le métro et descendent ensuite à la station «Abbesses». Devant le Sacré-Cœur, il y a beaucoup de jeunes qui font de la musique et qui discutent. Katharina remarque aussi des marchands africains qui vendent des objets en cuir, des sacs et surtout des bijoux. Katharina aime beaucoup les bracelets. Elle a bien envie d'en acheter un. Alors, Alain discute avec le marchand africain.

*Alain:* Il coûte combien, ce bracelet?
*Le marchand:* Il coûte 100 francs.
*Alain:* Oh, c'est beaucoup trop cher! Ne le prends pas, Katharina!
*Le marchand:* Attendez! 80 francs, ça vous va?
*Alain:* 40 francs.
*Le marchand:* Euh … je vous laisse ce bracelet pour 60 fr…

Le marchand ne finit pas sa phrase, il prend vite ses affaires et part. Deux secondes après, des agents de police arrivent. Katharina ne comprend pas.

*Katharina:* Mais pourquoi est-ce qu'il est parti?
*Carole:* Il n'a pas le droit de vendre dans la rue. Mais, ici, il y a beaucoup de touristes. Alors …

Quand les agents de police sont partis, le marchand revient.

*Le marchand:* Vous voulez toujours acheter le bracelet? Pour vous, c'est 50 francs, d'accord?

# B ACTIVITES

## 1 A propos du texte

► Corrigez le texte.

Le dimanche matin, Carole et Katharina décident de faire une promenade dans Paris. Elles vont d'abord voir la tour Eiffel et prennent l'ascenseur pour y monter. Elles vont ensuite au Centre Pompidou, puis à Belleville où elles ont rendez-vous avec Alain. Ils vont manger ensemble une pizza à Montmartre. Devant le Sacré-Cœur, Katharina discute avec un marchand africain. Elle veut acheter un sac en cuir.

## 2 La promenade dans Paris *(§ 56)*

**J'y vais. / J'y suis. / J'en viens.**

Le soir, Mme Garrigue pose des questions à Katharina et à Carole sur leur promenade dans Paris.

► Mettez *y* ou *en*.

*Mme Garrigue:* Alors, cette promenade dans Paris. Vous êtes allées à la tour Eiffel?
*Katharina:* Oui, on ~ est même montées. On a pris l'escalier.
*Mme Garrigue:* L'escalier! Pourquoi est-ce que vous n'avez pas pris l'ascenseur?
*Carole:* On n'a pas voulu faire la queue avec les touristes!
*Mme Garrigue:* Et après, qu'est-ce que vous avez fait?
*Carole:* On est allées au Louvre et on a vu la Joconde.
*Mme Garrigue:* Ah, c'est bien. Et vous avez vu Alain? Vous êtes allées à Belleville?
*Carole:* Oui, on ~ revient. Alain nous a emmenées dans un petit restaurant tunisien. On ~ a mangé un couscous. On ~ est restés une heure, et quand on ~ est sortis, on a décidé de montrer les petites boutiques de Belleville à Katharina.
*Mme Garrigue:* Comment est-ce que tu as trouvé ce quartier, Katharina?
*Katharina:* Super! Je suis entrée dans les boutiques. J'~ ai vu des jolis bijoux.
*Carole:* Après, on est encore allés à Montmartre. Là aussi, on a beaucoup marché et on ~ est revenus crevés!
*Mme Garrigue:* Eh bien, vous devez avoir faim maintenant!

## 3 Au marché aux puces *(§ 56)*

**J'y pense. / J'en parle.**

► Remplacez les expressions soulignées par *y* ou *en*.
(Ersetzt die unterstrichenen Ausdrücke durch *y* oder *en*.)

*Exemple*: Dimanche après-midi, Frédéric et Florian vont au marché aux puces.
Ils prennent le métro pour aller au marché aux puces.
→ Ils prennent le métro pour **y** aller.

Les deux garçons prennent la direction Porte de Clignancourt et descendent ensuite à la station Porte de Clignancourt.

*Frédéric:* Qui t'a parlé de ce marché?
*Florian:* C'est un copain qui m'a déjà parlé de ce marché. Je voudrais bien trouver des cartes postales des années vingt.

*Frédéric:* Ce n'est pas facile de trouver <u>des cartes postales des années vingt.</u>

*Florian:* Je voudrais faire une surprise à mon oncle. Il a une collection <u>de cartes postales des années vingt.</u>

*Frédéric:* Mais je pense <u>à quelque chose</u>. Il y a un antiquaire très sympa, près d'ici. <u>Dans sa boutique</u>, on va trouver un cadeau pour ton oncle.

## 4 *Ne regarde pas!* *(§ 57)*

*a* ▶ Mettez les verbes à l'impératif. Utilisez la forme négative et trouvez le pronom si nécessaire.

«Je cache quelque chose.»

*regarder*

→ Ne regarde pas!

«Cette veste est moche.»

*acheter*

«Ce thé est trop chaud.»

*boire tout de suite*

«Ce film n'est pas intéressant.»

*aller* N'y va pas!

«Il n'est pas bon.»

*manger*

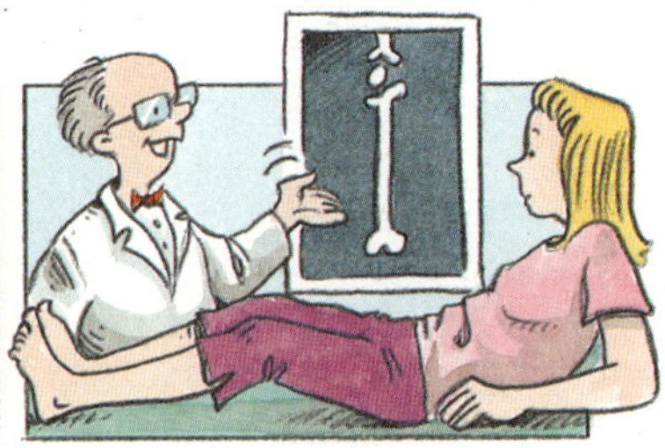

«Vous allez bientôt pouvoir marcher.»

*s'inquiéter*

*b* ▶ Mettez maintenant les phrases que vous avez faites à la forme affirmative.

## 5 *Jeu de sons*

▶ Travaillez à deux. Lisez les textes, choisissez un jeu de sons et dites-le trois fois à votre voisin(e).

1. Un chasseur[1]
sachant chasser[2]
doit savoir chasser
sans son chien.

2. Je suis fruitière[3]
ma vie[4] entière[5]
C'est à la Halle[6]
Que je m'installe[7],
C'est à Paris
Que je vends mes fruits.
*(Lequeux)*

3. Charmant[8] chat[9] couché[10]
tu n'entends pas les souris[11]
danser à trois les entrechats[12]
sur le plancher.[13]
*(Lequeux)*

***Vocabulaire:*** 1 **un chasseur** [ɛ̃ʃasœr] ein Jäger 2 **sachant chasser** der jagen kann 3 **la fruitière** die Obsthändlerin 4 **la vie** das Leben 5 **entier/entière** ganz 6 **la Halle** die (ehemalige) Markthalle in Paris 7 **s'installer** sich hinstellen 8 **charmant** reizend 9 **un chat** eine Katze 10 **couché** ruhend 11 **une souris** eine Maus 12 **un entrechat** ein Luftsprung 13 **le plancher** der (Holz)Fußboden

## 6 Pour trouver son chemin

**On dit**

**1. Dans la rue:**

– Pardon, madame/monsieur,
- je cherche la rue Balard.
- où est la rue Saint-Charles, / où se trouve la gare, / pour aller à Montmartre, — s'il vous plaît?

– Vous
- allez/continuez tout droit (jusqu'à ...),
- prenez
  - la rue ... (jusqu'à ...),
  - la première / deuxième / troisième rue à droite/à gauche,
- tournez à droite/à gauche,

puis vous ...

**2. Dans le métro:**

– Pardon, madame/monsieur, pour aller à (la station) «Abbesses», c'est quelle direction, s'il vous plaît?

– Vous prenez d'abord la direction «Porte Dauphine», puis vous changez à «Pigalle» et vous prenez la direction «Porte de la Chapelle». Et vous descendez à la station «Abbesses».

*A vous* ► Regardez le plan du métro à la fin du livre. Qu'est-ce qu'il faut faire pour aller en métro:
1. de la tour Eiffel à Montmartre (station «Abbesses»)
2. de la gare de l'Est à la station «Balard»?

## 7 L'histoire que tu as racontée (§ 54)

*a* ► Lisez le poème.

L'histoire que tu as imaginée
L'histoire que tu as racontée
L'histoire que j'ai écoutée
L'histoire que j'ai notée
L'histoire que je n'ai pas oubliée.

*D'après un poème de Jacques Prévert.*

*b* *A vous* ► Imaginez d'autres petits textes:

**Le texte**
Le texte que ...
**Les photos**
Les photos ...

prendre
faire
écrire
lire
mettre
regarder

## 8 [Sans dictionnaire] (§ 55)

► Complétez avec *ce qui, ce que, ce qu'.*

Pauvre Katharina! Elle n'a pas de dictionnaire, ~ est un problème quand on est en France pour la première fois. Mais quand elle ne comprend pas ~ Mme Garrigue lui dit, Carole lui explique ~ sa mère veut dire, ~ est très sympa. ~ est intéressant pour Katharina, c'est d'être dans une famille française. Mais ~ ne lui plaît pas, c'est de ne pas pouvoir dire ~ elle veut, surtout pendant les repas.

## 9 A propos du vocabulaire

*a* Voilà des mots en français standard et en français familier.
▶ Trouvez les mots qui vont ensemble.

| | | | |
|---|---|---|---|
| **le garçon** | **la discothèque** | **le travail** | **le self-service** |
| **le professeur** | **les mathématiques** | **fatigué(e)** | **le/la correspondant/e** |
| **la récréation** | **sympathique** | **la géographie** | **l'ami/l'amie** |
| **la bande dessinée** | **la télévision** | **l'interrogation** | |
| la disco | la géo | le self | la télé |
| le/la prof | la récré | le/la corres | le copain/la copine |
| sympa | l'interro | les maths | crevé(e) |
| le mec | le boulot | la BD | |

*b* ▶ Traduisez en français standard.

1. Mario, le corres de Françoise, est au collège. 2. Il n'aime pas les interros de maths. 3. Mais il adore la géo. 4. «Il est sympa», disent les copines. 5. Son cadeau pour Françoise, c'est une BD! 6. Pendant la récré, Françoise présente son corres au prof d'histoire-géo. 7. Au self, elle n'a pas le temps de lire sa BD. Et elle a beaucoup de boulot pour demain, ce n'est pas le pied! 8. Et Mario? Le soir, il est trop crevé pour aller dans une disco avec ses copains, alors il regarde la télé.

## 10 ✎ La carte de Katharina

Katharina a écrit une carte à ses parents et la montre à Carole.

▶ Aidez Carole à traduire la carte.

Liebe Eltern,
ich schicke euch eine Karte, die mir sehr gut gefällt. Auf der Karte kann man Mona Lisa sehen, die die Franzosen la Joconde nennen. Ich habe den Louvre, wo dieses Bild sich befindet, mit Carole besichtigt. Wir sind mit der Metro dorthin gefahren. Alain hat uns in ein tunesisches Restaurant mitgenommen, wo wir Couscous gegessen haben. Es schmeckt echt sehr gut! Bis bald.
Schöne Grüße
Katharina

## 11 [Tout le monde aime la quiche.] (§ 58)

Ce soir, il y a une quiche chez les Garrigue. Carole a fait 12 parts. Mme Garrigue n'a pas très faim; elle veut seulement deux parts. M. Garrigue prend trois parts comme toujours. Alain, lui, a très faim ce soir et il veut six parts de quiche. Mais Carole n'est pas d'accord parce qu'elle veut trois parts comme son père.

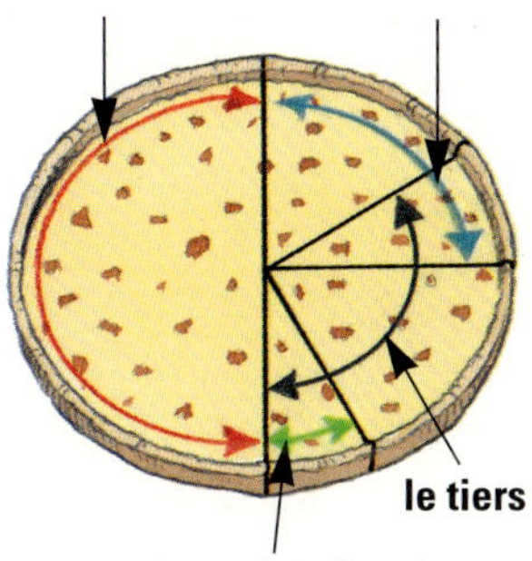


▶ Combien de parts est-ce qu'il va rester pour Alain? Regardez la quiche et calculez combien les personnes de la famille Garrigue vont en manger, puis donnez la réponse. Attention: Il y a douze parts de quiche. Pour calculer, il faut utiliser les fractions.

# Leçon 10

*La Pointe du Raz (Bretagne)*

# APPROCHE

## Enfin les vacances! (§ 59)

*M. Moreau:* **Qui est-ce qui** a mis ce sac ici?
*Julie:* C'est moi, papa. Attention, il y a mes CD et ma radio dans le sac!

*Julie:* Mais **qu'est-ce que** tu emportes là? On n'a plus de place pour ton bateau!

*Mme Moreau:* **Qu'est-ce qui** ne va pas, Sébastien?
*Sébastien:* Je veux emporter mon bateau, mais Julie dit qu'il n'y a plus de place dans la voiture.
*Olivier:* Julie, on part! **Qui est-ce que** tu appelles encore?
*Julie:* J'appelle Mélanie pour lui dire au revoir!

Dans leurs questions, les Moreau utilisent quatre formes interrogatives différentes.

***a*** ► Quelle partie de la forme interrogative montre si la question porte sur une personne ou sur une chose? ( … ob die Frage sich auf … bezieht?) Quel est le mot interrogatif qu'on utilise pour les personnes? Quel est le mot qu'on utilise pour les choses?
***b*** ► L'autre partie de la forme interrogative est un pronom relatif. Sur quoi renseigne-t-il? (Worüber gibt es Auskunft?)

## On part dans dix minutes.

Dix minutes avant le départ, Julie appelle sa copine Mélanie pour lui dire au revoir. Mélanie est en train de faire du baby-sitting. Dans la pièce où elle est, il y a beaucoup de bruit, alors elle n'entend pas bien et pose des questions à Julie.

► Voilà les réponses de Julie. Trouvez les questions de Mélanie.

1. *Sébastien et Olivier* sont déjà dans la voiture.
2. Nous avons préparé *un pique-nique* pour midi.
3. *La Bretagne* intéresse beaucoup mes parents.
4. On va rencontrer *des amis de l'an dernier*.
5. Mais pour moi, les vacances de rêve, c'est *partir avec les copains*.
6. *Tu* vas me manquer.
7. Heureusement, j'ai emporté *des CD*.
8. Je vais t'envoyer *des cartes postales*.
9. Maintenant, je dois te dire au revoir. *Tout le monde* m'attend dans la voiture. Allez, salut et à bientôt!

# A TEXTE

## Sur la route des vacances

❶ Vendredi 12 juillet. Enfin les vacances! Les Moreau ferment la boulangerie pour quinze jours. Comme l'année dernière, ils partent à Concarneau où ils ont loué une maison près de la mer … Chez les Moreau, on adore la Bretagne, mais personne n'aime le long voyage entre Paris et Concarneau. Et en plus, aujourd'hui il fait très chaud, et Julie n'est pas contente: ses copines de classe font du camping en Provence, son copain Christophe est en Autriche, chez son correspondant, et elle, à dix-sept ans, elle doit encore partir en Bretagne avec papa et maman!
A neuf heures et quart, la voiture est chargée. M. et Mme Moreau regardent une dernière fois leur liste: Non, ils n'ont rien oublié. Tout le monde monte dans la voiture et c'est le grand départ. Dans le quartier, il n'y a pas encore beaucoup de circulation, mais quand ils arrivent sur le périphérique, rien ne va plus!

❷ *Mme Moreau:* J'ai l'impression que ce n'est pas une bonne idée de partir aujourd'hui. On va avoir des bouchons …
*M. Moreau:* Mais non, tu vas voir. Ça va s'arranger sur l'autoroute …
*Olivier:* Attends, on peut mettre «Autoroute FM», il est juste neuf heures et demie …

*La radio*: «… un bouchon de 10 km sur l'autoroute A 11 après la sortie de Chartres. Et maintenant …»
*M. Moreau:* Ça commence bien! Peux-tu regarder sur la carte si on peut prendre une autre route?
*Olivier:* … On peut passer par Châteaudun et Nantes, mais c'est beaucoup plus long!
*M. Moreau:* Alors, qu'est-ce qu'on fait?
*Mme Moreau:* Ça ne fait rien, on prend l'autoroute. Si on en a marre, on peut s'arrêter et pique-niquer. Au fait, Olivier et Julie, où avez-vous mis le panier avec le pique-nique? … Mais qu'est-ce qu'il y a? Pourquoi est-ce que vous ne dites rien?
*Julie:* Demande à Olivier. Moi, personne ne m'a dit de le mettre dans la voiture …
*Mme Moreau:* Alors, qui est-ce qui l'a rangé dans la voiture? C'est toi, Olivier?
*Olivier:* Euh … je l'ai vu à la cuisine, mais j'ai pensé que Julie …
*Julie:* Mais non, pas du tout!
*M. Moreau:* Zut alors! Et comment va-t-on faire pour pique-niquer, maintenant?
*Mme Moreau:* On ne va quand même pas faire demi-tour pour ça! On peut acheter quelque chose à manger dans une station-service. Et pour le panier …
*Olivier:* … On peut téléphoner aux voisins, on leur a laissé les clés. Enfin, j'espère! Tu as bien donné les clés aux Mercier, Julie?
*Julie:* Oh, ça va, ne m'énerve pas!
*Sébastien:* Dis, maman, c'est encore loin où on va?

❸ Après dix heures de route et des kilomètres de bouchons, les Moreau arrivent enfin à Concarneau. Ils sont très fatigués, mais Olivier et Sébastien veulent tout de suite aller à la plage: peut-être que les copains de l'an dernier sont là … Mais il est déjà tard et ils ne rencontrent personne! Et Julie? Elle aide les parents à décharger la voiture et à monter les sacs dans les chambres. Depuis l'histoire du panier, elle ne veut plus parler à Olivier.

# ACTIVITÉS

## 1 A propos du texte

*a* ▶ C'est vrai ou c'est faux? Lisez les phrases et répondez, puis expliquez votre réponse.

1. Les Moreau partent en Bretagne pour la première fois. 2. Ils vont passer le mois de juillet à Concarneau. 3. Ils vont habiter dans un camping près de la mer. 4. Julie n'est pas contente parce qu'il fait très chaud aujourd'hui. 5. Sur l'autoroute, il y a beaucoup de circulation. 6. Les Moreau n'ont rien oublié. 7. Tout à coup, ils décident de faire demi-tour. 8. Le voyage en voiture est long.

*b* A vous ▶ Une famille de Marseille part en vacances à la montagne. Faites un sketch. ▿

## 2 Franck et Guillaume *(§ 61)*

**ne ... plus / ne ... jamais**
**ne ... personne / personne ne ...**
**ne ... rien / rien ne ...**
**toujours / tout / tout le monde**

Dans l'équipe de judo de Frédéric, il y a deux nouveaux: Franck et Guillaume. Ce sont deux frères, mais ils sont très différents!

*a* ▶ Lisez d'abord le portrait de Franck.

1. Franck **n'**arrive **jamais** au club à l'heure.
2. Quand il ne peut pas venir, il téléphone **toujours**.
3. Il va **encore** au collège.
4. A l'école, **rien ne** lui plaît.
5. Dans sa classe, **tout le monde** le trouve excité.
6. A la maison, **tout** l'énerve.
7. Dans sa chambre, il range **tout**, mais il **ne** range **jamais** la cuisine.
8. Il dit bonjour à **tout le monde**, mais il **ne** raconte **jamais** de blagues, alors **personne ne** le trouve cool.

*b* ▶ Décrivez maintenant son frère. N'oubliez pas: Guillaume, c'est le contraire de Franck.

*Exemple:* 1. Guillaume arrive **toujours** à l'heure.

## 3 Pendant la pause sur l'autoroute *(§ 60)*

A la station-service où les Moreau ont acheté des sandwichs pour le pique-nique, un journaliste pose des questions aux touristes. Il demande aux Moreau:

1. d'où ils viennent,
2. où ils veulent aller,
3. s'ils vont en Bretagne pour la première fois,
4. à quelle heure ils sont partis ce matin,
5. s'il y a eu beaucoup de bouchons sur la route,
6. si on trouve des belles plages là où ils vont.

*a* ▶ Ecrivez les questions du journaliste et donnez les réponses des Moreau. Utilisez l'interrogation par inversion.

*Exemple*: – D'où **venez-vous**?
– Nous venons de Paris.

*b* A vous ▶ Travaillez à deux et trouvez encore d'autres questions que le journaliste peut poser à des touristes. ▿

# Le journal de Julie

*Samedi 13 juillet:* Mon premier jour de vacances en Bretagne. Ici, il fait un temps super. Ce matin, on s'est levés à dix heures. Après le petit déjeuner, je suis allée faire les courses avec Olivier. (Demain, tout est fermé: c'est le 14 juillet.) L'après-midi, nous sommes allés sur le port avec Sébastien et les parents. Après, on a fait une promenade sur la plage. On a voulu se baigner, mais avec la marée basse, on n'a pas pu!

*Dimanche 14 juillet:* Hier soir, à onze heures, on a regardé le feu d'artifice sur le port: La mer, les couleurs et la vieille ville, génial! Puis, papa et maman sont allés au bal. Olivier et moi, on n'a pas voulu y aller ... Le bal du 14 juillet, c'est pour les vieux! J'ai préféré rester à la maison pour écrire mon journal. Mais à deux heures du matin, je me suis réveillée. J'ai entendu du bruit dehors ... alors, j'ai descendu les escaliers et j'ai regardé dans le jardin. Mais là, je n'ai rien remarqué, je n'ai vu personne ... Alors, je suis rentrée dans la maison. Aujourd'hui, nous avons passé la journée sur la plage. Après, nous sommes allés nous promener dans la vieille ville. On est entrés dans la crêperie «Le Troadec»: on a mangé des crêpes et des galettes et on a bu du cidre.

*Lundi 15 juillet:* Mon premier cours de voile s'est très bien passé. La voile, ce n'est pas toujours facile. Avec le vent, il faut faire attention, surtout quand on veut tourner. Olivier, lui, a choisi de faire de la planche à voile cette année, et j'ai l'impression qu'il s'amuse bien, lui aussi. Je l'ai vu tomber à l'eau une dizaine de fois! Pendant son cours, il a rencontré un Breton très cool (Pierrick). Il me l'a présenté après le cours, et Pierrick nous a proposé de nous emmener un soir dans une discothèque. Olivier, cet idiot, lui a dit qu'il n'aime pas beaucoup les discos! Mais moi, j'ai dit oui tout de suite et on va sans doute y aller mercredi soir.

la crêperie «Le Troadec» …

Où est Obélix?

un Robin des Bois breton!

©Liv 'Editions, Le Faouët, 1996

*Mercredi 17 juillet:* Hier, on a vu beaucoup de vieilles pierres! Nous sommes allés à Carnac pour voir les menhirs. Sébastien pense que ce sont les menhirs d'Obélix! Des menhirs, il en a déjà vu dans «Astérix le Gaulois» … Le soir, on est allés à «L' Albatros» avec Pierrick. C'est la disco branchée de Concarneau. Et de quoi est-ce que Pierrick et Olivier ont parlé pendant des heures? De bateaux, de pêche et de voile! Ce n'est pas la spécialité d'Olivier, mais ça, il ne l'a pas dit! Et moi, après deux heures, je lui ai dit: «Olivier, tu ne veux pas aller nous chercher des cocas pendant que je danse avec Pierrick?»!!!

*Samedi 20 juillet:* Ohé, ohé! Aujourd'hui, on est partis en mer avec Pierrick et son oncle (M. Le Goff) qui est pêcheur. Nous avons traversé la baie de Concarneau jusqu'à la pointe de Beg-Meil. Mais quand nous avons voulu revenir, le vent s'est levé tout à coup et le ciel est devenu tout gris. Il y a eu des vagues énormes et Olivier et moi, on a commencé à avoir peur. L'oncle de Pierrick n'a pas voulu essayer de rentrer à Concarneau avec ce temps. Après une heure, on est arrivés à Pont-Minaouët. M. Le Goff a décidé d'attendre la fin de l'orage sur le bateau, mais Pierrick, Olivier et moi, nous avons préféré faire de l'auto-stop pour rentrer à Concarneau. On est enfin arrivés à la maison et Olivier (encore vert de peur!) a raconté notre histoire.

*Dimanche 21 juillet:* Depuis que nous sommes rentrés sous la pluie, Olivier et moi, on a un gros rhume. Il pleut depuis deux jours … Aujourd'hui, papa, maman et Sébastien sont allés voir l'Aquarium. Olivier et moi, nous sommes restés à la maison. Par la fenêtre, je regarde la pluie qui tombe …
Il pleut, il pleut, il pleut. Je me demande ce qu'on va faire s'il continue à pleuvoir. Mais … ça alors! Il y a de la lumière dans la cabane au fond du jardin!

*Lundi 22 juillet:* Quand Pierrick est arrivé hier après-midi, je lui ai parlé de la lumière dans la cabane et il a proposé d'aller voir. Quand on s'est approchés, on a entendu des voix … Pierrick a ouvert la porte, et là, on a trouvé deux garçons, trempés de la tête aux pieds. Ils nous ont raconté qu'ils ont passé leur bac en juin, à Rennes. Ensuite, ils ont trouvé un job intéressant au Faouët (c'est un petit village près d'ici). Ils ont joué un petit rôle pendant le tournage du film sur Marion du Faouët, une sorte de Robin des Bois qui a été très célèbre dans la région il y a deux siècles. Depuis deux semaines, le tournage est fini et ils cherchent maintenant des petits boulots pour pouvoir passer le reste des vacances ici. Mais leur tente n'a pas aimé la pluie, alors ils sont venus dans notre cabane … et ce n'est pas la première fois! Papa et maman ont été très surpris quand ils les ont trouvés avec nous dans la cuisine. Mais ils n'ont rien dit, ils ont seulement demandé: «Ce sont encore des copains du club de voile?»

# B ACTIVITÉS

## 1 A propos du texte

*a* ▶ De quoi parle Julie dans son journal? Faites une liste des endroits, des personnes et des activités et résumez les vacances de Julie.

*b* ▶ A votre avis, quelle journée est-ce que Julie a préférée? Pourquoi?

*c* *A vous* ▶ Est-ce que vous préférez la mer ou la montagne? Dites pourquoi.▽

## 2 Julie téléphone à Mélanie. *(§§ 59, 63)*

**ce que** (2x) **/ de quoi** (2x) **/ comment / à quoi / à quelle heure / si / avec qui / quand**

*a* ▶ Complétez.

Le 21 juillet, Julie téléphone à sa copine Mélanie pour lui raconter comment ses vacances se passent. Mélanie pose beaucoup de questions à Julie. Elle veut d'abord savoir ~ Julie trouve Concarneau, ~ il fait beau en Bretagne, ~ Julie et Olivier font le soir, ~ ils vont au lit. Elle demande aussi à Julie ~ elle fait de la voile, ~ on a besoin pour faire de la voile, ~ Sébastien joue sur la plage et ~ on peut faire en Bretagne quand il pleut. Julie répond aux questions de sa copine. Puis, elle lui raconte qu'elle a rencontré un garçon super qui s'appelle Pierrick. Alors, Mélanie lui demande ~ elle parle avec Pierrick et ~ son copain Christophe ne lui manque pas … Et à la fin, bien sûr, elle veut savoir ~ les Moreau rentrent à Paris.

*b* ▶ Retrouvez maintenant les questions que Mélanie a posées à Julie. Quand vous pouvez, répondez à ces questions.

## 3 Au Café de la plage *(§§ 59, 63)*

*a* Après le cours de voile, Grégory, un Breton, a invité Caroline, une fille de Rouen, à prendre un verre avec lui. ▶ Complétez les questions.

*Grégory:* ~ te plaît à Concarneau?
*Caroline:* J'aime beaucoup le vieux port. Et le cours de voile est super.
*Grégory:* ~ tu fais encore comme sport?
*Caroline:* Je fais du tennis. Mais tu sais, j'aime surtout la musique! Et toi? Tu aimes la musique aussi?
*Grégory:* Euh …, j'aime bien Patrick Bruel.
*Caroline:* Dis, ~ tu fais ce soir?
*Grégory:* Je vais aller à un «fest-noz».
*Caroline:* Et avec ~ est-ce que tu y vas?
*Grégory:* Je ne sais pas encore.
*Caroline:* Et ~ tu regardes, là, sur la plage?
*Grégory:* Je ne regarde rien. Mais Gaëlle, ma copine, arrive.
*Caroline:* Ah, tu attends une copine. Salut! Je dois partir, maintenant.

*b* ▶ Racontez la scène au café. Utilisez le discours indirect. Commencez vos phrases avec *d'abord, puis, ensuite, et, à la fin.*

*Exemple:* D'abord, Grégory **demande à** Caroline **ce qui** lui plaît à Concarneau. Caroline **dit/répond qu'**elle aime beaucoup … et **que** le cours de voile …

## 4 Quel temps fait-il?

**On dit**

– Quel temps fait-il, aujourd'hui?

| | | | |
|---|---|---|---|
| – Il | fait / ne fait pas | très / trop | beau. / mauvais. / chaud. / froid. |

– Il y a | du soleil. / des nuages. / du vent. / une tempête. / un orage.

– Il pleut/Il neige.

– Quelle température fait-il?
– Il fait 20 degrés/moins deux.

*a* ▶ Lisez les expressions. Faites une liste pour le beau temps et une autre pour le mauvais temps.

*b* ▶ Regardez le texte 10 B. Quel temps a-t-il fait le 13, le 20 et le 21 juillet?

*c* *A vous* ▶ Discutez en classe. Quel temps est-ce que vous préférez? Dites pourquoi. Parlez de vos activités pendant les vacances quand il fait beau/mauvais/etc.▽

## 5 Un copain, mais une copine …

*a* ▶ Regardez les mots et trouvez la forme qui manque (féminin ou masculin).

| | | | |
|---|---|---|---|
| un élève | un Autrichien | un journaliste | un sportif |
| une étudiante | un prof | un Breton | une skieuse |
| un marchand | une amie | un spécialiste | un moniteur |
| une vendeuse | un voisin | une musicienne | une architecte |
| un surveillant | un étranger | une Suisse | une collègue |
| un espion | une employée | un correspondant | un fils |
| un frimeur | une jeune | un Savoyard | un touriste |

*b* ▶ Choisissez cinq ou six mots et écrivez une petite histoire avec ces mots.▽

## 6 [Une catastrophe] (§ 62)

**eau(x) eu(x) aux oux al**

*a* ▶ Complétez.
Hier soir, quelqu'un a mis le f~ au chât~ de Kerjean. Tout est perdu: les tabl~ de famille, la collection de chap~ et les bij~ de Madame. Madame, elle, est à l'hôpit~. Là, elle écrit son journ~. Mais tout va s'arranger. Demain, on va commencer les trav~ pour faire un nouveau chât~. Pendant deux mois, les propriétaires vont habiter sur leur bat~.

*b* ▶ Classez les mots que vous avez trouvés. Donnez aussi le singulier/le pluriel.

## 7 Jeu de sons

[in] [ŋ]

Quand ma copine Marine a fini son jogging sur le parking du camping, elle fait du baby-sitting dans la cuisine de sa voisine.

[ɲ]

Agnès et Sonia habitent en Bretagne, à Lannion. Elles aiment la montagne et l'Allemagne, mais pas les oignons!

## 8 Pierrick et Sébastien

Pierrick est venu dire bonjour aux Moreau. Il discute avec Sébastien dans le jardin.

▶ Reconstituez le dialogue. (Stellt den Dialog wieder her.)

*Pierrick:* Est-ce que tu veux / ton bateau? / montrer / me
*Sébastien:* Oui. Est-ce que tu peux / aider à / porter / m' / sur la plage? / le
*Pierrick:* Bien sûr! / Je vais aussi / comment on fait / mettre à la mer /expliquer / t' / pour le
*Sébastien:* Super! / moi, je / être pêcheur! / Mais tu sais, / ne veux plus
*Pierrick:* Pourquoi? / Ah bon?
*Sébastien:* Tu as proposé / à Olivier et Julie / de / emmener / les / sur le bateau de ton oncle.
*Pierrick:* Et alors, / leur / a plu! / ça
*Sébastien:* Oui, mais ils ont fini par / ils ont eu très peur de l'orage. / dire qu' / me

## 9 [L'après-midi de Julie] *(§ 64)*

Cet après-midi, tout le monde a fait la sieste chez les Moreau … sauf Julie!
Elle raconte dans son journal comment elle a passé l'après-midi.

▶ Mettez les verbes au passé composé. Attention à l'accord du participe passé!

| Elle **a** monté les escaliers. ← monter → Elle **est** mont**ée** dans sa chambre. |
|---|

Je (sortir) un livre de mon sac, puis je (sortir) de ma chambre. Je (descendre) les escaliers. Dans le couloir, j'ai vu le bateau et les chaussures de Sébastien. Je les (monter) dans sa chambre, puis je (redescendre) et je (sortir) de la maison. Je (descendre) sur la plage. Mais je ne me suis pas baignée à cause de mon rhume. Je (sortir) le livre de mon sac de plage et j'ai commencé à lire. Ensuite, Pierrick est arrivé. Alors, je (rentrer) mon livre dans mon sac et nous sommes allés au club de voile. Là, nous (monter) dans un bateau et nous avons passé un après-midi super! Nous (rentrer) à six heures seulement.

## 10 [Pendant les vacances] **pendant / pendant que**

▶ Complétez.

1. Julie passe les vacances en Bretagne avec sa famille ~ ses copines font du camping en Provence. 2. ~ la première semaine, Julie rencontre un Breton très sympa qui s'appelle Pierrick. 3. A la discothèque, Julie danse avec Pierrick ~ son frère va chercher des boissons. 4. Julie écrit souvent son journal ~ Olivier écoute des cassettes. 5. Sébastien joue avec son bateau ~ Julie et Olivier sont à l'école de voile. 6. ~ la visite du port, Sébastien dit qu'il veut être pêcheur. 7. Dans la nuit du 13 au 14 juillet, Julie entend du bruit dans le jardin ~ ses frères dorment. 8. Un jour, ~ les parents visitent l'Aquarium, Julie trouve deux garçons dans la cabane au fond du jardin. 9. Les deux garçons viennent de Rennes. Ils ont participé au tournage du film sur Marion du Faouët ~ leurs vacances.

## 11 Une carte postale et une lettre officielle

*a* Voilà une carte postale qu'Olivier a envoyée à Florence:

| | |
|---|---|
| Pour commencer / l'endroit où il est | *Concarneau, le 24 juillet 1997* |
| | *Chère Florence,* |
| comment il va | *Je t'envoie un grand bonjour de Concarneau. Ça va, toi? Moi, ça va très bien.* |
| le temps qu'il fait | *Ici, il fait très beau et j'apprends à faire de la planche à voile. C'est super! Merci pour ta carte de Bourgogne. Dis bonjour aux copains et aux copines. A bientôt!* |
| Pour finir | *Grosses bises* |
| | *Olivier* |

le timbre

l'adresse (f.):

| | |
|---|---|
| *Mlle Florence Drouet* | le prénom, le nom |
| *14, rue Saint-Charles* | le numéro, la rue |
| *75015 Paris* | le code postal et la ville |

*A vous* ► Imaginez que vous êtes en vacances. Ecrivez une carte postale à un(e) ami(e). Parlez de l'endroit où vous êtes, du temps qu'il fait et de vos activités. Dites aussi comment vous allez.

*b* Voilà une lettre officielle que Thomas Bauer a envoyée au Syndicat d'initiative de Concarneau.

*Thomas Bauer*
*Blumenstr. 27*
*D-70180 Stuttgart*

*Stuttgart, le 15 mai 1997*

*Madame, Monsieur,*

*Je vais passer deux semaines à Concarneau cet été, et je voudrais des informations sur votre ville. Pouvez-vous me dire s'il y a un camping ou un gîte pas trop cher à Concarneau? Peut-on aussi louer des vélos?*

*Merci d'avance.*

*Veuillez agréer, Madame, Monsieur, l'expression de mes sentiments distingués.*

*Thomas Bauer*

*A vous* 1. ► Imaginez que vous allez passer vos vacances en France. Ecrivez une lettre au Syndicat d'initiative pour demander des informations sur l'hébergement (die Unterkunftsmöglichkeiten) et les activités.

2. ► Pendant les vacances d'été, vous voulez travailler dans une colonie de vacances comme moniteur/monitrice. Ecrivez une lettre au CIDJ[1] pour demander des informations:
   - Présentez-vous (nom, âge, nationalité, école, langues, activités sportives).
   - Demandez des informations sur le travail que vous allez faire et sur l'argent que vous allez gagner.▽

[1] **le CIDJ:** le Centre d'Information et de Documentation Jeunesse

# Le plaisir de lire

**De 1735 à 1755, une jeune femme, «Marion du Faouët», fait peur à la Bretagne. Avec sa bande[3], elle vole les riches[4] sur les routes de la région[5]. Voilà l'histoire de Marion et de sa bande.**

**Carole Richert a joué le rôle de Marion dans le film «Marion du Faouët».**

## Marion du Faouët Chef[1] de brigands[2]

Marion du Faouët, de son vrai nom Marie Louise Tromel, est née[6] le 6 mai 1717 dans le petit village de Porz-en-Haire, près du Faouët. Comme beaucoup de gens, Marion et sa mère sont pauvres. A l'époque[7] de Louis XV, cela veut dire avoir faim, avoir froid et mendier[8] pour pouvoir manger. Mais la jeune Marion n'accepte[9] pas cette vie[10] de misère et sans espoir. Dans la ville de Lorient, elle voit des marchands avec des enfants de son âge: Ils n'ont jamais faim, ils sont bien habillés, ils vont à l'école, ils ont un lit. Marion ne comprend pas: Pourquoi est-ce que les riches mangent à leur faim et pourquoi est-ce que les pauvres ont faim? Marion cherche une justice[11], mais elle ne la trouve pas. Alors, elle décide de réagir: elle veut apprendre à lire et à écrire pour avoir une vie comme les riches marchands de Lorient.

### *Dix-huit ans et déjà chef de bande*

A 18 ans, Marion rencontre Henry Perzon, l'homme de sa vie. Il est pauvre comme elle. Pendant l'hiver de 1736, Henri travaille dans les forêts du Marquis de Pont-Calleck avec cinq autres hommes. Marion est avec eux pour faire la cuisine. Il fait froid et ils travaillent du matin au soir. Le travail est dur[12] et mal payé, mais ils peuvent manger.

**C'est dans les forêts que Marion et sa bande attaquent et volent les riches paysans et les marchands qui rentrent chez eux.**

Mais un jour, le propriétaire n'a plus besoin d'eux ... D'un jour à l'autre, les hommes n'ont plus de travail, plus rien à manger. Marion décide alors de faire elle-même[13] la justice: *« Je veux lever une bande[14] pour prendre aux riches ce qu'ils ont volé aux pauvres qui travaillent pour eux.»* C'est ainsi que[15] Marion, à l'âge de dix-huit ans, devient[16] le chef d'une bande qui va bientôt être très célèbre[17] en Bretagne.

Marion et sa bande vont aux marchés et aux foires[18] de la région. Ils attendent que les riches marchands sortent des auberges[19] et ils les attaquent[20] quand ils rentrent chez eux. Ils leur prennent leur argent, leurs chapeaux et leurs chaussures, mais ensuite ils les laissent tranquilles. Marion ne veut pas de violence[21].

## *Une femme de cœur*

Marion organise les activités de sa bande dans le village de Kerhoel, près du Faouët. Bientôt, Marion et ses hommes commencent à avoir de l'argent. Avec l'argent, ils mangent et boivent dans les auberges de la région. Et quand il n'y a plus d'argent, ils recommencent à voler. Marion a enfin réussi: Sa famille n'a plus faim. Elle est riche, s'habille comme la femme d'un riche marchand et peut même s'acheter des bijoux. La vie est facile quand on a de l'argent.

Pendant la famine[22] de 1740-1741, Marion montre aussi, qu'elle a un cœur. La nuit de Noël, quand Marion sort de l'église avec les autres riches du village, elle voit les pauvres qui mendient devant l'église. Elle se souvient alors qu'elle a mendié, elle aussi. Marion a pitié[23] de ces gens et les invite chez sa mère. Des centaines[24] de pauvres vont avoir une soupe[25] chaude le soir de Noël. Maintenant, Marion est célèbre dans la région, mais bientôt les problèmes vont commencer.

## *La fin d'un rêve*

Un jour, ses hommes attaquent une ferme pour y voler des bouteilles de cidre. Le paysan appelle les archers[26] qui se mettent[27] à la recherche des brigands. Le 24 mars 1743, on arrête Henry et ses hommes et on les met en prison[28].

Marion réussit à libérer[29] ses hommes de la prison de Hennebont et la bande (il y a maintenant 80 hommes!) reprend[30] ses activités, de Quimper à Vannes, de Ploemer à Carhaix. Mais c'est le début[31] de la fin: Peu de temps après, on arrête[32] une deuxième fois Henry et le 28 mars 1747, il monte sur l'échafaud[33].

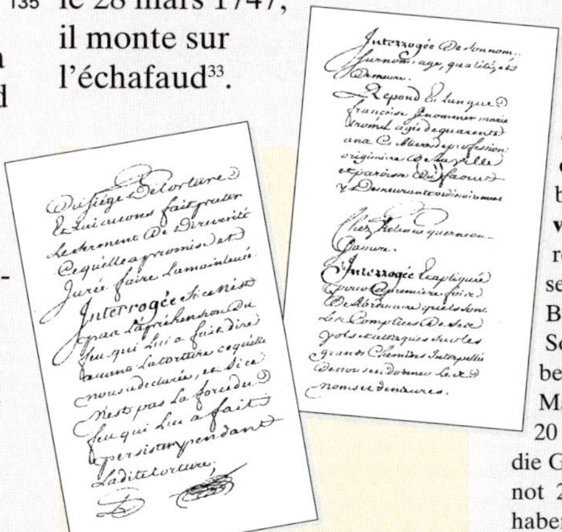

**„Interrogée de son nom, surnom, âge, qualité et demeure. Répond en langue française se nommer Marie Tromel …"**

**L'auberge de Loivisy où la bande à Marion vient boire et manger**

Marion continue sans lui, mais en 1755, on l'arrête et on la juge[34]. Mais quand on lui demande le nom de ses hommes, elle ne veut rien dire. Cette fois, il n'y a plus d'espoir … Marion meurt[35] sur l'échafaud à Quimper, le 2 août 1755.

Marion et ses hommes sont morts[36] depuis plus de deux siècles. Mais en Bretagne, on parle encore de cette jeune femme, de sa vie et de ses idées. Personne n'a oublié Marion du Faouët, chef de brigands, mais femme de cœur.

***Vocabulaire:*** 1 **un chef de brigands** ein Räuberhauptmann (hier: Chefin einer Räuberbande) 2 **un brigand** ein Straßenräuber 3 **une bande** eine Bande 4 **riche** reich 5 **une région** eine Region 6 **né,e** geboren 7 **une époque** eine Epoche 8 **mendier** betteln 9 **accepter** annehmen 10 **la vie** das Leben 11 **la justice** die Gerechtigkeit 12 **dur,e** hart 13 **elle-même** selbst 14 **lever (une bande)** eine Bande ausheben 15 **C'est ainsi que …** So … 16 **devenir** werden 17 **célèbre** berühmt 18 **une foire** ein (Jahr-) Markt 19 **une auberge** eine Herberge 20 **attaquer** angreifen 21 **la violence** die Gewalt 22 **une famine** eine Hungersnot 23 **avoir pitié de qn** mit jdm Mitleid haben 24 **centaines de …** hunderte von 25 **une soupe** eine Suppe 26 **un archer** ein Bogenschütze 27 **se mettre à qc** etwas beginnen 28 **une prison** ein Gefängnis 29 **libérer** befreien 30 **reprendre qc** etwas wieder aufnehmen 31 **le début** der Anfang 32 **arrêter qn** jdn festnehmen 33 **l'échafaud** das Schafott 34 **juger qn** jdn verurteilen 35 **elle meurt (inf.: mourir)** sie stirbt 36 **mort,e** tot

**LIRE et comprendre** ***Le nouveau***

▶ Dies ist ein Cartoon der französischen Zeichnerin Claire Brétécher.
Auf den ersten Blick habt ihr von dem Text in den Sprechblasen sicherlich nicht viel verstanden, aber bei genauerem Hinsehen wird euch einiges klar werden.

1. Seht euch zunächst nur die Bilder an und beschreibt die dargestellte Situation.
2. Welche Namen benutzen die beiden Jungen zur Anrede des dritten (Zeichnung 3/4)? An welche Wörter aus dem Lateinischen bzw. Englischen erinnern euch diese Namen?
3. In der 5. Zeichnung nennt der fremde Junge seinen Namen. Wie klingt er?
4. Warum wirken die Jungen im 6. Bild überrascht?
5. Vergleicht Zeichnung und Sprechblase der 3. und 7. Zeichnung. Was hat sich geändert? Warum?
6. Welche Wörter konntet ihr aus dem Zusammenhang ermitteln (präzise oder annäherungsweise)?

## ECOUTER et comprendre — *A Paris*

Wenn ihr in Frankreich seid, werdet ihr nicht alles, was die Leute sagen, verstehen. Das ist aber ganz normal: Einiges versteht ihr aber schon – durch die Begleitgeräusche, der Art der Stimmführung und natürlich durch die Vokabeln, die ihr schon kennt.

***a*** ▶ Hört die drei Szenen einmal an. Welche Überschrift paßt zu welcher Szene?
- Une nouvelle en 3e F
- Attention au stop!
- La rentrée, c'est super.

***b*** ▶ Hört die Texte noch ein zweites Mal an und beantwortet die Fragen zu den drei Texten. Antwortet mit „oui" oder „non".

**Scène 1:**
- Aurélie est là.
- Le prof de maths, c'est M. Godin.
- Marc aime les profs de la 3e F. Florence aussi.

**Scène 2:**
- Florence a cours, maintenant.
- Carole aime le collège.
- Carole aime les boulevards et les cinémas de Paris.

**Scène 3:**
- C'est Mme Garrigue.
- Les Garrigue habitent rue des Ardennes.
- La police est dans la rue.

# Dans le quartier Balard

**REGARDER et comprendre**

Vous êtes à Paris et vous visitez le quartier Balard. Quelle surprise! Vous comprenez déjà beaucoup de choses. (Ihr versteht schon viel.)

► Regardez les photos:

Wo könnt ihr

1. ein Medikament besorgen,
2. eine Zeitung kaufen,
3. auf die Toilette gehen,
4. einen Brief aufgeben,
5. ins Kino gehen,
6. eine Tafel Schokolade kaufen,
7. einen Kaffee trinken,
8. die Metro benutzen,
9. Brot kaufen,
10. Essen gehen,
11. den Bus (zum Gare du Nord) nehmen,
12. schwimmen gehen,
13. euch medizinisch versorgen lassen,
14. spazieren gehen?

LIBRAIRIE PAPETERIE JOURNAUX

g

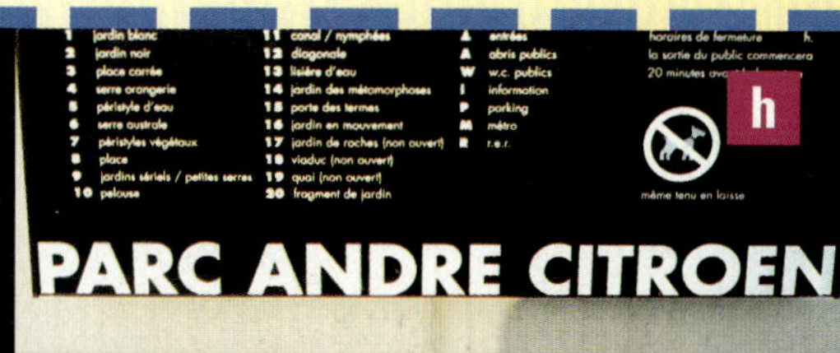
1 jardin blanc
2 jardin noir
3 place carrée
4 serre orangerie
5 péristyle d'eau
6 serre australe
7 péristyles végétaux
8 place
9 jardins sériels / petites serres
10 pelouse
11 canal / nymphées
12 diagonale
13 lisière d'eau
14 jardin des métamorphoses
15 porte des termes
16 jardin en mouvement
17 jardin de roches (non ouvert)
18 viaduc (non ouvert)
19 quai (non ouvert)
20 fragment de jardin
entrées
A abris publics
W w.c. publics
I information
P parking
M métro
R r.e.r.
horaires de fermeture h.
la sortie du public commencera
20 minutes
même tenu en laisse
PARC ANDRE CITROEN

h

Cinéma

i

Docteur Frédéric LATTES
MEDECINE GENERALE
Visites et Consultations
Sur rendez-vous Tél: 40.60.11.69

toilettes

k

LA POSTE
AVALLON
LA POSTE

l

AU PARADIS DU CHOCOLAT

m

42 Gare du Nord
André Citroën 42

n

ECOUTER et comprendre

## Jacques au Centre Pompidou

❶ C'est dimanche après-midi. Mamie et l'oncle Gilbert montrent le Centre Pompidou à Jacques, un cousin de l'oncle Gilbert. Jacques, 25 ans, est de Montréal et il est en vacances à Paris.

Au Centre Pompidou, il y a un musée d'art moderne, des expositions, des salles de cinéma et une bibliothèque.

*a* ▶ Dans le texte, il y a des mots nouveaux, mais vous pouvez les comprendre. Pensez à l'allemand ou l'anglais.

*b* ▶ Lisez les questions: 1. Est-ce que l'oncle Gilbert aime l'art moderne?
2. Qu'est-ce que mamie aime au Centre Pompidou?

*c* ▶ Maintenant, écoutez le texte 1 sur la cassette/le CD du professeur et répondez aux questions 1 et 2.

❷ Le musée du Centre Pompidou est un des grands musées d'art moderne du monde. Dans le musée, on trouve des tableaux de peintres comme Picasso, Chagall, Matisse, etc. Sur la photo, il y a un tableau de Picasso.

*a* ▶ Regardez la photo. Cherchez le sens des mots *tableau* et *peintre*. Et que veut dire le mot *monde*? (Und was bedeutet …)

*b* ▶ Ecoutez maintenant le texte 2.

1. Répondez. C'est vrai ou c'est faux? Quand c'est faux, corrigez les phrases.
   - Le tableau de Picasso a 20 ans.
   - Oncle Gilbert adore les BD.
   - Il aime aussi Picasso.
2. Donnez un titre au texte 2:
   «Oncle Gilbert est un peintre classique.»
   «Mamie n'aime pas les BD.»
   «Picasso et les BD: on aime ou on n'aime pas!»

❸ Au Centre Pompidou, il y a des ateliers pour les enfants. Il y a des ateliers de peinture et un atelier multimédia. A l'atelier multimédia, les enfants de 9 à 12 ans travaillent avec des ordinateurs. Ils font des films multimédia.

*a* ▶ 1. Cherchez le sens des mots *enfant* et *peinture*.
2. Comment est-ce que vous comprenez le

*b* ▶ 1. Ecoutez le texte 3.
2. Complétez le texte:

A ~ multimédia, l'oncle Gilbert a ~ de jouer avec ~. Mais c'est pour ~ de 9 à 12 ans. Mamie ~ les ordinateurs, mais elle aime ~.

❹ Il y a aussi des concerts de musique classique et de musique moderne au Centre Pompidou. Vous aimez la musique d'avant-garde? A l'institut de musique du Centre, les compositeurs d'aujourd'hui font la musique de demain.

*a* ▶ 1. Cherchez le sens du mot *un compositeur* ? Que veut dire *demain*?
2. Quel genre de musique est-ce qu'il y a au Centre Pompidou? (Was für Musik …)

*b* ▶ Ecoutez le texte 4 et répondez.

1. Est-ce que l'oncle Gilbert aime la musique d'avant-garde?
2. Qu'est-ce qu'il aime comme musique?

❺ Voilà le cybercafé du Centre Pompidou: le café Internet. Vous cherchez des informations sur le collège André Citroën? Vous cherchez un ami ou une amie aux Etats-Unis? Vous cherchez l'adresse de la copine de mamie? Alors, allez au cybercafé du Centre Pompidou!

*a* ▶ Regardez la photo. Un *cybercafé,* qu'est-ce que c'est?

*b* ▶ Lisez les mots suivants:
*on peut boire un coca:* man kann eine Cola trinken;
*dans le monde entier:* in der ganzen Welt.

*c* ▶ Maintenant, écoutez le texte 5 et répondez aux questions:
1. Dans un cybercafé, qu'est-ce qu'on fait?
2. Pourquoi est-ce que mamie, l'oncle Gilbert et Jacques vont au cybercafé?

## ECOUTER et lire — *L'enfant au walkman*[1]

Il ne sait même pas[2] compter[3]
Jusqu'à[4] trois, mais il connaît[5]
Les noms de tous[6] les groupes anglais
L'enfant au walkman.

Pas besoin[7] d'aller à l'école
Pour vivre[8] comme ses idoles[9]
Il ferme les yeux[10] et il s'envole[11]
L'enfant au walkman.

On dirait[12] qu'il plane[13]
L'enfant au walkman
Ciel[14] de cellophane[15].

Il ne nous voit pas, il plane
Attend-il dans les décibels[16]
Les ondes[17] d'un monde parallèle[18]
Qui lui ressemble[19] et qui l'appelle[20]?

Il ne nous voit pas
Il plane, il plane.
Il voit la vie[21] en vidéo
Et dans sa tête, c'est bien plus beau[22]
Que dans tous les livres d'histoire
Où les héros[23]
Sont tristes[24] à voir.

Quand on lui parle d'avenir[25]
Il nous répond par un sourire[26]
Pour dire qu'il ne veut pas grandir[27]
L'enfant au walkman
Ciel de cellophane.
Il ne nous voit pas, il plane, il plane …

Paroles de Luc Plamondon
Musique de Julien Clerc et Jean Roussel


***Vocabulaire:*** 1 **un walkman** ein Walkman 2 **il ne sait même pas** er kann nicht einmal 3 **compter** zählen 4 **jusqu'à** bis 5 **connaître** kennen 6 **tous** alle 7 **pas besoin de …** es ist nicht nötig … 8 **vivre** leben 9 **une idole** ein Idol 10 **les yeux** die Augen 11 **il s'envole** er hebt ab 12 **on dirait que** … es ist, als ob … 13 **il plane** er schwebt 14 **le ciel** der Himmel 15 **la cellophane** Cellophan 16 **un décibel** ein Dezibel 17 **les ondes** die Wellen 18 **parallèle** parallel 19 **qui lui ressemble** die ihm ähnelt 20 **appeler** rufen 21 **la vie** das Leben 22 **bien plus beau que** viel schöner als 23 **le héros** der Held 24 **triste** traurig 25 **l'avenir** die Zukunft 26 **un sourire** ein Lächeln 27 **grandir** wachsen/groß werden

## REGARDER et comprendre — *L'école en France*

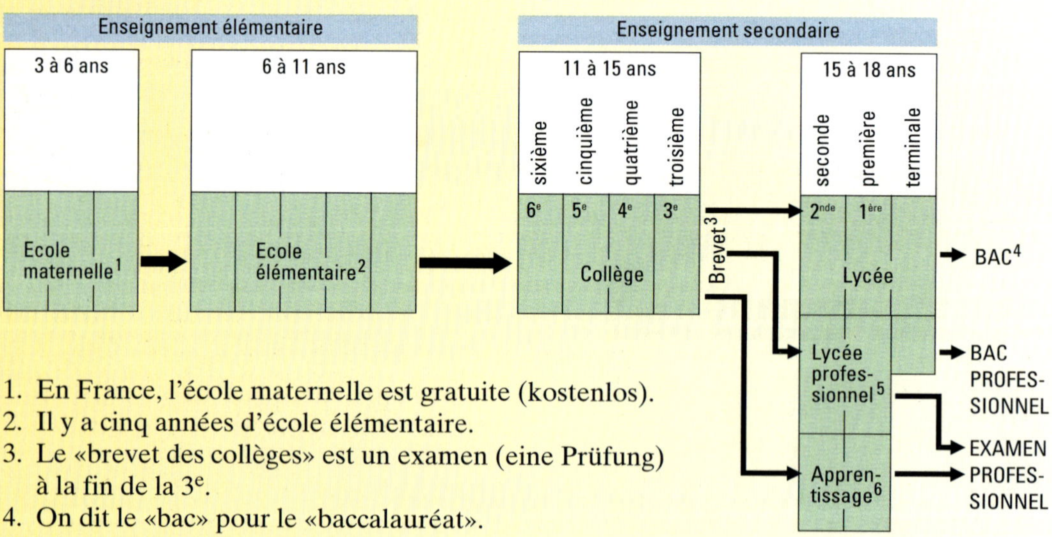


1. En France, l'école maternelle est gratuite (kostenlos).
2. Il y a cinq années d'école élémentaire.
3. Le «brevet des collèges» est un examen (eine Prüfung) à la fin de la 3e.
4. On dit le «bac» pour le «baccalauréat».
5. Là, on apprend un métier (ein Beruf) en 2 ou 3 ans (in 2 oder 3 Jahren).
6. Pour les jeunes qui apprennent leur métier dans une entreprise (in einem Betrieb).

▶ Répondez.

1. Patrick a 10 ans. Il va au collège?
2. Combien de classes est-ce qu'il y a au collège?
3. Les trois classes du lycée sont …
4. A quel âge est-ce qu'on entre au lycée?
5. Mireille a 16 ans. Elle n'a plus envie d'aller à l'école. Qu'est-ce qu'elle fait?
6. La 4e dans un collège français correspond (entspricht) à quelle classe en Allemagne?
7. Combien d'années est-ce que les élèves vont à l'école en France?
8. A la fin du lycée, il y a un examen. Qu'est-ce que c'est?

*Le professeur demande à Damien:*
– *Mais pourquoi est-ce que tu arrives toujours trop tard?*
– *C'est à cause du[1] panneau[2], madame!*
– *Quel[3] panneau, Damien?*
– *Celui où est marqué[4]: «Attention, école, ralentir[5]!»*

***Vocabulaire:*** 1 **à cause de** wegen 2 **le panneau** das Schild 3 **quel** welches 4 **Celui où est marqué** wo geschrieben steht 5 **Ralentir!** Langsam fahren!

## LIRE et comprendre *La leçon*

*Le Professeur:* Combien font un et un?
*L'Élève:* Un et un font deux.
*Le Professeur:* Oh, mais c'est très bien. Combien font deux et un?
*L'Élève:* Trois.
*Le Professeur:* Trois et un?
*L'Élève:* Quatre.
*Le Professeur:* Quatre et un?
*L'Élève:* Cinq.
*Le Professeur:* Cinq et un?
*L'Élève:* Six.
*Le Professeur:* Six et un?
*L'Élève:* Sept.
*Le Professeur:* Sept et un?
*L'Élève:* Huit.
*Le Professeur:* Sept et un?
*L'Élève:* Huit … *bis*[1].
*Le Professeur:* Sept et un?
*L'Élève:* Huit … *ter*[1].
*Le Professeur:* Parfait. Excellent. Sept et un?
*L'Élève:* Huit *quater*[1]. Et parfois neuf.
*Le Professeur:* Magnifique[2]. Vous êtes magnifique. Je vous félicite chaleureusement[3], Mademoiselle.

*Eugène Ionesco, «La leçon» (1950)*


▶ Lisez le texte deux fois, puis répondez aux questions:

1. Qui parle?
2. Comment est-ce que le professeur trouve l'élève? Pourquoi?
3. Comment est-ce que vous trouvez cette scène? Pourquoi? (Répondez en allemand.)

***Vocabulaire:*** 1 **bis, ter, quater** zum zweiten Mal, zum dritten Mal, zum vierten Mal 2 **magnifique** großartig 3 **Je vous félicite chaleureusement.** Herzlichen Glückwunsch!

# SUPPLEMENT 5

**ECOUTER et comprendre** — *Ecoutez Radio-Javel.*

*a* Les Français parlent vite, surtout à la radio. ▶ Lisez d'abord:

*la publicité (la pub)* die Werbung; *le prix* [ləpri] der Preis; *«Minou-Sport»*, *«Pridou»*: noms de magasins; *«La Pagode»*: nom d'un cinéma; *la séance* die Vorstellung

*b* ▶ Maintenant, écoutez Radio-Javel une première fois (ein erstes Mal), puis répondez: Qu'est-ce qu'il y a comme pubs sur Radio-Javel?

*c* ▶ Ecoutez Radio-Javel encore une ou deux fois et notez dans votre cahier:

1. l'heure
2. le prix du gâteau au chocolat
3. le prix des quatre avocats
4. le prix des T-shirts
5. la date de la fête du collège
6. le nom du film

# SUPPLEMENT 6

**LIRE et comprendre** — *Déjeuner du matin*

***Il a mis le café***
***Dans la tasse***
***Il a mis le lait[1]***
***Dans la tasse de café***
***Il a mis le sucre[2]***
***Dans le café au lait***
***Avec la petite cuiller[3]***
***Il a tourné[4]***
***Il a bu[5] le café au lait***
***Et il a reposé[6] la tasse***
***Sans me parler***
***Il a allumé[7]***
***une cigarette[8]***
***Il a fait des ronds[9]***
***Avec la fumée[10]***
***Il a mis les cendres[11]***
***Dans le cendrier[12]***
***Sans me parler***
***Sans me regarder***
***Il s'est levé[13]***
***Il a mis***
***Son chapeau sur sa tête***
***Il a mis son manteau de pluie[14]***
***Parce qu'il pleuvait[15]***
***Et il est parti***
***Sous la pluie***
***Sans une parole[16]***
***Sans me regarder***
***Et moi j'ai pris***
***Ma tête dans ma main***
***Et j'ai pleuré[17]***

Jacques Prévert, Paroles (1946)
© Editions Gallimard

*a* ▶ Qui sont les deux personnes? Où sont-ils? Quelle est leur situation?

*b* ▶ Faites du poème „Déjeuner du matin" un poème optimiste.

*c* ▶ Trouvez une suite à l'histoire (en prose).

***Vocabulaire:*** 1 **le lait:** Milch 2 **le sucre:** der Zucker 3 **la petite cuiller:** kleiner Löffel 4 **tourner:** umrühren 5 **boire** (p. c.: bu): trinken 6 **reposer:** zurückstellen 7 **allumer:** anzünden 8 **une cigarette:** eine Zigarette 9 **les ronds:** (Rauch-)Ringe 10 **la fumée:** der Rauch 11 **les cendres** (f): Asche 12 **le cendrier:** Aschenbecher 13 **se lever:** aufstehen 14 **le manteau de pluie:** Regenmantel 15 **il pleuvait:** es regnete 16 **la parole:** Wort 17 **pleurer:** weinen

# SUPPLEMENT 7

## ECOUTER et comprendre — *On fait les courses.*

a ► Préparez un tableau dans votre cahier:

| **titre** (Überschrift)? | **Cliente/client?** | **Qu'est-ce qu'elle/il achète?** | **Combien est-ce que ça coûte?** |
|---|---|---|---|
| **Scène 1** | | | |
| **Scène 2** | | | |

*b* ► Ecoutez les quatre scènes une première fois, puis écrivez les quatre titres dans le bon ordre:

| | |
|---|---|
| Au marché. | A la boulangerie. |
| A la boucherie. | A l'épicerie. |

*c* ► Ecoutez les quatre scènes encore une ou deux fois et complétez le tableau.

## REGARDER et comprendre — *Il y a du courrier?*

1 2 3

– Vous avez des lettres pour moi?
– Non, madame, je n'en ai pas.

– Vous avez du courrier pour moi?
– Non, madame, je n'en ai pas.

4
– Tiens! Aujourd'hui, elle n'est pas là.

5
– Je vais lui dire ...

6
– Non, madame, je n'en ai pas.

**REGARDER et comprendre**

## *Une cliente frustrée*

Madame Legros veut s'acheter un pantalon. Elle entre dans une boutique …

► Continuez à raconter l'histoire. Utilisez les mots et les phrases proposés à la page 135.

1. dire – chercher – pantalon – vendeuse – demander: «Quelle est votre taille (Kleidergröße)?»; cliente – répondre: «Je fais du 38.»
2. montrer – beau – pantalon – modèle – collection de printemps
3. entrer – une cabine (Umkleidekabine) – essayer – pantalon
4. ressortir – cabine – pouvoir fermer – pantalon – trop petit
5. vendeuse – aider qn à faire qc – pied – ventre – réussir à faire qc
6. se regarder – la glace (Spiegel) – trop petit – vendeuse – dire

► Que dit la vendeuse à votre avis?

– Ce n'est pas le pantalon qui est trop petit ...!
– Il vous va très bien, ce pantalon!
– Vous avez de la chance, le tissu est élastique!
– Alors, c'est vrai, vous ne voulez pas essayer le 44?
– ....................................

7. revenir – cabine – marcher – respirer (atmen)
8. quitter (ausziehen) – pantalon – se trouver moche – en avoir marre
9. sortir – magasin – acheter – pantalon – frustrée (frustriert) – penser

► Que pense la cliente quand elle sort du magasin?

– La fondue au chocolat, c'est fini!
– Je déteste cette vendeuse!
– Je vais cacher le pantalon dans mon armoire!
– Cette nouvelle mode, c'est nul!
– ....................................

**REGARDER et comprendre**

## *Une laverie (ein Waschsalon) dans le quartier Balard*

► Regardez bien cette photo, puis répondez aux questions:

1. Quand est-ce qu'on peut aller à la laverie?
2. Jusqu'à quelle heure est-ce qu'on peut laver ses vêtements?
3. Combien de machines est-ce qu'il faut pour laver 17 kg de vêtements?
   Combien est-ce qu'il faut payer?

**LIRE et comprendre**

## La vie devant soi

*Dans* La vie[1] devant soi[2], *Mohammed – un jeune garçon qu'on appelle Momo – raconte sa vie dans le quartier de Belleville, à Paris. Il habite chez Madame Rosa, une vieille femme qui s'occupe[3] d'enfants de prostituées.*

Madame Rosa s'occupe de moi seulement pour gagner de l'argent à la fin du mois. Quand je l'ai appris, à 6 ou 7 ans, j'ai eu mon premier grand chagrin[4] et je me suis dit: Madame Rosa ne m'aime pas pour rien[5].
Madame Rosa est née[6] en Pologne comme Juive[7], et elle a travaillé comme prostituée au Maroc et en Algérie pendant des années. Elle parle l'arabe comme vous et moi. Elle sait aussi le juif et on se parle souvent dans cette langue. Dans notre immeuble, il y a surtout des Noirs. Le reste de la rue et du boulevard de Belleville est surtout juif et arabe.

*La mère de Momo est morte, mais Momo ne le sait pas encore.*

Un jour, j'ai demandé à Madame Rosa: «Et moi, elle est où, ma mère?» Madame Rosa m'a expliqué: «Ta mère te voit. Si tu veux la retrouver un jour, tu dois avoir une vie honnête.» Alors je lui ai dit: «Madame Rosa, bon, pour ma mère, je sais que ce n'est pas possible, mais est-ce que je ne peux pas avoir un chien à la place?[8]»

Madame Rosa n'a pas été d'accord, mais elle n'a pas réagi quand j'ai volé un petit chien et que je l'ai apporté à la maison … Ce chien, je l'aime beaucoup. Quand je le sors, je suis quelqu'un d'important, parce que je suis tout pour lui.
Je l'ai tant[9] aimé que je l'ai donné. A neuf ans, on pense déjà, sauf peut-être quand on est heureux[10]. Alors, quand Super (c'est le nom de mon chien) a commencé à être grand, j'ai voulu lui faire une vie, une vie comme j'en rêve, mais ce n'est pas possible. Il y a une dame qui m'a demandé: «Il est à vendre?» Je lui ai vendu Super pour cinq cents francs et il a fait vraiment une bonne affaire[11]. Vous comprenez, chez nous, il n'y a pas la sécurité, avec la vieille Madame Rosa, malade et sans argent: ce n'est pas une vie pour un chien.

*D'après Romain Gary (Emile Ajar), «La vie devant soi»*


***Vocabulaire:*** 1 **la vie** das Leben 2 **(avoir) la vie devant soi** das Leben noch vor sich haben 3 **s'occuper de qn** sich um jdn kümmern 4 **le chagrin** der Kummer 5 **pour rien** umsonst 6 **qn est né(e)** *hier:* jd wurde geboren 7 **un Juif/une Juive** ein Jude/eine Jüdin 8 **à la place** statt dessen *hier:* an ihrer Stelle 9 **tant … que** so sehr, daß 10 **heureux,-se** glücklich 11 **une bonne affaire** ein gutes Geschäft

▶ Lisez le texte et répondez aux questions.
Attention! Il y a des mots nouveaux qui ne sont pas expliqués dans le vocabulaire, mais vous pouvez les comprendre quand même. (Regardez à la page 12 et à la page 48..)

1. Qu'est-ce que vous savez sur la mère de Momo?
2. Pourquoi est-ce que Momo veut un chien?
3. Pourquoi est-ce qu'il vend son chien?
4. Qu'est-ce que Momo veut dire, quand il dit: «A neuf ans, on pense déjà, sauf peut-être quand on est heureux.»?

**ECOUTER et comprendre** ***C'est déjà ça***

Voilà une chanson d'Alain Souchon qui parle aussi des étrangers et de leurs problèmes. Dans cette chanson, un Africain qui habite dans le quartier Belleville parle de sa vie à Paris et du Soudan[1] où il est né.

▶ Parlez des problèmes de l'Africain et des problèmes de Momo. Comparez.
1. Pourquoi est-ce que leur vie est difficile?
2. Qu'est-ce qu'ils font pour oublier leurs chagrins?
3. Comment est-ce que les gens (Madame Rosa et les passants) réagissent?
4. Quels sont les rêves de l'Africain et les rêves de Momo?

***Vocabulaire:*** 1 **le Soudan** der Sudan 2 **rien ne ...** nichts 3 **C'est déjà ça** Das ist auch schon etwas 4 **si** so 5 **bas** leise 6 **un pays** [ɛ̃pei] ein Land 7 **se soulever** sich erheben 8 **au bout de** am Ende von 9 **un bras** ein Arm 10 **une djellaba** ein langes nordafrikanisches Gewand 11 **sourire** lächeln 12 **un air** eine Melodie 13 **casser** *hier:* ausschlagen 14 **une dent** [dɑ̃] ein Zahn 15 **celui** derjenige 16 **une parole** ein Wort 17 **échanger** austauschen 18 **être assis,e** sitzen 19 **le milieu** die Mitte 20 **une foule** eine Menschenmenge 21 **hémophile** an der Bluterkrankheit leidend 22 **couler** fließen

Je sais bien que rue d'Belleville
Rien[2] n'est fait pour moi
Mais je suis dans une belle ville
C'est déjà ça[3]
Si[4] loin de mes antilopes
Je marche tout bas[5]
Marcher dans une ville d'Europe c'est déjà ça

*Refrain:*
*Oh oh oh* et je rêve
Que Soudan mon pays[6] soudain se soulève[7]
*Oh oh* rêver c'est déjà ça
C'est déjà ça

Y'a un sac de plastique vert
Au bout[8] de mon bras[9]
Dans mon sac vert il y a de l'air
C'est déjà ça
Quand je danse en marchant
Dans ces djellabas[10]
Ça fait sourire[11]les passants
C'est déjà ça

*Refrain:*
C'est déjà ça, déjà ça
Déjà ...

Pour vouloir la belle musique
Soudan mon Soudan
Pour un air[12] démocratique
On t' casse[13] les dents[14]
Pour vouloir le monde parlé
Soudan mon Soudan
Celui[15] d' la parole[16] échangée[17]
On t' casse les dents

*Refrain:*
Je suis assis[18] rue d' Belleville
Au milieu[19] d'une foule[20]
Et là le temps hémophile[21]
Coule[22]

*Refrain (bis)*
C'est ... dé ... jà ... ÇA

## REGARDER et comprendre *Le tour de Gaule d'Astérix*

Astérix a fait un pari avec les Romains. Il va faire le tour de Gaule et leur rapporter des spécialités. Voilà des scènes du voyage d'Astérix et d'Obélix:

***a*** ► Astérix et Obélix ont visité Agen, Bordeaux, Cambrai, Lyon, Marseille, Nice, Paris, Reims, Rouen et Toulouse. Retrouvez les mots latins (die lateinischen Wörter) pour ces villes.

***b*** ► Faites une liste des villes et de leurs spécialités.

***c*** ► Décrivez maintenant le voyage d'Astérix et d'Obélix. Utilisez:

- Ils partent de …
- Ils | vont / marchent / se dirigent | vers …
- Ils traversent … (un fleuve/une région/une ville)
- Ils passent par …
- Ils suivent (un fleuve)
- Ils arrivent à …

***Vocabulaire:*** **Le tour de Gaule:** Rundreise durch Gallien; **faire un pari:** wetten; **un Romain:** ein Römer; **rapporter qc**: etwas zurückbringen; **une marche:** eine Wanderung; **p'têt ben qu'oui (peut-être bien que oui):** kann sein; **quelques denrées:** einige Lebensmittel; **voici:** hier sind; **un saucisson:** eine Art Salami; **une quenelle:** ein Fleischklößchen; **une salade nicaeoise (niçoise):** Nizzasalat; **excellent:** hervorragend; **se diriger vers:** aller vers; **un régal:** ein Genuß; **un pruneau(x):** eine Backpflaume; **fameux(se):** berühmt; **s'installer:** Platz nehmen; **un sanglier:** ein Wildschwein; **une amphore:** eine Amphore; **une huître:** eine Auster; **les mets:** die Speisen; **un jambon:** ein Schinken; **une bouillabaisse:** eine Fischsuppe; **traverser:** überqueren; **un fleuve:** ein Fluss; **passer par:** gehen/fahren durch; **suivre:** (entlang) folgen

## ECOUTER et comprendre — La météo

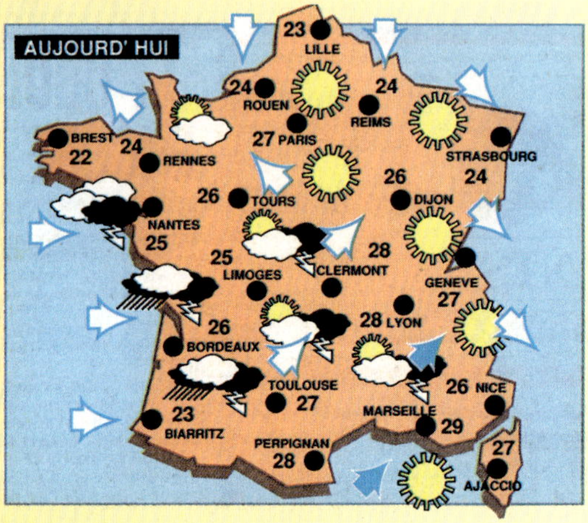


*a* ▶ Regardez d'abord la carte météo (die Wetterkarte) de France 3, puis travaillez à deux.
- Quel temps fait-il aujourd'hui à Dijon?
- Il y a du soleil et du vent, il fait 26 degrés.

*b* Dimanche, M. Moreau veut faire du bateau. Il écoute la météo à la radio.
▶ Ecoutez la météo une première fois. Est-ce que M. Moreau peut partir en mer dimanche? Dites pourquoi.
▶ Ecoutez la météo une deuxième fois. Est-ce que M. Moreau peut partir samedi? Dites pourquoi.

*c* ▶ Regardez l'indice de pollution (Angabe zur Luftverschmutzung) à Paris, dans le journal «Le Monde». Puis, travaillez à deux:
- Quelle va être la qualité de l'air (die Luftverhältnisse) le premier juin?
- L'air (die Luft) va être assez bon. ▶ Continuez.

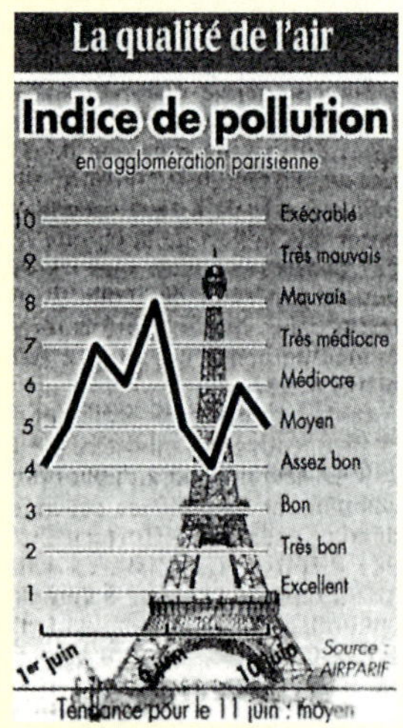


*d* Carole est à Paris. Elle veut faire du jogging dans le parc André Citroën, mais avant, elle demande l'indice de pollution par téléphone.
▶ Ecoutez le répondeur (der Anrufbeantworter) de la météo une première fois:
- Quel jour est-on? – Quelle température fait-il?

▶ Ecoutez le répondeur encore une fois:
- Quand est-ce qu'il ne faut pas sortir? Pourquoi?
- Quand est-ce que Carole doit faire son jogging?

## Un poème

IL PLEUT IL PLEUT
IL FAIT BEAU
IL FAIT DU SOLEIL
IL EST TOT
IL SE FAIT TARD
IL
IL
IL
TOUJOURS IL
TOUJOURS IL QUI PLEUT ET QUI NEIGE
TOUJOURS IL QUI FAIT DU SOLEIL
TOUJOURS IL
POURQUOI PAS ELLE
JAMAIS ELLE
POURTANT ELLE AUSSI
SOUVENT SE FAIT BELLE!

*Jacques Prévert, Spectacle*
*(Extrait de «Refrains enfantines») © Hachette*

## Lautzeichen

### Vokale

| | |
|---|---|
| [a] | **m**a**d**a**m**e; wie das deutsche *a*. |
| [e] | caf**é**, mang**er**, regard**ez**; geschlossenes *e*, etwa wie in *geben*. |
| [ɛ] | m**er**, m**ais**, il **est**, m**er**ci; offenes *ä*, etwa wie in *Ärger*. |
| [i] | **il**, l'am**ie**; geschlossener als das deutsche *i*, Lippen stark spreizen. |
| [ɔ] | p**o**mme, al**o**rs; offenes *o*, offener als in *Loch*. |
| [ø] | d**eux**, monsi**eur**; geschlossenes *ö*, etwa wie in *böse*. |
| [o] | phot**o**, all**ô**, **au**ssi, cad**eau**; geschlossenes *o*, wie in *Rose*. |
| [œ] | s**œur**, n**eu**f, h**eu**re; offenes *ö*, bei kurzem Vokal etwa wie in *Röcke*. |
| [ə] | l**e**, r**e**pas; der Laut liegt zwischen [œ] und [ø], näher bei [œ]. |
| [u] | gr**ou**pe, **où**, bonj**our**; geschlossenes *u*, etwa wie in *Ufer*. |
| [y] | t**u**, r**ue**, sal**ut**; ähnlich dem deutschen *ü* in *Tüte*. |

### Nasalvokale

| | |
|---|---|
| [ɛ̃] | **un**, bi**en**, l**un**di, cop**ain**, vois**in**; nasales [ɛ] |
| [õ] | **on**, s**ont**, n**om**; nasales [o] |
| [ɑ̃] | d**an**s, d**an**se, ch**am**bre, je pr**ends**; nasales [ɑ] |

Die Nasalvokale haben im Deutschen keine Entsprechung.

Beachte: *un, lundi:* Neben [ɛ̃] hört man in Frankreich auch [œ̃] = nasales [œ].

### Konsonanten

| | |
|---|---|
| [f] | **f**rère, **ph**oto; wie das deutsche *f* in *falsch*. |
| [v] | **v**ague, **v**oilà, rê**v**er, il arri**v**e; wie das deutsche *w* in *werden*. |
| [s] | **s**œur, **c**'est, **ç**a, re**s**ter, récréa**t**ion; stimmloses *s*, wie in *Los*; als Anlaut vor Vokal ist *s* immer stimmlos. |
| [z] | phra**s**e, mai**s**on, il**s**_arrivent, **z**éro; stimmhaftes *s*, wie in *Esel*; zwischen zwei Vokalen ist *s* stimmhaft. |
| [ʒ] | **j**e, bon**j**our, **g**éographie, **g**ens; wie *j* in *Journalist*. |
| [ʃ] | je **ch**er**ch**e; **ch**ouette; stimmloses *sch*, wie in *schön*. |
| [ɲ] | ma**gn**étophone; etwa wie in *Kognak*. |
| [ŋ] | in Wörtern aus dem Englischen, z. B. baby-sitti**ng**, joggi**ng**. |
| [r] | **r**egarde**r**, po**r**te, jou**r**; Zäpfchen-Reibelaut; wird auch am Wortende und vor Konsonant deutlich ausgesprochen. |

Die nicht erwähnten Konsonanten sind den deutschen sehr ähnlich.
Bei [p], [b], [t], [d], [k], [g] ist jedoch darauf zu achten, dass sie ohne „Hauchlaut" gesprochen werden.

### Halbkonsonanten

| | |
|---|---|
| [j] | b**i**en, f**ill**e; weicher als das deutsche *j* in *ja*. |
| [w] | **ou**i, t**o**i; flüchtiger [u]-Laut, gehört zum folgenden Vokal. |
| [ɥ] | c**u**isine, je s**u**is, h**u**it; flüchtiger [y]-Laut, gehört zum folgenden Vokal. |

## Hinweise zum Aufbau des Vocabulaire

Das *Vocabulaire* hat drei Spalten.

Die linke Spalte enthält das neue Wort bzw. die neue Redewendung sowie die Lautschrift. Die rechte Spalte führt die deutsche Übersetzung auf.
Die mittlere Spalte hilft dir beim Lernen der Vokabeln. Decke die linke Spalte ab und versuche das neue Wort aus dem Satzzusammenhang in der mittleren Spalte zu erschließen. Es ist dort durch eine **Tilde** (~) ersetzt.
Die Tilde kann ein einzelnes Wort oder auch eine Folge von mehreren Wörtern ersetzen. Verändert sich das Wort im Beispielsatz, so findest du in einer Fußnote die richtige Form.

Die mittlere Spalte hat noch andere Funktionen:

- Sie zeigt dir in französischen Beispielsätzen eine typische Verwendung des neuen Wortes.
- Du findest dort auch nützliche Hinweise oder Besonderheiten. Diese sind immer **fett** gedruckt.

Das Zeichen ←→ bedeutet, dass du auf einen bestimmten Unterschied achten sollst. Meist geht es um Unterschiede zwischen den Sprachen, z. B. um Unterschiede im grammatischen Geschlecht.

### *Symbole und Abkürzungen*

| | | | |
|---|---|---|---|
| → | Vergleiche mit … | *f.* | *féminin* (= feminin) |
| ≠ | das Gegenteil von … | *m.* | *masculin* (= maskulin) |
| ← → | Achte auf den Unterschied zwischen … | *pl.* | *pluriel* (= Plural) |
| [F] | Französisch | *qc* | *quelque chose* (= etwas) |
| [D] | Deutsch | *qn* | *quelqu'un* (= jemand) |
| [E] | Englisch | *etw.* | etwas |
| [L] | Lateinisch | *jdn* | jemanden |
| *fam.* | *familier* (= umgangssprachlich) | *jdm* | jemandem |
| *ugs.* | umgangssprachlich | *u.a.* | unter anderem |
| | | ⟨ ⟩ | fakultativ |

# Leçon 1

| | | |
|---|---|---|
| **une leçon** [ynləsõ] | [F] = leçon ← → [E] = lesson | eine Lektion |
| **un = 1** [ɛ̃] | la leçon ~ | eins |
| **Salut!** *(fam.)* [saly] | | Hallo! *(ugs.)* |
| **le français** [ləfrɑ̃sɛ] | | die französische Sprache |
| **en français** *(m.)* [ɑ̃frɑ̃sɛ] | | auf Französisch |
| **Bien sûr!** [bjɛ̃syr] | | Natürlich!/Klar! |

## A Marc … les copains et les copines!

| | | |
|---|---|---|
| **un texte** [ɛ̃tɛkst] | [F] = texte ← → [D] = Text | ein Text |
| **moi** [mwa] | | ich *(betont)* |
| **je/j'** [ʒə/ʒ] | | ich *(unbetont)* |
| **je m'appelle** [ʒəmapɛl] | Moi, ~ Marc. | ich heiße |
| **j'habite** [ʒabit] | [F] = j'habite ← → [L] = habito | ich wohne |
| **une rue** [ynry] | | eine Straße |
| **c'est** [sɛ] | | das ist |
| **à** [a] | J'habite ~ Paris, rue Balard, bien sûr! | in |
| **j'aime** [ʒɛm] | | ich liebe/mag |
| **un boulevard** [ɛ̃bulvar] | | ein Boulevard *(breite Straße in einer Stadt)* |
| **et** [e] | | und |
| **le cinéma** [ləsinema] | | das Kino |
| **mais** [mɛ] | ~ … c'est Marc. Salut! | aber |
| **le stress** [ləstrɛs] | | der Stress |
| **Non.** [nõ] | | Nein. |
| **merci** [mɛrsi] | Moi, le cinéma? – Non, ~! | danke |
| **aussi** [osi] | | auch |
| **le sport** [ləspɔr] | | der Sport |
| **le foot** *(fam.)* = le football [ləfut/ləfutbol] | | der Fußball *(als Sportart) (ugs.)* |
| **le tennis** [lətenis] | J'aime ~ et aussi le foot. | das Tennis |
| **Super!** *(fam.)* [sypɛr] | Le tennis, c'est ~? – Bien sûr! | Super!/Klasse! *(ugs.)* |
| **beaucoup** [boku] | J'aime ~ Paris. | sehr |
| **une BD** = une **b**ande **d**essinée [ynbede/ynbɑ̃ddesine] | «Tintin», c'est ~. | ein Comic-Heft |
| **surtout** [syrtu] | | vor allem |
| **j'adore qc** [ʒadɔr] | | ich mag etw. sehr gern |
| **un pain au chocolat** [ɛ̃pɛ̃oʃɔkɔla] | | *eine Art Schokocroissant* |
| **le chocolat** [ləʃɔkɔla] | [F] = **le** chocolat ← → [D] = **die** Schokolade | die Schokolade |

| | | |
|---|---|---|
| **voilà** [vwala] | | hier ist/hier sind |
| **le collège** [ləkɔlɛʒ] | | das "Collège" *(weiterführende Schule für alle 11-15jährigen Schülerinnen und Schüler; etwa die Sekundarstufe 1)* |
| **un copain/une copine** *(fam.)* [ɛ̃kɔpɛ̃/ynkɔpin] | Salut, les ~ [1]! | ein Freund/eine Freundin |
| **Bonjour!** [bõʒur] | | Guten Tag! |
| **les maths** *(f., pl.) (fam.)* = les mathématiques [lemat/lematematik] | | Mathe *(ugs.)*/ Mathematik |
| **un ordinateur** [ɛ̃nɔrdinatœr] | | ein Computer |
| **je suis** [ʒəsɥi] | | ich bin |
| **Bof!** *(fam.)* [bɔf] | | Na ja! *(ugs.) (Ausdruck der Gleichgültigkeit)* |
| **C'est nul!** *(fam.)* [sɛnyl] | ≠ C'est super! | Das ist wertlos!/Das kann man vergessen! *(ugs.)* |
| **le judo** [ləʒydo] | J'adore le sport: surtout ~ et le tennis. | das Judo |
| **le rock** [lərɔk] | | die Rockmusik |
| **dans** [dɑ̃] | | in |
| **un groupe** [ɛ̃grup] | [F] = **le** group**e** ←→ [D] = **die** Grupp**e** | eine (Musik-)Band |
| **Génial!** *(fam.)* [ʒenjal] | Le groupe «Avalanche», c'est ~! | Großartig!/Genial! *(ugs.)* |
| **de** [də] | Voilà un boulevard ~ Paris. | von |
| **il** [il] | | er *(unbetont)* |
| **il habite** [ilabit] | | er wohnt |
| **Euh ...** [ø] | | Äh ... *(Ausdruck des Zögerns)* |
| **la nature** [lanatyr] | | die Natur |
| **l'histoire** *(f.)* [listwar] | | die Geschichte |
| **la science-fiction** [lasjɑ̃sfiksjõ] | | Sciencefiction |
| **tu** [ty] | tu aim**es** ←→ tu habit**es** | du *(unbetont)* |
| **une crêpe** [ynkrɛp] | Les ~ [2], c'est génial! | ein Pfannkuchen |
| **tu es** [tyɛ] | ~ une copine de Florence. | du bist |
| **très** [trɛ] | | sehr |
| **sympa** *(fam.)* = sympathique [sɛ̃pa/sɛ̃patik] | Florence, tu es très ~. | nett *(ugs.)* |
| **elle** [ɛl] | ~ **aime** → il **aime** | sie |
| il/elle **est de** [il/ɛlɛdə] | Aurélie ~ la Martinique. | er/sie ist/kommt aus |
| **la mer** [lamɛr] | | das Meer/die See |
| **une vague** [ynvag] | [F] = la **vague** ←→ [D] = die **Wo**ge | eine Welle |
| **l'été** *(m.)* [lete] | | der Sommer |
| **la mode** [lamɔd] | Aurélie adore ~ de Paris. | die Mode |
| **la danse** [ladɑ̃s] | [F] = **la** danse ←→ [D] = **der** Tanz | der Tanz/das Tanzen |
| **la musique** [lamyzik] | [F] = musi**que** ←→ [E] = musi**c** | die Musik |
| **le reggae** [lərege] | | der Reggae |
| **Chouette!** *(fam.)* [ʃwɛt] | C'est chouette! ≠ C'est nul! | Prima!/Klasse! *(ugs.)* |
| **..., non?** | → Non (merci). | ..., oder? |

## A Activités

| | | |
|---|---|---|
| **une activité** [ynaktivite] | | eine (Freizeit-)Beschäftigung; *hier:* eine Übung |

[1] copains/copines – [2] crêpes

| | | |
|---|---|---|
| 3 **A vous.** [avu] | = C'est ~. | Jetzt seid ihr dran. |
| **toi** [twa] | → moi | du *(betont)* |
| **tu t'appelles** [tytapɛl] | → je m'appelle | du heißt |
| **Comment ...?** [kɔmɑ̃] | Tu t'appelles ~? – Je m'appelle Olivier. | Wie ...? |

## B *C'est la rentrée.*

| | | |
|---|---|---|
| **la rentrée** [larɑ̃tre] | | der Schulbeginn *(nach den Sommerferien)* |
| **Ça va?/!** *(fam.)* [sava] | | Wie geht's? Geht's (dir) gut? / Es geht (mir) gut! *(ugs.)* |
| **Oui.** [wi] | ≠ Non. | Ja. |
| **Tiens!** [tjɛ̃] | ~! Voilà les copains et les copines! | Da!/Sieh mal! |
| **madame** = Mme [madam] | Bonjour, ~! | Frau *(in der Anrede)* |
| **madame Rocher** [madamrɔʃe] | | Frau Rocher |
| **un/une prof** *(fam.)* = un professeur [ɛ̃prɔf(ɛsœr)] | | ein Lehrer/eine Lehrerin *(ab dem "Collège")* |
| **la nouvelle** [lanuvɛl] | | *hier:* die Neue (Schülerin) |
| **elles** [ɛl] | | sie *(f., pl.)* |
| **elles sont** [ɛlsõ] | ~ sympa, les copines de Carole. | sie sind |
| **en** [ɑ̃] | → ~ français | in |
| **la 3e F = la troisième F** [latrwazjɛmɛf] | | *entspricht der 9. Klasse. Klassenbezeichnung: F* |
| **une fille** [ynfij] | Florence et Aurélie sont des ~[1]. | ein Mädchen |
| **vous** [vu] | | ihr/Sie |
| **vous êtes** [vuzɛt] | ~ un groupe de musique de rock. | ihr seid |
| **une salle** [ynsal] | en ~ 1 | ein (Klassen-)Raum |
| **deux = 2** [dø] | | zwei |
| **Au revoir!** [ɔrvwar] | ≠ Bonjour! | Auf Wiedersehen! |
| **Qui est-ce?** [kiɛs] | ~? – C'est la fille de madame Rocher. | Wer ist es/das? |
| **Ah! ...** [a] | | Ach! ... *(Ausdruck der Überraschung)* |
| **ils** [il] | Olivier, Marc et Florence; ~ sont rue Saint-Charles. | sie *(m., pl.)* |
| **on** [õ] | Carole et moi, ~ habite rue des Cévennes. | wir/man |
| **d'où** [du] | ~ est Florence? – Elle est de Paris. | woher |
| **où** [u] | → d'où | wo |
| **maintenant** [mɛ̃tnɑ̃] | Je suis ~ en salle 2. | nun/jetzt |
| **trois = 3** [trwa] | → la troisième | drei |
| **Oh là là!** [olala] | | So so! ... /Hoho ...! *(man ahnt etwas voraus)* |

[1] filles

| | | |
|---|---|---|
| **Pourquoi?** [purkwa] | | Warum? |
| **Attention!** [atɑ̃sjɔ̃] | | Pass auf/Passt auf! *(hier ironisch gemeint)* |
| **Ha! ha! ha!** [hahaha] | | Ha! Ha! Ha! *(Ausdruck des Lachens)* |
| **Oh!** [o] | | Ach! |
| **ça** [sa] | ~ va. | das/es |
| **ça sonne** [sasɔn] | | es klingelt |
| **nous sommes** [nusɔm] | ~ = on est | wir sind |
| **On y va!/?** [ɔ̃niva] | | Jetzt gehen wir!/Lasst uns gehen! (Gehen wir?) |

## B Activités

| | | |
|---|---|---|
| 2 **une baguette** [ynbagɛt] | | ein Baguette *(frz. Stangenweißbrot)* |
| 3 **être** [ɛtr] | | sein |
| 6 **on dit** [ɔ̃di] | | man sagt/so wird etwas ausgedrückt |
| **mademoiselle = Mlle** [madmwazɛl] | | Fräulein *(in der Anrede)* |
| **monsieur = M.** [məsjø] | | Herr *(in der Anrede)* |
| **bien** [bjɛ̃] | | gut *(Adverb)* |
| **mal** [mal] | mal ≠ bien | schlecht *(Adverb)* |
| **Salut!** *(fam.)* | = Au revoir! | *hier:* Tschüss! |

### Révisions

**je/tu – moi/toi**

| | | |
|---|---|---|
| **Moi, je m'**appelle Olivier. | **Toi, tu t'**appelles Carole. | *(ich/du betont)* |
| **J'**aime la nature. | **Tu** aimes l'histoire. | *(ich/du unbetont)* |

**Attention!**
**Toi, tu** es Carole? – Oui, c'est **moi**. Et Aurélie, c'est **toi**, non?

**Les copains de la 3^e^ F**

| | | |
|---|---|---|
| **Marc** [mark] | **Florence** [flɔrɑ̃s] | **Frédéric** [frederik] |
| **Olivier** [ɔlivje] | **Aurélie** [ɔreli] | **Carole** [karɔl] |

**Marc habite rue Balard.** [rybalar]
**Florence habite rue Saint-Charles.** [rysɛ̃ʃarl]
**Frédéric habite rue des Cévennes.** [rydesevɛn]

Ihr findet die Eigennamen auch am Ende des Buchs unter den Rubriken *Prénoms masculins, Prénoms féminins* und *Noms divers* nach der alphabetischen *Liste des mots,* Seite 196.

# Leçon 2

## APPROCHE

| | | |
|---|---|---|
| **une approche** [ynaprɔʃ] | | eine Annäherung; *hier:* Lektionsteil: Einführung |
| **un chiffre** [ɛ̃ʃifr] | [F] = **un** chiffre ←→ [D] = **eine** Ziffer | eine Ziffer |
| **un mot** [ɛ̃mo] | «Baguette» est ~ français. | ein Wort |
| **Qu'est-ce que ... ?** [kɛskə] | ~ tu aimes? | Was ... ? |
| **Qu'est-ce que c'est?** [kɛskəsɛ] | ~, un collège? | Was ist das? |
| **un journal/des journeaux** [ɛ̃ʒurnal/deʒurno] | | eine Zeitung/Zeitungen |
| **un stylo** [ɛ̃stilo] | | ein Kugelschreiber |
| **un frisbee** [frizbi] | Où est le ~ d'Aurélie? | ein Frisbee |
| **une cassette** [ynkasɛt] | | eine Kassette |
| **un quartier** [ɛ̃kartje] | Le ~ Balard est très sympa. | ein (Stadt-)Viertel |
| **un pont** [ɛ̃põ] | | eine Brücke |
| **un croissant** [ɛ̃krwasɑ̃] | Marc adore les ~[1], et toi? | ein Croissant/ (Butter-)Hörnchen |
| **un appareil photo** [ɛ̃naparɛjfɔto] | | ein Fotoapparat |
| **une photo** [ynfɔto] | J'aime beaucoup la ~ de Frédéric et d'Olivier. | ein Foto |
| **un magnétophone** [ɛ̃maɲetɔfɔn] | | ein Kassettenrekorder |
| **la cuisine** [lakɥizin] | | die Küche |
| **un frigo** *(fam.)* = un réfrigérateur [ɛ̃frigo/ɛ̃refrigeratœr] | Le ~ est dans la cuisine. | ein Kühlschrank *(ugs.)* |
| **une piscine** [ynpisin] | | ein Schwimmbad |
| **un sac** [ɛ̃sak] | [F] = un sa**c** ←→ [D] = ein Sa**ck** | eine (Schul-)Tasche |

## A «Pourquoi pas» ... Pourquoi pas?

| | | |
|---|---|---|
| **Pourquoi pas?** [purkwapa] | → Pourquoi? | Warum nicht?; *hier: Name einer Schülerzeitung* |
| **avoir** [avwar] | Tu ~[2] un stylo? – Oui, dans le sac. | haben |
| **une minute** [ynminyt] | | eine Minute |
| **il y a** [ilja] | [F] = il y a ←→ [E] = there is/there are | es gibt |
| **encore** [ɑ̃kɔr] | | noch |
| **le cours** [ləkur] | [F] = le **cours** ←→ [D] = der **Kurs** | der Unterricht |
| **avoir cours** [avwarkur] | Nous ~[3] dans cinq minutes. | Unterricht haben |
| **Vite!** [vit] | | Schnell! |
| **avec** [avɛk] | | mit |
| **ou** [u] | ou ←→ où | oder |
| **entrer (dans)** [ɑ̃tre] | Ils ~[4] dans la piscine. | betreten |
| **un reportage** [ɛ̃rəpɔrtaʒ] | [F] = **un** reportage ←→ [D] = **eine** Reportage | ein Bericht/eine Reportage |
| **Eh bien!** [ebjɛ̃] | | Nun gut! |
| **préparer qc** [prepare] | Tu ~[5] le sac avec le magnétophone? | etw. vorbereiten |
| **chercher qc/qn** [ʃɛrʃe] | Frédéric ~[6] le stylo. | etw./jdn suchen |
| **sur** [syr] | un reportage/un texte ~ la danse | über *(ein Thema)* |

[1] croissants – [2] as – [3] avons cours
[4] entrent – [5] prépares – [6] cherche

| | | |
|---|---|---|
| **un journaliste/une journaliste** [ɛ̃/ynʒurnalist] | | ein Journalist/eine Journalistin |
| **Justement!** [ʒystəmɑ̃] | | Eben. |
| **pour** [pur] | C'est ~ toi! – Oh, merci! | für |
| **visiter qc** [vizite] | Tu ~[1] Paris avec Carole. | etw. besichtigen |
| **D'accord?/!** [dakɔr] | | Einverstanden?/!/O.K. |
| **un jeune/une jeune** [ɛ̃ʒœn/ynʒœn] | | ein Jugendlicher/eine Jugendliche |
| **une idée** [ynide] | | eine Idee |
| **un élève/une élève** [ɛ̃nelɛv/ynelɛv] | | ein Schüler/eine Schülerin |
| **Rendez-vous ...** [rɑ̃devu] | ~ rue Saint-Charles pour le reportage. | *hier:* Wir treffen uns ... |
| **mercredi** *(m.)* [mɛrkrədi] | | am Mittwoch |
| **à 2 heures** [adøzœr] | | um 2 Uhr |

## A Activités

| | | |
|---|---|---|
| 2 **un exercice** [ɛ̃nɛgzɛrsis] | F = exercice ←→ E = exercise | eine Übung |
| **moins** [mwɛ̃] | | minus/weniger |
| **plus** [plys] | ≠ moins | plus/und |
| **Dix moins deux font huit.** [dismwɛ̃døfɔ̃ɥit] | | Zehn minus zwei macht/sind acht. |
| 3 **discuter** [diskyte] | Elle ~[2] avec la prof de maths. | (miteinander) reden/sich unterhalten |
| **déjà** [deʒa] | | schon |

## B Vite, vite, une photo!

| | | |
|---|---|---|
| **aujourd'hui** [oʒurdɥi] | | heute |
| **alors** [alɔr] | | also/dann |
| **faire qc** [fɛr] | Nous **faisons** un reportage, et vous, qu'est-ce que vous **faites**? | etw. tun/machen |
| **un parc** [ɛ̃park] | | ein Park |
| **trouver qc/qn** [truve] | Je ~[3] le sac de Carole en salle quatre. | etw./jdn finden |
| **une question** [ynkɛstjɔ̃] | | eine Frage |
| **Est-ce que ... ?** [ɛskə] | | *Frageformel* |
| **là** [la] | là ←→ la | da/dort |
| **proposer qc** [prɔpoze] | Qu'est-ce qu'on fait? – Je ~[4] un reportage. | etw. vorschlagen |
| **noter qc** [nɔte] | | etw. notieren/aufschreiben |
| **une réponse** [ynrepɔ̃s] | F = **ré**ponse ←→ E = **res**ponse | eine Antwort |
| **poser une question** [pozeynkɛstjɔ̃] | Ils ~[5] les questions sur l'Aquaboulevard. | eine Frage stellen |
| **souvent** [suvɑ̃] | | oft |
| **ici** [isi] | ici ←→ là | hier |
| **le mercredi** | → mercredi | jeden Mittwoch/mittwochs |
| **l'après-midi** *(m.)* [laprɛmidi] | | der Nachmittag/nachmittags |
| **après** [aprɛ] | ~ le reportage, la piscine! | nach/danach/später |
| **nager** [naʒe] | | schwimmen |
| **regarder qc** [rəgarde] | Elles ~[6] le journal d'aujourd'hui. | etw. (an)sehen/(an)schauen |
| **sur** | Il y a des journalistes ~ le pont. | auf/über *(örtlich)* |

[1] visites – [2] discute – [3] trouve
[4] propose – [5] posent – [6] regardent

| | | |
|---|---|---|
| **Ça alors!** [saalɔr] | | Na, so was! *(Ausdruck der Überraschung)* |
| **rencontrer qn** [rɑ̃kɔ̃tre] | | jdn treffen |
| **jouer de qc** [ʒwe] | | *(ein Instrument)* spielen |
| **une guitare** [yngitar] | [F] = **guitare** ←→ [D] = **Gitarre** | eine Gitarre |
| **ou bien** [ubjɛ̃] | | oder auch |
| **jouer à qc** | Il ~ [1] **au** tennis. | *(eine Sportart/ein Spiel)* spielen |
| **poser qc** [poze] | → poser une question | etw. (hin)legen/(hin)-stellen |
| **par terre** [partɛr] | | auf den/dem Boden |

## B Activités

| | | |
|---|---|---|
| 2 **un café** [ɛ̃kafe] | On a rendez-vous au ~ à deux heures. | eine Kneipe |
| **un/une touriste** [ɛ̃/ynturist] | | ein Tourist/eine Touristin |
| 4 **travailler** [travaje] | | arbeiten |
| 5 **une carte** [ynkart] | L'après-midi, nous jouons aux ~[2]. | eine (Spiel-/Land-)Karte |
| **un piano** [ɛ̃pjano] | Marc joue du ~. | ein Klavier |

## C Une surprise pour M. et Mme Moreau

| | | |
|---|---|---|
| **une surprise** [ynsyrpriz] | → [E] = a surprise | eine Überraschung |
| **samedi** *(m.)* [samdi] | | am Samstag |
| **ce soir** *(m.)* [səswar] | | heute Abend |
| **un film** [ɛ̃film] | | ein Film |
| **cher** [ʃɛr] | La piscine, ici, c'est ~, mais c'est super! | teuer |
| **une vidéo** [ynvideo] | Magali fait ~ sur l'Aquaboulevard. | ein Video/eine Video-kassette |
| **chez qn** [ʃe] | Florence est ~ Frédéric. | bei jdm |
| **papa** *(m.)* [papa] | | Papa/Vati |
| **maman** *(f.)* [mamɑ̃] | | Mama/Mutti |
| **un concert** [ɛ̃kɔ̃sɛr] | Le groupe «Avalanche» prépare ~ pour samedi. | ein Konzert |
| **une invitation** [ynɛ̃vitasjɔ̃] | Alice a ~ au concert de rock. | eine Einladung |
| **Que … ?** | → qu'est-ce que | Was … ? |
| **une pizza** [ynpidza] | | eine Pizza |
| **une salade** [ynsalad] | [F] = **la salade** ←→ [D] = **der Salat** | ein Salat |
| **apporter qc** [apɔrte] | Attention, j'~[3] les pizzas! | etw. (mit)bringen |
| **montrer qc à qn** [mɔ̃tre] | Florence et Frédéric ~[4] Paris à Carole. | jdm etw. zeigen |
| **sans** [sɑ̃] | ≠ avec | ohne |
| **une tête** [yntɛt] | J'ai une idée dans la ~. | ein Kopf |
| **donner qc à qn** [dɔne] | Christophe, tu ~[5] le stylo à Olivier? | jdm etw. geben |
| **rigoler** *(fam.)* [rigɔle] | Avec la prof de maths, on ~[6] souvent. | lachen *(ugs.)* |
| **devant** [dəvɑ̃] | | vor *(örtlich)* |
| **avoir faim** *(f.)* [avwarfɛ̃] | [F] = faim ←→ [L] = fames | Hunger haben |

[1] joue – [2] cartes – [3] apporte
[4] montrent – [5] donnes – [6] rigole

## C Activités

| | | |
|---|---|---|
| 1 **vrai** [vrɛ] | | richtig/echt/wahr |
| **faux** [fo] | ≠ vrai | falsch |
| 2 **un CD/des CD** [ɛ̃sede/desede] | F = **un** CD ←→ D = **eine** CD | eine CD/CDs |
| 3 **un garçon** [ɛ̃garsõ] | Aurélie est une fille, Marc est un ~. | ein Junge |
| **une table** [yntabl] | Olivier pose le CD sur la ~. | ein Tisch |
| **une mousse au chocolat** [ynmusoʃɔkɔla] | | eine Mousse au chocolat *(eine Schokoladencreme)* |
| 4 **comme** [kɔm] | Qu'est-ce que tu aimes ~ musique, et qu'est-ce que tu fais ~ sport? | als |
| **le ski** [ləski] | Samedi, Frédéric fait du ~. | das Skifahren/der Ski |
| **faire du ski** | | Ski laufen/fahren |

### Révisions

#### Les chiffres

| | | | | | |
|---|---|---|---|---|---|
| 1 | **un** | [ɛ̃] | 11 | **onze** | [õz] |
| 2 | **deux** | [dø] | 12 | **douze** | [duz] |
| 3 | **trois** | [trwa] | 13 | **treize** | [trɛz] |
| 4 | **quatre** | [katr] | 14 | **quatorze** | [katɔrz] |
| 5 | **cinq** | [sɛ̃k] | 15 | **quinze** | [kɛ̃z] |
| 6 | **six** | [sis] | 16 | **seize** | [sɛz] |
| 7 | **sept** | [sɛt] | 17 | **dix-sept** | [disɛt] |
| 8 | **huit** | [ɥit] | 18 | **dix-huit** | [dizɥit] |
| 9 | **neuf** | [nœf] | 19 | **dix-neuf** | [diznœf] |
| 10 | **dix** | [dis] | 20 | **vingt** | [vɛ̃] |

#### Verbes

| | |
|---|---|
| **préparer** | je prépare, tu prépares, il/elle/on prépare, nous préparons, vous préparez, ils/elles préparent |
| **être** | je suis, tu es, il/elle/on est, nous sommes, vous êtes, ils/elles sont |
| **avoir** | j'ai, tu as, il/elle/on a, nous avons, vous avez, ils/elles ont |
| **faire** | je fais, tu fais, il/elle/on fait, nous faisons, vous faites, ils/elles font |

#### Lerntechnik: Vokabeln lernen

1. Lerne Vokabeln **in kurzen zeitlichen Abständen.** 3 × 10 Minuten an einem Tag sind wirksamer als 1 × 30 Minuten.
2. Lerne und wiederhole jeweils eine **begrenzte Anzahl** von Vokabeln. Etwa 20 Vokabeln pro Lerneinheit von 10 Minuten.
3. Lerne Wörter, wenn möglich, in **Gegensatzpaaren** (vrai ≠ faux).
4. Lerne Wörter, wenn möglich, in **Wortfamilien** (en français/la France) oder in Form eines Vokabelnetzes.
5. Schreibe schwierige Vokabeln auf **Karteikärtchen** (die Vorderseite auf Deutsch, die Rückseite auf Französisch). Sortiere dann die aus, die du gelernt hast.

# Leçon 3

## APPROCHE

| | | |
|---|---|---|
| **une famille** [ynfamij] | | eine Familie |
| **un quart** [ɛ̃kar] | → un quartier | ein Viertel |
| **… et quart** *(m.)* | | Viertel nach … |
| **le petit déjeuner** [ləp(ə)tideʒœne] | | das Frühstück |
| **de … à …** | de Paris à Marseille → de 17 heures à 17 heures 30 | von … bis … |
| **trois heures et demie** *(f.)* | | halb vier |
| **le père** [ləpɛr] | | der Vater |
| **midi** *(m.)* [midi] | Il est ~. | zwölf Uhr (mittags) |
| **manger qc** [mɑ̃ʒe] | Qu'est-ce que tu ~ [1] à midi? | etw. essen |
| **la mère** [lamɛr] | Le père et ~ d'Olivier sont au cinéma. | die Mutter |
| **un hôpital/des hôpitaux** [ɛ̃nɔpital/dezopito] | [F] = **l'hôpital** ←→ [D] = das **Hospital** | ein Krankenhaus/ Krankenhäuser |
| **… moins le quart** [mwɛ̃lkar] | ≠ … et quart | Viertel vor … |
| **minuit** [minɥi] | à ~ ≠ à midi | zwölf Uhr (nachts) |
| **la télé** *(fam.)* = la télévision [latele/latelevizjɔ̃] | Il y a un film à ~. | das Fernsehen *(ugs.)* |
| **Il est quelle heure?** [kɛlœr] | Tu joues au foot à ~? | Wie spät ist es? |
| **arriver de/à** [arive] | [F] = arriver ←→ [E] = to arrive | (an)kommen von/in |
| **ne … pas/n' … pas** | Je ne m'appelle pas Florence et je n'aime pas les pizzas! | nicht |
| **faire la cuisine** | | kochen |

## A Dimanche matin

| | | |
|---|---|---|
| **dimanche** *(m.)* [dimɑ̃ʃ] | | am Sonntag |
| **le matin** [ləmatɛ̃] | le matin ≠ le soir | morgens/vormittags |
| **un lit** [ɛ̃li] | | ein Bett |
| **parce que/parce qu' …** [parskə/parsk] | Nous regardons la télé ~[2] nous aimons le foot. | weil … |
| **rentrer** [rɑ̃tre] | A quelle heure est-ce que tu ~[3] à la maison? | (nach Hause) gehen/ kommen |
| **tard** [tar] | Il n'est pas ~, il est 20 heures. | spät |
| **toujours** [tuʒur] | Le dimanche, Gérard travaille ~ au café. | immer |
| **avoir rendez-vous avec qn** | Nous ~[4] au Centre Pompidou avec les copains à 14 heures. | sich mit jdm treffen |
| **l'âge** *(m.)* [laʒ] | | das Alter |
| **Tu as quel âge** *(m.)*? [tyakɛlaʒ] | | Wie alt bist du? |
| **un an** [ɛ̃nɑ̃] | | ein Jahr |
| **avoir 18 ans** *(m.)* | | 18 Jahre alt sein |
| **ne … plus/n' … plus** [nə … ply] | Je n'ai pas 17 ans, mais je n'ai plus 15 ans. | nicht mehr |
| **comme** | Au cinéma, c'est ~ à la télé, on regarde des films. | wie *(beim Vergleich)* |
| **une salle de bains** [ynsaldəbɛ̃] | | ein Badezimmer |
| **libre** [libr] | → [L] = liber | frei |
| **le temps** [lətɑ̃] | | die Zeit |
| **avoir le temps de faire qc** | Vous ~[5] de visiter le Centre Pompidou? | Zeit haben etw. zu tun |
| **le téléphone** [ləteləfɔn] | [F] = **téléphone** ←→ [D] = **Telef**on | das Telefon |

[1] manges – [2] parce que – [3] rentres
[4] avons rendez-vous – [5] avez le temps

| | | |
|---|---|---|
| **Si.** [si] | Tu ne regardes pas la télé dimanche soir? ~, bien sûr! | Doch. |
| **appeler qn** [aple] | Frédéric ~ [1] Aurélie. | jdn anrufen |
| **Allô?** [alo] | | Hallo? *(am Telefon)* |
| **mamie** *(f.) (fam.)* [mami] | | Oma *(ugs.)* |
| **peut-être** [pøtɛtr] | | vielleicht |
| **le déjeuner** | → le petit déjeuner | das Mittagessen |
| **avoir envie** *(f.)* **de faire qc** [avwarɑ̃vi] | Nous n'avons pas envie de jouer au frisbee! | Lust haben etw. zu tun |
| **un dessert** [ɛ̃desɛr] | La mousse au chocolat est ~. | ein Nachtisch |
| **une heure** | Il est 1 heure. *(ein Uhr)* ←→ dans une heure *(eine Stunde)* | eine Stunde |
| **une catastrophe** [ynkatastrɔf] | | eine Katastrophe |

## A Activités

| | | |
|---|---|---|
| 3 **le minitel** [ləminitɛl] | | *entspricht dem deutschen BTX-System (Bildschirmtext)* |
| **une fête** [ynfɛt] | Samedi soir, je fais ~ à la maison. | eine Fete/ein Fest |
| **une adresse** [ynadrɛs] | [F] = a**d**resse ←→ [E] = a**dd**ress | eine Adresse |
| **zéro = 0** [zero] | | null |
| 4 **le bonheur** [ləbɔnœr] | L'ordinateur, c'est ~? | das Glück |
| **écouter qc/qn** [ekute] | Ce soir, elle ~ [2] des CD. | etw. (an)hören/jdm zuhören |
| **un repas** [ɛ̃rəpa] | Le déjeuner, c'est le ~ de midi. | ein Essen/eine Mahlzeit |
| 5 **Pardon!** [pardõ] | | Verzeihung!/Entschuldigung! |
| **s'il vous plaît/s'il te plaît** [silvuplɛ/siltəplɛ] | | bitte (schön) |
| **un week-end** [ɛ̃wikɛnd] | Le ~, c'est le samedi et le dimanche. | ein Wochenende |
| 7 **Qui … ?** | | Wer … ? *(Fragepronomen)* |
| **Quand … ?** [kɑ̃] | ~ est-ce qu'ils arrivent? – A 5 heures. | Wann … ? |
| **dans la rue** | | auf der Straße |
| **acheter qc** [aʃte] | Julien ach**è**te un stylo. | etw. einkaufen |

## B Mamie arrive dans une heure.

| | | |
|---|---|---|
| **il faut** [ilfo] | | man muss |
| **ranger qc** [rɑ̃ʒe] | | etw. aufräumen |
| **les courses** *(f., pl.)* [lekurs] | | die Einkäufe/Besorgungen |
| **faire les courses** | Après l'école, Florence et François ~ [3]. | Einkäufe machen/einkaufen gehen |
| **un légume** [ɛ̃legym] | [F] = **les** légumes ←→ [D] = **das** Gemüse | ein Gemüse |
| **un problème** [ɛ̃prɔblɛm] | J'ai ~, le téléphone ne sonne pas. | ein Problem |
| **aller** [ale] | → On y va! | gehen/fahren |
| **une boulangerie** [ynbulɑ̃ʒri] | A la ~, on achète des baguettes. | eine Bäckerei |
| **une épicerie** [ynepisri] | | ein (kleines) Lebensmittelgeschäft |
| **un aspirateur** [ɛ̃naspiratœr] | | ein Staubsauger |
| **passer l'aspirateur** [paselaspiratœr] | Je ~ [4] dans la cuisine! | Staub saugen |
| **un appartement** [ɛ̃napartəmɑ̃] | [F] = a**pp**arte**ment** ←→ [E] = a**p**art**ment** | eine Wohnung |

[1] appelle – [2] écoute – [3] font les courses
[4] passe l'aspirateur

3

| | | |
|---|---|---|
| **une salle de séjour** [ynsaldəseʒur] | → une salle de bains | ein Wohnzimmer |
| **une chambre** [ynʃɑ̃br] | | ein (Schlaf-)Zimmer |
| **par exemple** = p. ex. [parɛgzɑ̃pl] | [F] = par ex**e**mple ←→ [E] = for ex**a**mple | zum Beispiel |
| **Bon alors!** [bõalɔr] | | Also gut! |
| **faire la vaisselle** [fɛrlavɛsɛl] | | (Geschirr) spülen |
| **Allez!** | ~, on va au cinéma! | Los!/Nun! |
| **un avocat** [ɛ̃navɔka] | [F] = **un** avoca**t** ←→ [D] = **eine** Avocad**o** | eine Avocado |
| **une pomme de terre** [ynpɔmdətɛr] | trois pomme**s** de terre | eine Kartoffel |
| **un camembert** [ɛ̃kamɑ̃bɛr] | | ein Camembert *(ein Käse aus der Normandie)* |
| **les parents** *(m., pl.)* [leparɑ̃] | Le père et la mère sont ~. | die Eltern |
| **une boucherie** [ynbuʃri] | | eine Fleischerei/Metzgerei |
| **ne … plus de** | Elle **ne** mange **plus de** chocolat. | kein(e) … mehr |
| **un poulet** [ɛ̃pulɛ] | | ein Hähnchen |
| **un bifteck** [ɛ̃biftɛk] | → [E] = beefsteak | ein Beefsteak |
| **un couloir** [ɛ̃kulwar] | | ein Flur |
| **le bazar** [ləbazar] | | das Durcheinander/das Chaos |
| **un livre** [ɛ̃livr] | → [L] = liber | ein Buch |
| **une chaise** [ynʃɛz] | Dans la salle de séjour, il y a cinq ~[1] et une table. | ein Stuhl |
| **cacher qc** [kaʃe] | | etw. verstecken |
| **sous** [su] | ≠ sur | unter |
| **une armoire** [ynarmwar] | | ein (Kleider-)Schrank |
| **derrière** [dɛrjɛr] | ≠ devant | hinter |
| **une étagère** [ynetaʒɛr] | Les livres de science-fiction sont sur l'~. | ein Regal |
| **une maison** [ynmɛzõ] | Je rentre à la ~ parce qu'il est tard. | ein Haus |
| **un apéritif** *(m.)* [ɛ̃naperitif] | | ein Aperitif |
| **un oncle** [ɛ̃nõkl] | [F] = **o**ncle ←→ [E] = **u**ncle | ein Onkel |
| **rester** [rɛste] | D'accord, nous ~[2] pour le déjeuner. | bleiben |

## B Activités

| | | |
|---|---|---|
| 3 **fermer qc** [fɛrme] | Nous ~ [3] l'épicerie de Gilbert. | etw. zumachen/schließen |
| **un tableau/des tableaux** [ɛ̃tablo] | Le ~ est devant les élèves. | eine (Wand-)Tafel/(Wand-)Tafeln |
| 6 **un cousin/une cousine** [ɛ̃kuzɛ̃/ynkuzin] | | ein Cousin/eine Cousine |

## Révisions

### Les chiffres

| | | | |
|---|---|---|---|
| 20 | **vingt** | 28 | vingt-huit |
| 21 | vingt **et** un | 29 | vingt-neuf |
| 22 | vingt-deux | 30 | **trente** |
| 23 | vingt-trois | 31 | trente **et** un |
| 24 | vingt-quatre | 32 | trente-deux |
| 25 | vingt-cinq | 40 | **quarante …** |
| 26 | vingt-six | 50 | **cinquante …** |
| 27 | vingt-sept | 60 | **soixante …** |

[1] chaises – [2] restons – [3] fermons

### *Verbes*

**aller** — je vais, tu vas, il/elle/on va, nous allons, vous allez, ils/elles vont

### *Sagen, wie es einem geht*

| | |
|---|---|
| – **Ça va?** | – Wie geht's? |
| – **Oui. Ça va (bien).**<br>**Et toi, comment ça va?** | – Gut.<br>Und wie geht's dir? |
| – **Moi, ça va.**<br>**Moi, ça ne va pas.** | – Mir geht's gut.<br>Mir geht's nicht gut. |

### **Non** und **si**

| | |
|---|---|
| – Aurélie, tu n'aimes pas les crêpes? | – **Non.** (Nein.) |
| – Frédéric, tu n'aimes pas les BD? | – **Si.** (Doch.) |

# Leçon 4

## APPROCHE

| | | |
|---|---|---|
| **une fille** | → [F] = une fille ←→ [E] = ein Mädchen | eine Tochter |
| **un fils** [ɛ̃fis] | une fille ≠ un fils | ein Sohn |
| **un enfant** [ɛ̃nɑ̃fɑ̃] | → [D] = infantil | ein Kind |
| **un chien** [ɛ̃ʃjɛ̃] | | ein Hund |
| **une sœur** [ynsœr] | Laure et Elodie sont mes ~[1]. | eine Schwester |
| **un frère** [ɛ̃frɛr] | ≠ une sœur | ein Bruder |
| **un ami/une amie** [ɛ̃nami/ynami] | Charlotte et Jacques sont deux ~[2]. | ein Freund/eine Freundin |

## A Une lettre d'Allemagne

| | | |
|---|---|---|
| **une lettre (de)** [ynlɛtr] | [F] = **une** lettre ←→ [E] = a lett**er** | ein Brief (aus) |
| **une école** [ynekɔl] | Dans ~, il y a des professeurs et des élèves. | eine Schule |
| **intéressant** [ɛ̃terɛsɑ̃] | | interessant |
| **un emploi du temps** [ɛ̃nɑ̃plwadytɑ̃] | | ein Stundenplan |
| **un correspondant/une correspondante** = un corres/une corres [ɛ̃kɔrɛspɔ̃dɑ̃/ynkɔrɛspɔ̃dɑ̃t] | | ein Brieffreund/eine Brieffreundin |
| **bientôt** [bjɛ̃to] | Ma sœur et moi, on va ~ partir à Montréal. | bald |
| **un voyage** [ɛ̃vwajaʒ] | Marc fait ~ en Allemagne. | eine Reise |

[1] sœurs – [2] amis

| | | |
|---|---|---|
| **demander qc à qn** [dəmɑ̃de] | Aurélie ~[1] un stylo à son frère. | jdn um etw. bitten/fragen |
| **une information** [ynɛ̃fɔrmasjɔ̃] | Aurélie donne des ~[2] sur la Martinique. | eine Auskunft/Information |
| **A bientôt!** | → bientôt | Bis bald! |
| **une classe** [ynklas] | Dans notre ~, il y a trente élèves. | eine Klasse |
| **l'allemand** *(m.)* [lalmɑ̃] | → l'Allemagne | das Deutsche/die deutsche Sprache |
| **un/une collègue** | un collè**gue** [ɛ̃kɔlɛg] ←→ un collè**ge** [ɛ̃kɔlɛʒ] | ein Kollege/eine Kollegin |
| **envoyer qc à qn** [ɑ̃vwaje] | Nous ~[3] une cassette à Christophe. | jdm etw. schicken/senden |
| **le CDI = le Centre de Documentation et d'Information** [ləsedei/ləsɑ̃tr(ə)də dɔkymɑ̃tasjɔ̃edɛ̃fɔrmasjɔ̃] | | Dokumentations- und Informationsstelle einer Schule *(befindet sich oft in der Bibliothek)* |
| **une brochure** [ynbrɔʃyr] | → [E] = brochure | eine Brochüre |
| **trop** [tro] | | zu (sehr)/zu viel |
| **difficile** [difisil] | [F] = diffic**ile** ←→ [E] = diffic**ult** | schwer/schwierig |
| **faire du français** | | Französisch lernen/haben |
| **depuis** [dəpɥi] | Viens au cinéma, tu travailles déjà ~ deux heures! | seit |
| **un mois** [ɛ̃mwa] | Il y a douze ~ dans un an. | ein Monat |
| **seulement** [sœlmɑ̃] | Elodie aime ~ les livres sur les voyages. | nur/erst |
| **parler de qn/qc à qn** [parle] | Nous ~[4] de nos corres à la prof. | mit jdm über etw./jdn sprechen |
| **quelque chose = qc** [kɛlkəʃoz] | Mercredi, tu fais ~? – Oui, je vais à la piscine. | etwas |
| **bien** | Charlotte travaille ~ à l'école. | gut/viel *(Adv.)* |

## A Activités

| | | |
|---|---|---|
| 2 **une semaine** [ynsəmɛn] | ~ a sept jours. | eine Woche |
| **Chut!** [ʃyt] | | Psst! |
| **un accent** [ɛ̃naksɑ̃] | Carole a l'~ de Marseille. | ein Akzent |
| 3 **pendant** [pɑ̃dɑ̃] | ~ la semaine, Carole va à l'école. | während |

## B Le collège André Citroën

| | | |
|---|---|---|
| **cher/chère** [ʃɛr] | Cher Frank, chère Anne, chers amis … | lieber/liebe *(Anrede im Brief)* |
| **penser (à qn/qc)** [pɑ̃se] | Ils ~[5] au week-end de judo. | (an jdn/etw.) denken |
| **… que/qu'** [kə/k] | Nous trouvons ~[6] l'accent de Julia est super. | …, dass *(Konjunktion)* |
| **un/une spécialiste** [ɛ̃/ynspesjalist] | [F] = spécialiste ←→ [D] = Spe**z**ialist | ein Spezialist/eine Spezialistin |
| **dire qc à qn** [dir] | Qu'est-ce que vous ~[7]? | jdm etw. sagen |
| **la (salle de) permanence** [lasaldəpɛrmanɑ̃s] | ~ est une salle pour les élèves. | *Arbeitsraum für Schüler/innen, wenn sie keinen Unterricht haben* |

[1] demande – [2] informations
[3] envoyons – [4] parlons – [5] pensent
[6] que – [7] dites

| | | |
|---|---|---|
| **quand** | → [F] = quand ←→ [D] = wann | wenn/jedes Mal wenn |
| **lire qc** [lir] | Nous ~[1] le texte sur Montréal. | etw. lesen |
| **écrire qc à qn** [ekrir] | Nous ~[2] le texte pour la vidéo. | jdm etw. schreiben |
| **les devoirs** *(m., pl.)* [ledəvwar] | | die (Haus-)Aufgaben |
| **un surveillant/une surveillante** [ɛ̃syrvɛjɑ̃/ynsyrvɛjɑ̃t] | Le ~ est en permanence avec les élèves. | ein Betreuer/eine Betreuerin von Schülern/innen |
| **si** | → [F] = Si. ←→ [D] = Doch. | ob *(indirekte Frage)* |
| **Ben …** *(fam.)* = Eh bien [bɛ̃] | | *Ausdruck des Zögerns oder der Verlegenheit (ugs.)* |
| **attendre qc/qn** [atɑ̃dr] | On ~[3] Simon au café Balard. | auf etw./jdn warten |
| **la récréation** = la récré *(fam.)* [larekreasjõ] | | die Pause *(in der Schule)* |
| **une infirmerie** [ynɛ̃firməri] | | ein Krankenzimmer/eine Krankenstation |
| **malade** [malad] | Quand on est ~, on va à l'infirmerie. | krank |
| **une interro** *(fam.)* = une interrogation [ynɛ̃terɔgasjõ] | | eine Klassenarbeit |
| **un «self»** *(fam.)* [ɛ̃sɛlf] | → [E] = self-service | *eine Kantine mit Selbstbedienung (ugs.)* |
| **une spécialité** [ynspesjalite] | | eine Spezialität |
| **les frites** *(f.)* [lefrit] | On fait ~ avec des pommes de terre. | Pommes frites |
| **un bruit d'enfer** *(fam.)* [ɛ̃brɥidɑ̃fɛr] | [F] = le bruit ←→ [D] = der Lärm | ein Höllenlärm *(ugs.)* |
| **entendre qc** [ɑ̃tɑ̃dr] | Tu ~[4] le bruit de l'aspirateur? | etw. hören |
| **la cour** [lakur] | → **le** cours | der (Schul-)Hof |
| **rendre qc à qn** [rɑ̃dr] | Je ~[5] le CD à Olivier. | jdm etw. zurückgeben |
| **un théâtre** [ɛ̃teatr] | [F] = th**éâtre** ←→ [E] = th**eater** | ein Theater |
| **un club** [ɛ̃klœb] | Au collège, il y a aussi un ~ journal et un ~ de foot. | *eine Freizeit- (bzw. hier: Theater-)Gruppe in einer Schule* |
| **Ouf!** [uf] | | Uff!/Puh! *(Ausdruck der Erleichterung)* |
| **la fin (de qc)** [lafɛ̃] | ~ du concert est à onze heures. | das Ende (von etw.) |

## B Activités

| | | |
|---|---|---|
| 2 **un voisin/une voisine** [ɛ̃vwazɛ̃/ynvwazin] | | ein Nachbar/eine Nachbarin |
| 3 **répondre à qn** [repõdr] | → la réponse | jdm antworten |
| **ne … pas beaucoup** | ≠ beaucoup | nicht viel |
| **un jour** [ɛ̃ʒur] | → Bonjour! | ein Tag |
| **une page** [ynpaʒ] | Le livre de Ionesco a cent ~[6]. | eine Seite |
| 4 **un nom** [ɛ̃nõ] | Tu t'appelles comment? – Mon ~ est Magali. | ein Name |
| 5 **différent** [diferɑ̃] | En Allemagne, c'est ~: il n'y a pas de self à l'école. | anders/unterschiedlich |
| **une visite** [ynvizit] | [F] = **une** visite ←→ [E] = a visit | ein Besuch |
| **les vacances** *(f., pl.)* [levakɑ̃s] | En été, nous sommes en vacances à la mer. | die Ferien |
| **le printemps** [ləprɛ̃tɑ̃] | | der Frühling |

---
[1] lisons – [2] écrivons – [3] attend
[4] entends – [5] rends – [6] pages

## *Révisions*

### *Une famille*

| | | | |
|---|---|---|---|
| *** les grands-parents** | die Großeltern | **la fille** | die Tochter |
| *** la grand-mère** | die Großmutter | **le fils** | der Sohn |
| *** le grand-père** | der Großvater | **la sœur** | die Schwester |
| **les parents** | die Eltern | **le frère** | der Bruder |
| **la mère** | die Mutter | **la cousine** | die Cousine |
| **le père** | der Vater | **le cousin** | der Cousin |
| **un enfant** | ein Kind | | |

* Wörter, die hier zur Vervollständigung zusätzlich erwähnt werden. Sie werden in den folgenden Lektionen nicht als bekannt vorausgesetzt.

## *En France*

### *L'école en France*

Französische Kinder gehen in der Regel von 6 bis 11 Jahren in die Grundschule *(l'école primaire* [primɛr]). Sie hat fünf Klassenstufen.
Danach beginnt das *Collège.* In diese Schule gehen alle 11- bis 15-jährigen Schülerinnen und Schüler. Das *Collège* hat vier Klassenstufen. Sie heißen: $6^e$ = sixième, $5^e$ = cinquième, $4^e$ = quatrième, $3^e$ = troisième.
Der Eintrittsklasse des *Collège,* der $6^e$, entspricht in Deutschland das 6. Schuljahr.
Nach dem *Collège* haben die französischen Schülerinnen und Schüler die Möglichkeit, einen Beruf zu erlernen oder in einem *Lycée* das Abitur zu machen. Das *Lycée* entspricht der Sekundarstufe II. Es hat drei Klassenstufen. Man legt also das Abitur, wenn alles gut geht, mit 18 Jahren ab. Das Abitur heißt auf Französisch *le baccalauréat* [ləbakalɔrea] oder kurz *le bac.*

## C Le collège en 2076

| | | |
|---|---|---|
| **programmer qc** [prɔgrame] | | etw. programmieren |
| **la technologie** [latɛknɔlɔʒi] | | Technologie *(hier: als Unterrichtsfach)* |
| **la pause (de midi)** [lapoz] | Pierre mange au self à la ~. | die (Mittags-)Pause |
| **apprendre qc** [aprɑ̃dr] | Nous ~[1] l'anglais en cours. | etw. lernen |
| **partout** [partu] | Céline cherche ~ son stylo. | überall |
| **le monde** [ləmõd] | F = **dans** le monde ←→ D = **auf** der Welt | die Welt/Erde |
| **comprendre qc** [kõprɑ̃dr] | Je ~[2] ton problème. | etw. verstehen |
| **expliquer qc** [ɛksplike] | Nous ~[3] le problème de technologie à Luc. | etw. erklären |
| **l'anglais** *(m.)* [lɑ̃glɛ] | Est-ce que le film est en ~, en français ou en allemand? | das Englische/die englische Sprache |
| **etc.** [ɛtsetera] | | usw. |
| **une langue** [ynlɑ̃g] | F = langue ←→ E = language ←→ L = lingua | eine Sprache |
| **la pollution** [lapɔlysjõ] | → E = pollution | die (Umwelt-) Verschmutzung |
| **prendre qc** | → apprendre → comprendre | etw. nehmen |
| **une ville** [ynvil] | Paris et Marseille sont deux ~[4] de France. | eine Stadt |

[1] apprenons – [2] comprends
[3] expliquons – [4] villes

| | | |
|---|---|---|
| **Patate!** *(fam.) (f.)* [patat] | une pomme de terre = une patate *(fam.)* | *hier:* Trottel! *(Schimpfwort) (ugs.)* |
| **une femme** [ynfam] | Notre prof d'histoire est ~. Elle s'appelle madame Barroc. | eine Frau |
| **le pain** [ləpɛ̃] | On achète ~ à la boulangerie. | das Brot |
| **la misère** [lamizɛr] | [F] = misère ←→ [E] = misery | das Elend/die Not |
| **mai** *(m.)* [mɛ] | Le mois de ~ est au printemps. | Mai |
| **le roi** [lərwa] | Louis XIV est un ~. | der König |
| **un château/des châteaux** [ɛ̃ʃato] | A Versailles, il y a le ~ de Louis XIV. | ein Schloss/Schlösser |
| **les gens** *(m., pl.)* [leʒɑ̃] | En France, ~ vont souvent au cinéma. | die Leute |
| **le retour** [lərətur] | → [E] = to return | die Rückkehr/Rückfahrt |
| **ensemble** [ɑ̃sɑ̃bl] | Nous allons toujours ~ au collège. | zusammen/gemeinsam |
| **un code** [ɛ̃kɔd] | | ein Kode |
| **«surfer»** [sœrfe] | → [E] = to surf | "surfen" *(durchs Internet)* |
| **taper qc** [tape] | [F] = taper ←→ [D] = tippen | etw. (ein)tippen |
| **pas mal** | Ça va? – Oui, ~. | nicht schlecht/ziemlich gut |
| **Quelque chose ne va pas.** | | Da stimmt etwas nicht. |

## C Activités

| | | |
|---|---|---|
| 2 **une saison** [ynsɛzõ] | Il y a quatre ~[1]: l'hiver, le printemps, l'été et l'automne. | eine Jahreszeit |
| **une date** [yndat] | La ~ du rendez-vous, c'est le 20.05.2076. | ein Datum |
| **une année** [ynane] | → un an | ein Jahr |
| **l'hiver** *(m.)* [livɛr] | | der Winter |
| **l'automne** *(m.)* [lotɔn] | | der Herbst |
| **On est le combien?** [õnɛləkõbjɛ̃] | = Nous sommes le combien? | Den Wievielten haben wir heute? |
| **le premier/la première** [ləprəmje/laprəmjɛr] | Janvier est le ~[2] mois de l'année. | der/die/das erste |
| **l'anniversaire** *(m.)* [lanivɛrsɛr] | Franck fait une fête samedi pour son ~. | der Geburtstag |
| 3 **un café** | → le café Balard. | ein Kaffee |
| 5 **la vie** [lavi] | [F] = vie ←→ [L] = vita | das Leben |

### *Spezielles Vokabular im Text «Le collège en 2076»*

Diese Wörter findest du in keinem Wörterbuch, die gibt es nämlich noch gar nicht. Aber im Jahre 2076?

| | |
|---|---|
| **Malabar F3:** | *Name eines Computers* |
| **un module:** | *ein Unterrichtsfach* |
| **la futurolangue:** | *die Sprache der Zukunft* |
| **le Giganet:** | *eine Computerautobahn* |
| **une mobilauto:** | *ein automatisches Auto* |
| **une multi-carte:** | *eine multifunktionelle Karte* |
| **l'Histonet:** | *Computerprogramm für Geschichte* |
| **un mémo:** | *eine Art elektronischer Terminkalender/Schaltpult* |
| **le cybercollège:** | *eine Schule, die an das Computernetz angeschlossen ist* |
| **cybergénial:** | *ein Wortspiel mit «supergénial»* |

[1] saisons – [2] premier

## Révisions

### Verbes

| | |
|---|---|
| **dire** | je dis, tu dis, il/elle/on dit, nous disons, vous dites, ils/elles disent |
| **écrire** | j'écris, tu écris, il/elle/on écrit, nous écrivons, vous écrivez, ils/elles écrivent |
| **attendre** | j'attends, tu attends, il/elle/on attend, nous attendons, vous attendez, ils/elles attendent |
| **prendre** | je prends, tu prends, il/elle/on prend, nous prenons, vous prenez, ils/elles prennent |

**Les jours de la semaine**

| | | | | | |
|---|---|---|---|---|---|
| **lundi** | Montag | **jeudi** | Donnerstag | **samedi** | Samstag/Sonnabend |
| **mardi** | Dienstag | **vendredi** | Freitag | **dimanche** | Sonntag |
| **mercredi** | Mittwoch | | | | |

# Leçon 5

## APPROCHE

| | | |
|---|---|---|
| **une cave** [ynkav] | | ein Keller |
| **téléphoner à qn** [telefɔne] | [F] = télé**ph**oner ←→ [D] = tele**f**onieren | mit jdm telefonieren |
| **un magnéto** *(fam.)* | | *Abkürzung von "un magnétophone"* |
| **toujours** | Il est six heures et Laure n'arrive ~ pas! | immer noch |
| **tout de suite** [tudsɥit] | Tu viens ~? | sofort |
| **partir** [partir] | Céline va au Canada. Elle ~[1] tout de suite. | weggehen/-fahren/aufbrechen |
| **dormir** [dɔrmir] | Vous ~[2] dans la chambre de David. | schlafen |
| **sortir** [sɔrtir] | Ce soir, Sophie et François ~[3] au théâtre. | ausgehen |

## A Le 10, rue des Cévennes

| | | |
|---|---|---|
| **venir** [vənir] | Tu ~[4] avec moi à la piscine? | kommen |
| **faire des études** [fɛrdezetyd] | [F] = études ←→ [E] = studies | studieren |
| **la physique** [lafizik] | | die Physik |
| **une université** [ynynivɛrsite] | [F] = universit**é** ←→ [E] = universit**y** | eine Universität |
| **petit/petite** [pəti/pətit] | Olivier a un ~[5] ordinateur pour sa chambre. | klein |
| **un loyer** [ɛ̃lwaje] | Les ~[6] sont très chers à Paris. | eine Miete |
| **un étudiant/une étudiante** [ɛ̃netydjɑ̃/ynetydjɑ̃t] | Christine est ~[7]. | ein Student/eine Studentin |

[1] part – [2] dormez – [3] sortent – [4] viens
[5] petit – [6] loyers – [7] étudiante

| | | |
|---|---|---|
| **faire du baby-sitting** [fɛrdybebisitiŋ] | | als Babysitter/Babysitterin tätig sein/Baby sitten |
| **garder qn** [garde] | Quand on fait du baby-sitting, on ~[1] des enfants. | jdn betreuen/auf jdn aufpassen |
| **un immeuble** [ɛ̃nimœbl] | → [D] = die Immobilie | ein (Miets-)Haus |
| **agréable** [agreabl] | | angenehm |
| **animé/animée** [anime] | Ce soir, la rue est ~[2]. | belebt |
| **un magasin** [ɛ̃magazɛ̃] | La boulangerie et la boucherie sont des petits ~[3]. | ein Laden/Geschäft |
| **en plus** [ɑ̃plys] | → plus | zudem/außerdem |
| **un supermarché** [ɛ̃sypɛrmarʃe] | [F] = supermar**ché** ←→ [E] = supermar**ket** | ein Supermarkt |
| **près (de)** [prɛ] | J'habite ~[4] la rue Balard. | in der Nähe (von) |
| **tout près (de)** [tuprɛ] | | ganz in der Nähe (von) |
| **fatigué/fatiguée** [fatige] | Le soir, après le travail, les Drouet sont ~[5]. | müde |
| **beaucoup** | Je nage ~ à la piscine. | viel |
| **un peu** [ɛ̃pø] | ≠ beaucoup | ein wenig/ein bisschen |
| **préférer qc** [prefere] | Je préf**è**re la mer et vous préf**é**rez la piscine. | etw. bevorzugen/lieber mögen |
| **repartir** [rəpartir] | → partir | abfahren/zurückfahren/-gehen |
| **jusque/jusqu'…** [ʒysk(ə)] | Nous prenons le métro ~[6] au Louvre. | bis … |
| **un stage** [ɛ̃staʒ] | Pendant l'été, je vais faire ~. | ein Praktikum |
| **une chaîne de télévision** [ynʃɛndətelevizjõ] | | ein Fernsehsender |
| **manquer à qn** [mɑ̃ke] | La Martinique et la mer ~[7] à Aurélie. | jdm fehlen |
| **vraiment** [vrɛmɑ̃] | → vrai | wirklich *(Adv.)* |
| **joli/jolie** [ʒɔli] | Magali a deux ~[8] étagères. | schön/hübsch |
| **bon/bonne** [bõ/bɔn] | J'ai une ~[9] idée: ce soir nous allons au ciné. | gut |
| **un restaurant** = un resto *(fam.)* [ɛ̃rɛstɔrɑ̃] | Pendant les vacances, on mange au ~ le soir. | ein Restaurant |
| **branché/branchée** *(fam.)* [brɑ̃ʃe] | | "in" *(ugs.)* |
| **un métier** [ɛ̃metje] | Mme Rocher est prof, c'est son ~. | ein Beruf |
| **un/une architecte** [ɛ̃/ynarʃitɛkt] | Nous sommes ~[10] à Paris. | ein Architekt/eine Architektin |
| **formidable** [fɔrmidabl] | | hervorragend/erstklassig |
| **un projet** [ɛ̃prɔʒɛ] | Nous avons ~ de vacances pour l'été. | ein Projekt/ein Vorhaben |
| **grand/grande** [grɑ̃/grɑ̃d] | Boris et Charlotte sont ~[11]. | groß |
| **un bureau/des bureaux** [ɛ̃byro] | Le journal est dans mon ~. | ein Büro/Büros |
| **détester qc/qn** [detɛste] | ≠ adorer | etw./jdn hassen |
| **de temps en temps** [dətɑ̃zɑ̃tɑ̃] | | von Zeit zu Zeit/ab und zu |
| **tenir qc** [tənir] | M. Dupré ~[12] un restaurant à Tours. | etw. halten; *hier:* bewirtschaften |
| **un hôtel** [ɛ̃notɛl] | Dans la chambre d'~, il y a la télévision. | ein Hotel |
| **revenir** [rəvənir] | → venir | zurückkommen |

[1] garde – [2] animée – [3] magasins
[4] près de – [5] fatigués – [6] jusqu'
[7] manquent – [8] jolies – [9] bonne
[10] architectes – [11] grands – [12] tient

| | | |
|---|---|---|
| **bien aimer** [bjɛ̃nɛme] | Pierre ~[1] les enfants. Il fait du baby-sitting. | gerne mögen/sehr mögen |
| **une tartine** [yntartin] | Au petit déjeuner, Nathalie mange ~. | *eine Scheibe Brot mit Butter bzw. Marmelade* |
| **raconter qc à qn** [rakõte] | En cours, le prof nous ~[2] l'histoire de Louis XIV. | jdm etw. erzählen |
| **le boulot** *(fam.)* [ləbulo] | = le travail | die Arbeit *(ugs.)* |

## A Activités

| | | |
|---|---|---|
| 2 **une situation** [ynsitɥasjõ] | | eine Position/Situation; *hier: eine Szene* |
| 3 **une discussion** [yndiskysjõ] | → discuter | eine Diskussion |
| **une solution** [ynsɔlysjõ] | ≠ un problème | eine Lösung |

### Révisions

**Une maison/Un appartement/*Les meubles**

| | | | |
|---|---|---|---|
| **le couloir** | der Flur | ***la vaisselle** | das Geschirr |
| **la chambre** | das Schlafzimmer | **la cuisine** | die Küche |
| **la salle** | das (große) Zimmer | ***la pièce** | das Zimmer |
| **l'étagère** *(f.)* | das Regal | **la salle de séjour** | das Wohnzimmer |
| **la salle de bains** | das Badezimmer | **le lit** | das Bett |
| **la cave** | der Keller | **l'ordinateur** *(m.)* | der Computer |
| ***le garage** | die Garage | **le téléphone** | das Telefon |
| **l'armoire** *(f.)* | der Schrank | **le piano** | das Klavier |
| **la chaise** | der Stuhl | **le minitel** | *etwa: BTX-System* |
| **la table** | der Tisch | **l'aspirateur** *(m.)* | der Staubsauger |
| ***le tableau** | das Bild | | |

* Wörter, die hier zur Vervollständigung zusätzlich erwähnt werden. Sie werden in den folgenden Lektionen nicht als bekannt vorausgesetzt.

## B «Avalanche»

| | | |
|---|---|---|
| **pouvoir** [puvwar] | | können |
| **pouvoir faire qc** | Nous ne ~[3] pas acheter ça! | etw. tun können |
| **un musicien/une musicienne** [ɛ̃myzisjɛ̃/ynmyzisjɛn] | → la musique | ein Musiker/eine Musikerin |
| **vouloir** [vulwar] | | wollen |
| **avoir besoin de qc** [avwarbəzwɛ̃də] | Nous ~[4] un magnéto pour le reportage. | etw. brauchen |
| **une répétition** [ynrepetisjõ] | La ~ de théâtre est à vingt heures ce soir. | eine Probe |
| **réagir** [reaʒir] | Pourquoi est-ce que tu ne ~[5] pas aujourd'hui? | reagieren |
| **une (petite) annonce** [ynanõs] | A la fin du journal, on trouve toujours les petites ~. | eine (Klein-)Anzeige |
| **jeune** | → les jeunes | jung/jugendlich |
| **un garage** [ɛ̃garaʒ] | [F] = **un** garage ←→ [D] = **eine** Garage | eine Garage |
| **une pièce** [ynpjɛs] | → une salle | ein Zimmer/ein Raum |

[1] aime bien – [2] raconte – [3] pouvons
[4] avons besoin d' – [5] réagis

| | | |
|---|---|---|
| **coûter** [kute] | → E = to cost | kosten |
| **le franc** = F [ləfrɑ̃] | deux franc**s** | der Franc *(frz. Währungseinheit)* |
| **par** [par] | Gérard va à la piscine deux soirs ~ semaine. | pro/je |
| **l'électricité** *(f.)* [lelɛktrisite] | | die Elektrizität |
| **l'avis** *(m.)* [lavi] | | die Meinung/Ansicht |
| **être de l'avis de ...** | Carole est de mon avis. | gleicher Meinung sein wie ... |
| **ancien/ancienne** [ɑ̃sjɛ̃/ɑ̃sjɛn] | Ton oncle a une armoire ~[1]. | alt/ehemalig |
| **une usine** [ynyzin] | | eine Fabrik |
| **avoir raison** [avwarrɛzõ] | Anne ~[2], c'est vrai. Je suis de son avis. | Recht haben |
| **réfléchir** [refleʃir] | | überlegen |
| **finir qc** [finir] | Attends, je ~[3] mes devoirs! | etw. fertig machen/beenden |
| **finir par faire qc** | | schließlich/zuletzt etw. tun |
| **un jour** | | *hier:* eines Tages |
| **aider qn** [ede] | Christophe ~ Laure à faire la vaisselle. | jdm helfen |
| **porter qc** [pɔrte] | | etw. tragen |
| **marcher** [marʃe] | Notre aspirateur ~[4] bien. | gehen; *hier:* funktionieren/klappen |
| **Ça marche?** *(fam.)* | | Klappt es?/Wie läuft's? *(ugs.)* |
| **une voiture** [ynvwatyr] | | ein Auto |
| **l'argent** *(m.)* [larʒɑ̃] | | das Geld |
| **quelqu'un** = qn [kɛlkɛ̃] | → quelque chose | jemand |
| **pour faire qc** | | um etw. zu tun |
| **prévenir qn** | Je te ~[5], l'appareil photo ne marche pas. | jdn warnen/benachrichtigen |
| **vide** [vid] | Après le concert, la salle est ~. | leer |
| **tout** [tu] | Magali prépare ~ pour la fête. | alles |
| **Tenez!** | → Tiens! | Da!/Nehmt!/Nehmen Sie! |
| **une clé** [ynkle] | | ein Schlüssel |
| **tout ça** | | all das/das alles |
| **à mon avis** [amõnavi] | ~, c'est un bon journal, et à ton avis? | meiner Meinung nach |
| **d'abord** [dabɔr] | | zuerst/zunächst |
| **une veste** [ynvɛst] | ≠ D eine **W**este | eine Jacke |
| **une chaussure** [ynʃosyr] | Claire porte des jolies ~[6]. | ein Schuh |
| **aller** | La veste lui ~[7] très bien! | *hier:* passen/stehen *(bei Kleidern)* |
| **un chapeau/des chapeaux** [ɛ̃ʃapo] | David a ~ sur sa tête. | ein Hut/Hüte |
| **choisir** [ʃwazir] | Au restaurant: – Qu'est-ce que tu ~[8]? | (aus)wählen |
| **rétro** *(fam.)* [retro] | ≠ branché | im Stil der zwanziger Jahre *(ugs.)* |
| **une carte postale** [ynkartpɔstal] | des carte**s** postale**s** | eine Postkarte |
| **un antiquaire** [ɛ̃nɑ̃tikɛr] | | ein Antiquitätenhändler |
| **la chance** [laʃɑ̃s] | Tu as de ~, tu as un cousin français. | das Glück |
| **gratuit/gratuite** [gratɥi/gratɥit] | | kostenlos |
| **un T-shirt** [ɛ̃tiʃœrt] | Les jeunes aiment les ~[9]. | ein T-Shirt |
| **plus tard** | → tard | später |

[1] ancienne – [2] a raison – [3] finis
[4] marche – [5] préviens – [6] chaussures
[7] va – [8] choisis – [9] T-Shirts

## B Activités

| | | |
|---|---|---|
| 3 **Bonne chance!** | Je cherche un appartement: – ~ | Viel Glück! |
| 4 **une discothèque = une disco** [yndiskɔtɛk] | Samedi soir, Pierre et Florence vont à la ~. | eine Diskothek |
| **quand même** [kɑ̃mɛm] | Nous sommes fatigués, mais nous venons ~. | trotzdem/dennoch |
| **un autre/une autre** [ɛ̃notr/ ynotr] | Où sont les ~[1]? | ein Anderer/eine Andere |
| **Bravo!** [bravo] | | Bravo! |
| 7 **la place** [laplas] | Le livre n'est pas à sa ~, je ne le trouve pas. | der Platz/der Raum |

### *Révisions*

#### *Un quartier*

| | | | |
|---|---|---|---|
| **un appartement** | eine Wohnung | **un hôtel** | ein Hotel |
| **une boucherie** | eine Metzgerei | **un immeuble** | ein (Miets-)Haus |
| **une boulangerie** | eine Bäckerei | **un magasin** | ein Laden |
| **un boulevard** | eine breite Straße in Paris | **une maison** | ein Haus |
| ***une boutique** | ein kleiner Laden | **une piscine** | ein Schwimmbad |
| **un bureau** | ein Büro | **un restaurant** | ein Restaurant |
| **un café** | eine Kneipe | **une rue** | eine Straße |
| **un cinéma** | ein Kino | **un supermarché** | ein Supermarkt |
| **une discothèque** | eine Diskothek | **une université** | eine Universität |
| **une école** | eine Schule | **une usine** | eine Fabrik |
| **une épicerie** | ein Lebensmittelgeschäft | **des voitures** | Autos |
| **un hôpital** | ein Krankenhaus | | |

* Wörter, die hier zur Vervollständigung zusätzlich erwähnt werden. Sie werden in den folgenden Lektionen nicht als bekannt vorausgesetzt.

#### *Verbes*

| | |
|---|---|
| **pouvoir** | je peux, tu peux, il/elle/on peut, nous pouvons, vous pouvez, ils/elles peuvent |
| **vouloir** | je veux, tu veux, il/elle/on veut, nous voulons, vous voulez, ils/elles veulent |
| **sortir** | je sors, tu sors, il/elle/on sort, nous sortons, vous sortez, ils/elles sortent |
| **réfléchir** | je réfléchis, tu réfléchis, il/elle/on réfléchit, nous réfléchissons, vous réfléchissez, ils/elles réfléchissent |

[1] autres

# Leçon 6

| | | |
|---|---|---|
| **un télésiège** [ɛ̃telesjɛʒ] | | ein Sessellift |
| **le ski de fond** [ləskidfɔ̃] | Les parents d'Aurélie font du ~ depuis deux ans. | (der) Langlauf(ski) |
| **le ski de piste** | ≠ le ski de fond | (der) Abfahrtslauf |
| **un moniteur/une monitrice** [ɛ̃mɔnitœr/ynmɔnitris] | | ein (Ski-)Lehrer/eine (Ski-)Lehrerin |
| **une station de ski** [ynstasjɔ̃dəski] | | ein Skiort |
| **un village** [ɛ̃vilaʒ] | ≠ une ville | ein Dorf |

## APPROCHE

| | | |
|---|---|---|
| **passer des vacances** | Florence a ~[1] d'hiver dans les Alpes. | Urlaub verbringen |
| **une montagne** [ynmɔ̃taɲ] | [F] = mo**n**ta**gn**e ←→ [E] = mo**u**ntai**n** | ein Berg/Gebirge |
| **un gîte** [ɛ̃ʒit] | | *eine Unterkunftsmöglichkeit für Touristen* |
| **inviter qn** | → une invitation | jdn einladen |
| **un mec** *(fam.)* [ɛ̃mɛk] | | ein Typ/ein Kerl *(ugs.)* |
| **même** | | sogar |
| **une descente** [yndesɑ̃t] | | eine Abfahrt |
| **puis** [pɥi] | Nous allons au ciné. ~ nous rentrons à la maison. | dann |
| **Internet** [ɛ̃tɛrnɛt] | | Internet |
| **un cybercafé** [ɛ̃sibɛrkafe] | Au ~, Olivier a «surfé» sur Internet pendant une demi-heure pour 35 F. | *ein Lokal, in dem auch Computer mit Internet-Anschluss stehen* |
| **la géo** *(fam.)* = la géographie [laʒeo/laʒeografi] | En cours de ~, on a regardé un film sur les Alpes. | die Erdkunde/Geografie |
| **une piste** [ynpist] | Il y a des ~[2] de ski et des ~ de danse. | eine Piste |
| **la neige** [lanɛʒ] | | der Schnee |

## A Le premier soir à Ornon

| | | |
|---|---|---|
| **un/une propriétaire** [ɛ̃/ynprɔprietɛr] | → [E] = property | ein Besitzer/eine Besitzerin |
| **une autoroute** [ynɔtɔrut] | En France, l'~ coûte cher. | eine Autobahn |
| **l'air** *(m.)* [lɛr] | [F] = l'air ←→ [E] = the air | die Luft |
| **pur/pure** [pyr] | | rein |
| **le calme** [ləkalm] | ≠ le bruit | die Ruhe |
| **savoir qc** [savwar] | Luc, tu ~[3] qu'on n'a pas cours de géo aujourd'hui? | etw. wissen |
| **ce** [sə] | ~ n'est pas difficile. | es/das |
| **facile** [fasil] | ≠ difficile | einfach/leicht |
| **devoir faire qc** | → les devoirs | etw. tun müssen |
| **un kilomètre** = un km [ɛ̃kilɔmɛtr] | De Paris à Marseille, il y a 652 ~[4]. | ein Kilometer |
| **un travail** [ɛ̃travaj] | → travailler | eine Arbeit |
| **quand** | → [F] quand = [D] wenn | als |
| **un meuble** | → un immeuble | ein Möbelstück |

[1] passé ses vacances – [2] pistes – [3] sais
[4] kilomètres

| | | |
|---|---|---|
| **le dernier/la dernière** [lədɛrnje/ladɛrnjɛr] | ≠ le premier/la première | der/die/das letzte |
| **décider de faire qc** [deside] | [F] = **déc**ider ←→ [E] = to **dec**ide | etw. zu tun beschließen |
| **une ferme** | [F] = **f**e**rm**e ←→ [E] = **f**a**rm** | ein Bauernhof |
| **ouvrir qc** [uvrir] | Le magasin est ouvert. ≠ Le magasin est fermé. | etw. öffnen/aufmachen |
| **le lycée** [ləlise] | Après le collège, on va au ~. | *entspricht der Sek. II/ der Oberstufe des Gymnasiums* |
| **loin** [lwɛ̃] | loin de ≠ près de | weit |
| **le bac** [ləbak] | | *Schulabschluß, der dem deutschen Abitur entspricht* |
| **passer le bac** | En France, on ~[1] à 17/18 ans. | das Abitur machen |
| **demain** [dəmɛ̃] | Aujourd'hui c'est jeudi. ~ c'est vendredi. | morgen |
| **qn est désolé** | [F] = **Nous** sommes désolés. ←→ [D] = Es tut **uns** Leid. | es tut jdm Leid |
| **noir/noire** | Les pistes ~[2] sont difficiles. | schwarz |
| **avant** [avɑ̃] | avant le concert ≠ après le concert | vorher/vor *(zeitlich)* |
| **voir qc** [vwar] | Aujourd'hui, nous ~[3] bien les montagnes. | etw. sehen |
| **avoir honte** [avwarɔ̃t] | | sich schämen |
| **le plaisir** [ləplezir] | [F] = **pl**ai**s**i**r** ←→ [E] = **pl**ea**sur**e | das Vergnügen/der Spaß |

## A Activités

| | | |
|---|---|---|
| 2 **un foyer** [ɛ̃fwaje] | | ein (Studenten-)Wohnheim |
| 3 **hors** [ɔr] | Le ski ~ piste n'est pas sur les pistes. | außer(halb) |
| **un skieur/une skieuse** [ɛ̃skjœr/ynskjøz] | → le ski | ein Skifahrer/eine Skifahrerin |
| **une avalanche** | → le groupe «Avalanche» | eine Lawine |
| **surveiller qc/qn** | → un surveillant | etw./jdn überwachen |
| **faire attention à qc** | Faites attention aux avalanches! | auf etw. aufpassen |
| **monter sur qc** | | auf etw. steigen/etw. besteigen |
| 4 **skier** [skje] | = faire du ski | Ski fahren |
| **un pied** [ɛ̃pje] | | ein Fuß |
| **un plâtre** [ɛ̃platr] | A l'hôpital, on a fait ~ à Armelle. | ein Gips(-verband) |
| **chanter qc** [ʃɑ̃te] | | etw. singen |
| **Pas ça!** *(fam.)* | | Das nicht! *(ugs.)* |
| **le poker** [ləpɔkɛr] | On joue au ~ avec des cartes. | Poker |
| **C'est cool!** *(fam.)* [sɛkul] | Alain va nous donner un cours de ski, ~! | Das sieht locker/cool aus!/Das ist "voll" gut! *(ugs.)* |
| 5 **neiger** | Il ~[4] sur les pistes de l'Alpe d'Huez! | schneien |
| **Dis donc!** [didɔ̃k] | → dire | Sag mal! |
| **Noël** [nɔɛl] | ~, c'est le 25 décembre. | Weihnachten |

## B A l'Alpe d'Huez

| | | |
|---|---|---|
| **donc** [dɔ̃k] | → Dis donc! | also/folglich |
| **perdre qc** [pɛrdr] | ≠ trouver qc | etw. verlieren |
| **un bonnet** [ɛ̃bɔnɛ] | Tu prends ~ ou un chapeau pour faire du ski? | eine Mütze |

---
[1] passe le bac – [2] noires – [3] voyons
[4] neige

| | | |
|---|---|---|
| **l'altitude** *(f.)* [laltityd] | Avec les télésièges, on monte en ~. | die Höhe(-nlage) |
| **C'est le pied!** *(fam.)* | ≠ C'est nul! | Das ist Spitze! *(ugs.)* |
| **ne … même pas** | → même | nicht (ein)mal |
| **une fois** [ynfwa] | → deux fois | einmal/ein Mal |
| **un mètre** = 1 m | Un kilomètre, c'est mille ~[1]. | ein Meter |
| **un croque-monsieur** [ɛ̃krɔkməsjø] | | *mit Käse überbackener Schinkentoast* |
| **rouge** [ruʒ] | | rot |
| **une tasse** [yntas] | ~ **de** café | eine Tasse |
| **chaud/chaude** [ʃo/ʃod] | Le bonnet de Pierre est très ~[2]. | heiß/warm |
| **un chocolat chaud** | | eine heiße Schokolade |
| **je voudrais** [ʒəvudrɛ] | | ich möchte gern/ich hätte gern |
| | | |
| **le brouillard** [ləbrujar] | | der Nebel |
| **commencer qc** [kɔmɑ̃se] | Marc et Luc ont ~[3] la piste noire. | etw. anfangen/beginnen |
| **commencer à faire qc** | François a ~[4] à chercher son bonnet. | anfangen/beginnen etw. zu tun |
| | | |
| **la peur** [lapœr] | | die Angst |
| **avoir peur de qc/qn** | Nous ~[5] des avalanches. | Angst vor etw./jdm haben |
| | | |
| **enfin** [ɑ̃fɛ̃] | → la fin | endlich/schließlich |
| **crevé/crevée** *(fam.)* [krəve] | Ce soir, nous sommes ~[6]! | erschöpft/fertig *(ugs.)* |
| **avoir mal à qc** | Florence ~[7] à la tête. | etw. tut jdm weh |
| **froid/froide** [frwa/frwad] | | kalt |
| **Elle a froid.** | ≠ Elle a chaud. | Ihr ist kalt. |
| **savoir comme …** | Tu ~[8] nous devons travailler! | wissen wie (sehr) … |
| **sans le savoir** | → sans le dire/sans le vouloir | ohne es zu wissen |
| **un panneau/des panneaux** [ɛ̃pano/depano] | A l'école, il y a ~ d'information. | ein Schild/Schilder |
| **une blague** [ynblag] | Pierre adore raconter des ~[9]. | ein Witz/ein Scherz |
| **La bonne blague!** | | Das ist aber witzig! *(ironisch)* |
| | | |
| **tomber** [tõbe] | La neige ~[10] en hiver. | (hin)fallen |
| **trente-six fois** [trɑ̃tsifwa] | Non, pas la vidéo, on a déjà vu le film ~! | x-mal |
| **bleu/bleue** [blø] | Les pistes ~[11] sont faciles. | blau |
| **appeler qn** | → appeler au téléphone | jdn rufen |
| **une nuit** [ynnɥi] | la nuit ≠ le jour | eine Nacht |
| **C'est l'horreur!** [sɛlɔrœr] | → [L] = horror | Es/Das ist schrecklich! |
| **tout à coup** [tutaku] | | plötzlich |
| **un pisteur** [ɛ̃pistœr] | → une piste | ein Pistenwart |

## B Activités

| | | |
|---|---|---|
| 1 **une bise** [ynbiz] | | ein (Wangen-)Kuss |
| **Grosses bises!** | | Viele Grüße/Küsse! |
| 3 **un médecin** [ɛ̃medsɛ̃] | [F] = Elle est médecin. ←→ [D] = Sie ist Ärztin. | ein Arzt/eine Ärztin |
| **une patinoire** | | eine Eisbahn |
| **savoyard/savoyarde** [savwajar/savwajard] | | aus dem Savoyen/savoyardisch |
| **une fondue** [ynfõdy] | [F] = une fondue savoyarde ←→ [D] = ein Käsefondue | ein Fondue |
| 4 **un rêve** [ɛ̃rɛv] | | ein Traum |
| **un garçon (de café)** | → un garçon | ein Kellner |

[1] mètres – [2] chaud – [3] commencé – [4] commencé – [5] avons peur – [6] crevés/crevées – [7] a mal – [8] sais comme – [9] blagues – [10] tombe – [11] bleues

## C [L'Alpe d'Huez ou Ornon?]

| | | |
|---|---|---|
| à … de … | Frédéric habite à 200 m de chez Carole. | … entfernt von … |
| tout le monde | ~ est arrivé? | alle/jeder |
| un style [ɛ̃stil] | Les vacances à l'hôtel, ce n'est pas mon ~. | ein Stil/eine Art |
| entre | Alice habite ~ l'école et la boucherie. | zwischen |
| une personne [ynpɛrsɔn] | [F] = personne ←→ [E] = person | eine Person |
| un office de tourisme [ɛ̃nɔfisdəturism] | | ein Fremdenverkehrsamt |
| un canon à neige [ɛ̃kanõanɛʒ] | [F] = un canon ←→ [D] = eine Kanone | eine Schneekanone |
| Il faut dire que … | | Man muss sagen, dass … |
| un Parisien/une Parisienne [ɛ̃parizjɛ̃/ynparizjɛn] | Les ~[1] habitent à Paris. | ein Pariser/eine Pariserin |
| recevoir [rəsəvwar] | Ce soir, je ~[2] mes amis de Grenoble. | bekommen; *hier:* empfangen |
| continuer [kõtinɥe] | → [E] = to continue | fortfahren/weitermachen |
| un/une écologiste [ɛ̃/ynekɔlɔʒist] | → [D] = die Ökologie | ein Umweltschützer/eine Umweltschützerin |
| abîmer qc [abime] | La pollution ~[3] la nature. | etw. beschädigen/kaputt machen |
| un animal/des animaux [ɛ̃nanimal/dezanimo] | | ein Tier/Tiere |
| un hébergement [ɛ̃nebɛrʒəmɑ̃] | → [D] = eine Herberge | eine Unterkunft |
| **calme** | | ruhig/still |

## C Activités

| | |
|---|---|
| 2 **un docteur** [ɛ̃dɔktœr] | ein Doktor |
| **une ordonnance** [ynɔrdɔnɑ̃s] | ein (medizinisches) Rezept |
| **une grippe** | eine Grippe |

### Révisions

**Le ski**

| | | | |
|---|---|---|---|
| **le ski de fond** | Langlauf(ski) | **faire du ski** | Ski fahren |
| **le ski de piste** | Abfahrtslauf | **faire une descente de ski** | eine Abfahrt machen |
| **le télésiège** | der Sessellift | **un moniteur/une monitrice** | ein/eine Skilehrer(in) |
| **une station de ski** | ein Skiort | **une avalanche** | eine Lawine |
| | | **un canon à neige** | eine Schneekanone |

**Le passé composé:**

| **Verben mit *avoir*** | **Verben mit *être*** |
|---|---|
| acheter – appeler – discuter – inviter – penser – poser – regarder | venir – arriver |
| avoir – être – faire | entrer – monter |
| savoir – devoir – pouvoir – vouloir – recevoir | rester – aller |
| dormir – tenir – ouvrir – finir – réfléchir – choisir – réagir | tomber |
| (com)prendre – attendre – entendre – rendre – répondre – perdre | sortir – partir |

[1] Parisiens – [2] reçois – [3] abîme

| ***Verbes*** | |
|---|---|
| **ouvrir**<br>j'ai ouvert | j'ouvre, tu ouvres, il/elle/on ouvre, nous ouvrons, vous ouvrez,<br>ils/elles ouvrent |
| **recevoir**<br>j'ai reçu | je reçois, tu reçois, il/elle/on reçoit, nous recevons, vous recevez,<br>ils/elles reçoivent |

## *En France*

### *L'Alpe d'Huez (1806 m)*

liegt im Isèretal, ca. eine Autostunde von Grenoble entfernt. In der Nähe gehen die Ausläufer der Gebirgsmassive des Oisans und der Grandes Rousses ineinander über. Vom Pic du Lac Blanc (3458 m) hat man einen wunderbaren Blick auf die Écrins und den Mont Blanc.

Neben Val d'Isère und Tignes, Courchevel und les Arcs ist l'Alpe d'Huez einer der großen Wintersportorte der französischen Nordalpen. Er gehört zu jener zweiten Generation von Wintersportzentren, die sich um ein kleines hochgelegenes Gebirgsdorf mehr oder weniger organisch entwickelten. In einer dritten Generation setzten große Tourismusunternehmen „Ski-Total-Orte" wie Courchevel mit riesigen Appartmentblocks in eine bisher fast unberührte Landschaft, was zahlreiche Umweltprobleme nach sich zog.

Durch die Austragung der Olympischen Spiele in Grenoble (1968) erlebte l'Alpe d'Huez einen enormen Aufschwung, während Ornon sich bis heute seinen Charakter als ursprüngliches Gebirgsdorf und gemütlicher Wintersportort erhalten konnte.

# Leçon 7

## APPROCHE

| | | |
|---|---|---|
| **un championnat** [ɛ̃ʃɑ̃pjɔna] | [F] = champio**nn**at ←→ [E] = championship | eine Meisterschaft |
| **junior** [ʒynjɔr] | | jugendlich/Junioren-/Jugend- |
| **prochain/prochaine** [prɔʃɛ̃/prɔʃɛn] | L'année ~[1], je vais faire du tennis. | nächster/nächste/nächstes |
| **participer à qc** | Jérémy ~[2] au championnat de foot. | an etw. teilnehmen |
| **présenter qc à qn** [prezɑ̃te] | [F] = pr**é**senter ←→ [E] = to present | jdm etw. vorstellen |
| **une équipe** [ynekip] | L'~ de Paris joue à Marseille aujourd'hui. | eine Mannschaft |
| **gagner qc** [gaɲe] | ≠ perdre | etw. gewinnen |
| **un entraîneur** [ɛ̃nɑ̃trɛnœr] | [F] = **entraîneur** ←→ [D] = **Trainer** | ein Trainer |
| **un/une judoka** [ɛ̃/ynʒydɔka] | | ein/e Judoka |
| **un espoir** [ɛ̃nɛspwar] | [F] = l'espoir ←→ [L] = spes | eine Hoffnung; *hier:* ein Hoffnungsträger |
| **un/une adversaire** [ɛ̃/ynadvɛrsɛr] | [F] = advers**aire** ←→ [E] = advers**ary** | ein Gegner/eine Gegnerin |
| **motivé/motivée** | Les judokas de Paris sont très ~[3]. | motiviert |
| **le rugby** [lərygbi] | | das Rugby |
| **avoir l'esprit sportif** | → [E] spirit | eine sportliche Einstellung haben/fair sein |
| **un tapis** [ɛ̃tapi] | On fait du judo sur ~. | ein Teppich |

[1] prochaine – [2] participe – [3] motivés

## A On va gagner!

| | | |
|---|---|---|
| **un minibus** [ɛ̃minibys] | | ein kleiner Bus |
| **tout le monde** | ~ **est** arrivé? | alle/jeder |
| **la forme** | Nous sommes en bonne ~. | die Kondition/Form |
| **tranquille** [trɑ̃kil] | Nous avons passé un après-midi ~. | ruhig |
| **être tranquille** | | beruhigt sein |
| **un frimeur/une frimeuse** [ɛ̃frimœr/ynfrimøz] | Les ~[1] parlent beaucoup trop. | ein Angeber/eine Angeberin |
| **un combat** [ɛ̃kõba] | | ein Kampf |
| **Bonsoir!** | ≠ Bonjour! | Guten Abend!; *hier:* Auf Wiedersehen! |
| **le jogging** [lədʒɔgiŋ] | Le dimanche matin, nous faisons toujours du ~. | das Joggen |
| **un tour** | [F] = **un** tour ←→ [D] = **eine** Tour | eine Runde *(beim Sport)* |
| **Vas-y!** [vazi] | [F] = Vas-y! ←→ [E] = Go on! | Los!/Vorwärts! |
| **réussir (à faire qc)** [reysir] | [F] = J'ai ~[2]… ←→ [D] = Es ist mir gelungen … | gelingen (etw. zu tun)/ etw. fertig bringen |
| **un o-soto-gari** | | *Judowurftechnik* |
| **contre** [kõtr] | ≠ avec | gegen |
| **Ouais!** *(fam.)* [wɛ] | → oui | Ja! *(ugs.)* |
| **rapide** | Fréderic réagit vite: il est ~. | schnell |
| **énervé/énervée** [enɛrve] | On est ~ quand on ne réussit pas à faire quelque chose. | aufgeregt/genervt |
| **résister à qn/qc** [reziste] | [F] = **résister** ←→ [E] = to **resist** | jdm/etw. Widerstand leisten |
| **possible** [pɔsibl] | → [E] = possible | möglich |
| **Ce n'est pas possible!** | | Das darf/kann doch nicht wahr sein! |
| **être éliminé** [ɛtrelimine] | Les garçons sont ~[3] du championnat. | ausscheiden (müssen) |
| **une médaille** [ynmedaj] | | eine Medaille |
| **un uchi-mata** | | *Judowurftechnik* |
| **bloquer qc/qn** [blɔke] | Les voitures ~[4] la rue. | etw./jdn blockieren/ sperren |
| **le bronze** [ləbrõz] | | die Bronze |

## A Activités

| | | |
|---|---|---|
| 1 **une partie** [ynparti] | Dans le texte, il y a cinq ~[5] différentes. | ein Teil |
| **Quoi?** [kwa] | Tu fais ~ demain? | Was? |
| **entre** | | zwischen |
| 2 **organiser qc** [ɔrganize] | Notre entraîneur a ~[6] le voyage à Lille. | etw. organisieren/planen |

[1] frimeurs/frimeuses – [2] réussi
[3] éliminés – [4] bloquent – [5] parties
[6] organisé

## *Révisions*

| ***Nom de pays*** | | ***L'habitant(e)*** | ***Nationalité*** |
|---|---|---|---|
| **l'Allemagne** *(f.)* | Deutschland | l'Allemand,e | allemand,e |
| **l'Angleterre** *(f.)* | England | l'Anglais,e | anglais,e |
| **(la Grande-Bretagne** | Großbritannien) | | |
| **l'Autriche** *(f.)* | Österreich | l'Autrichien,ne | autrichien,ne |
| **la Belgique** | Belgien | le (la) Belge | belge |
| **le Danemark** | Dänemark | le (la) Danois,e | danois,e |
| * **l'Espagne** *(f.)* | Spanien | l'Espagnol,e | espagnol,e |
| **la France** | Frankreich | le (la) Français,e | français,e |
| * **la Grèce** | Griechenland | le Grec, la Grecque | grec/grecque |
| **l'Italie** *(f.)* | Italien | l'Italien,ne | italien,ne |
| * **le Luxembourg** | Luxemburg | le (la) Luxembourgeois,e | luxembourgeois,e |
| **les Pays-Bas** *(m., pl.)* | die Niederlande | le (la) Néerlandais,e | néerlandais,e |
| **la Hollande** | Holland | le (la) Hollandais,e | hollandais,e |
| * **la Pologne** | Polen | le (la) Polonais,e | polonais,e |
| * **le Portugal** | Portugal | le (la) Portugais,e | portugais,e |
| * **la République tchèque** | die Tschechische Republik | le (la) Tchèque | tchèque |
| * **la Russie** | Russland | le (la) Russe | russe |
| * **la Suède** | Schweden | le (la) Suédois,e | suédois,e |
| **la Suisse** | die Schweiz | le (la) Suisse | suisse |
| * **la Turquie** | die Türkei | le Turc, la Turque | turc/turque |
| * **les Etats-Unis** *(m., pl.)* | die Vereinigten Staaten | l'Américain,e | américain,e |
| * **l'Europe** *(f.)* | Europa | l'Européen,ne | européen,ne |
| * **l'Afrique** *(f.)* | Afrika | l'Africain,e | africain,e |
| * **le Japon** | Japan | le (la) Japonais,e | japonais,e |

* Wörter, die hier zur Vervollständigung zusätzlich erwähnt werden. Sie werden in den folgenden Lektionen nicht als bekannt vorausgesetzt.

## B Les courses à Lille

| | | |
|---|---|---|
| **les spaghettis** *(m., pl.)* [lespagɛti] | [F] = spaghetti**s** ←→ [D] = Spaghett**i** | die Spaghetti |
| **les spaghettis à la bolognaise** [lespagɛtialabɔlɔɲɛz] | | Spaghetti bolognese |
| **un fruit** [ɛ̃frɥi] | [F] = **un** fruit ←→ [D] = **eine** Frucht | eine Frucht |
| **le gruyère** [ləgryjɛr] | Pour faire une fondue savoyarde, il faut du ~. | der Greyerzer (Käse) |
| **une tomate** | [F] tomat**e** ←→ [E] tomat**o** | eine Tomate |
| **la viande** [lavjɑ̃d] | Qu'est-ce qu'on mange comme ~? Du poulet? | das Fleisch |
| **la viande hachée** [lavjɑ̃daʃe] | → [D] = hacken | das Hackfleisch |
| **l'huile** *(f.)* [lɥil] | | das Öl |
| **le marché** | → le supermarché | der Markt |
| **un marchand/une marchande** | → un marché | ein Händler/eine Händlerin |
| **Qu'est-ce qu'il vous faut?** | | Was darf es sein?/Was hätten Sie gern? |
| **Il nous faut ...** | [F] = il faut ←→ [D] = man braucht | Wir brauchen ... |

| | | |
|---|---|---|
| **un kilo** | → un kilomètre | ein Kilo |
| **une pomme** | → une pomme de terre | ein Apfel |
| **Et avec ça?** | | Kommt noch was dazu?/Sonst noch etwas? |
| **une orange** [ynɔrɑ̃ʒ] | | eine Orange |
| **une dizaine** [yndizɛn] | → dix | ungefähr/ca. zehn |
| **une banane** | → [E] = banana | eine Banane |
| **Ça fait combien?** | = Ça coûte combien? | Wie viel kostet das?/Was macht das? |
| **mettre qc** [mɛtr] | Jean ~[1] la clé dans son sac. | etw. legen/setzen/stellen |
| **un kiwi** [ɛ̃kiwi] | [F] = **un** kiwi ←→ [D] = **eine** Kiwi | eine Kiwi |
| **un sportif/une sportive** [ɛ̃spɔrtif/ynspɔrtiv] | *pl.:* des sportifs/des sportives | ein Sportler/eine Sportlerin |
| **payer qc à qn** [peje] | [F] = payer ←→ [E] = to pay | jdm etw. zahlen |
| **passer (chez qn)** | Sandra ~[2] chez Lucie à trois heures. | (bei jdm) vorbeigehen |
| **une église** [ynegliz] | | eine Kirche |
| **un marché aux puces** [ɛ̃marʃeopys] | [F] **une** puce ←→ [D] **ein** Floh | ein Flohmarkt |
| **un cadeau/des cadeaux** [ɛ̃kado] | Voilà ~ pour ton anniversaire. | ein Geschenk/Geschenke |
| **l'important** *(m.)* [lɛ̃pɔrtɑ̃] | ~ dans la vie, c'est le bonheur. | das Wichtige; *hier:* das Wichtigste |
| **vendre qc à qn** [vɑ̃dr] | La marchande ~[3] des légumes. | jdm etw. verkaufen |
| **une bêtise** [ynbetiz] | Frédéric, le frimeur, a fait ~ au championnat. | eine Dummheit |
| **une boîte** [ynbwat] | *p. ex.:* ~ à chaussures | eine Schachtel/eine Dose |
| **le reste** [lərɛst] | → rester | der Rest/die übrigen Sachen |
| **un oignon** [ɛ̃nɔɲõ] | [F] = **un oign**on ←→ [E] = an **oni**on | eine Zwiebel |
| **un paquet** [ɛ̃pakɛ] | On achète le café en ~. | ein Paket |
| **le sucre/un sucre** | Tu prends combien de ~[4] dans ton café? – Deux! | der Zucker/ein Stück Zucker |
| **une boisson** [ynbwasõ] | Gilles veut ~ chaude; il prend un café. | ein Getränk |
| **une bouteille** [ynbutɛj] | La ~ d'huile est vide. | eine Flasche |
| **le rhum** [lərɔm] | ~ est une spécialité de la Martinique. | der Rum |
| **boire qc** [bwar] | Nous ~[5] un café au petit déjeuner. | etw. trinken |
| **l'alcool** *(m.)* [lalkɔl] | | der Alkohol |

## B Activités

| | | |
|---|---|---|
| 2 **un litre** | C'est une bouteille de deux ~[6]. | ein Liter |
| 3 **une sauce** [ynsos] | | eine Soße |
| 4 **un client/une cliente** [ɛ̃klijɑ̃/ynklijɑ̃t] | ~ achète et un marchand vend. | ein Kunde/eine Kundin |
| **C'est à qui?** [sɛtaki] | | Wer ist an der Reihe?/Bitte schön! |
| **un citron** [ɛ̃sitrõ] | [F] = **un c**itron ←→ [D] = **eine Z**itrone | eine Zitrone |

[1] met – [2] passe – [3] vend – [4] sucres
[5] buvons – [6] litres

## *Révisions*

### *Les fruits*

| | | | |
|---|---|---|---|
| **une banane** | eine Banane | **un kiwi** | eine Kiwi |
| *** une cerise** | eine Kirsche | **une orange** | eine Orange |
| **un citron** | eine Zitrone | *** une poire** | eine Birne |
| *** une fraise** | eine Erdbeere | **une pomme** | ein Apfel |

### *Les légumes*

| | | | |
|---|---|---|---|
| **un avocat** | eine Avocado | *** des petits pois** | Erbsen |
| *** un haricot** | eine Bohne | **une pomme de terre** | eine Kartoffel |
| **un oignon** | eine Zwiebel | **une salade** | ein Salat |
| | | **une tomate** | eine Tomate |

* Wörter, die hier zur Vervollständigung zusätzlich erwähnt werden. Sie werden in den folgenden Lektionen nicht als bekannt vorausgesetzt.

## C *Ce soir, on fait la fête.*

| | | |
|---|---|---|
| **un Espagnol/une Espagnole** [ɛ̃/ynɛspaɲɔl] | | ein Spanier/eine Spanierin |
| **les chips** *(f., pl.)* [leʃips] | Anne adore ~ avec l'apéritif. | die Kartoffelchips |
| **Tu rigoles!** | → rigoler | Das soll doch wohl ein Witz/Scherz sein! |
| **assez (de)** [ase] | | genug *(bei Mengen)* |
| **trop (de)** | ≠ assez (de) | zu viel *(bei Mengen)* |
| **le sel** [ləsɛl] | Il y a assez de ~ dans la sauce tomate. | das Salz |
| **un peu (de)** [ɛ̃pø] | | ein bisschen/etwas *(bei Mengen)* |
| **Zut!** *(fam.)* [zyt] | | Mist! *(ugs.)* |
| **les herbes de Provence** *(f., pl.)* [lezɛrbdəprɔvɑ̃s] | | die Kräuter der Provence |
| **une salle à manger** | → une salle de séjour | ein Esszimmer |
| **un verre** [ɛ̃vɛr] | Tu veux ~ ou une tasse? | ein Glas |
| **un jus** [ɛ̃ʒy] | Tu bois ~ de citron ou ~ d'orange? | ein Saft |
| **la limonade** [lalimɔnad] | → [E] = lemon | die Limonade |
| **le coca** | Je voudrais un grand verre de ~ avec du citron. | die/das Cola |
| **le flamenco** [ləflamɛnko] | ~ est une danse espagnole. | der Flamenco |
| **danser** | → une danse | tanzen |
| **Bref, …** [brɛf] | | Kurzum, … |
| **sauf** [sof] | On a tout acheté, ~ les herbes de Provence! | außer |
| **faire plaisir à qn** | La médaille leur a ~[1]. | jdn (er)freuen |
| **continuer** [kɔ̃tinɥe] | → [E] = to continue | fortfahren/weitermachen |
| **vers** [vɛr] | | gegen *(Uhrzeit)* |
| **beaucoup (de)** | ≠ un peu (de) | viel *(bei Mengen)* |
| **aller chercher qc** | | etw. holen |
| **une bière** [ynbjɛr] | [F] = **une bière** ←→ [D] = **ein** Bier | ein Bier |
| **Chéri!** *(m.)*/**Chérie!** *(f.)* | → Cher/Chère …, | Liebling! *(hier: ironisch gemeint)* |
| **ensuite** [ɑ̃sɥit] | | dann/danach/außerdem |
| **ne … pas (de)** | | kein *(bei Mengen)* |
| **laisser** [lɛse] | Martin a ~[2] son sac à la maison. | lassen |
| **laisser tranquille** | | in Ruhe lassen |
| **un minable** | | ein Taugenichts |
| **ailleurs** [ajœr] | La patinoire n'est pas ici, elle est ~. | anderswo(hin) |

[1] fait plaisir – [2] laissé

## Révisions

### Les sports

| | |
|---|---|
| **les sports** | die Sportarten |
| **jouer au / faire du football** | Fußball spielen |
| **jouer au / faire du tennis** | Tennis spielen |
| * **jouer aux boules** *(f.)* [bul] | „Boule“ spielen |
| * **jouer au ping-pong** [piŋpõg] | Tischtennis spielen |
| * **faire du skateboard** | Skateboard fahren |
| * **faire du patin à roulettes** | Rollschuh laufen |
| * **faire du patin à glace** [patɛ̃aglas] | Schlittschuh laufen |
| * **faire de la natation** [natasjõ] | schwimmen *(als Sportart)* |
| **nager** [naʒe] | schwimmen *(zum Vergnügen)* |
| * **faire du vélo** [velo] | Fahrrad fahren |
| * **faire de l'athlétisme** *(m.)* [atletism] | Leichtathletik betreiben |
| **faire du ski** | Ski laufen |
| * **faire du cheval** [ʃval] | reiten |

### Dialogue

| | |
|---|---|
| – **Tu aimes le tennis?** | – Magst du Tennis? |
| **Tu aimes jouer au tennis?** / **Tu aimes faire du tennis?** | Spielst du gern Tennis? |
| – **Je n'aime pas le tennis.** | – Ich mag Tennis nicht. |
| **Je n'aime pas jouer au tennis.** / **Je n'aime pas faire du tennis.** | Ich spiele nicht gern Tennis. |

* Wörter, die hier zur Vervollständigung zusätzlich erwähnt werden. Sie werden in den folgenden Lektionen nicht als bekannt vorausgesetzt.

## C Activités

| | | | |
|---|---|---|---|
| 3 | **un étage** [ɛ̃netaʒ] | M. Bouchon habite **au** premier ~. | ein Stockwerk/eine Etage |
| 4 | **le ventre** [ləvɑ̃tr] | Vincent a faim, il a ~ vide! | der Bauch |
| 5 | **ne … plus (de)** | | kein … mehr |

## En France

### Lille

Mit über einer Million Einwohnern ist der Großraum Lille-Roubaix-Tourcoing der viertgrößte Ballungsraum Frankreichs nach Paris, Lyon und Marseille.
Lille ist das Zentrum der dichtbesiedelten Region „Le Nord“ (319 Einwohner/km² im Vergleich zu 103 im Landesdurchschnitt).
Bedingt durch den Niedergang der traditionell dort vertretenen Textil- und Schwerindustrie durchlebt die Region seit fast drei Jahrzehnten eine schwere Strukturkrise. Doch seit Eröffnung des TGV Nord (1993) und des Eurotunnels (1994) entwickelt sich Lille zur Drehscheibe der ersten Euro-Region (15 Millionen Einwohner), bestehend aus Kent, Nord-Pas-de-Calais, Wallonien, Flandern und Brüssel, mit einem hohen Anteil an Erwerbstätigen im Arbeitsplätze schaffenden Dienstleistungssektor.
Im Jahre 1667 eroberte Ludwig XIV. Lille für Frankreich und ließ es durch Vauban wegen seiner gefährdeten Randlage durch eine seiner berühmtesten Zitadellen (Festungsanlagen) schützen. Heute beginnt für Lille dank seiner geopolitischen Lage eine neue Epoche seiner Geschichte als Schaltstelle in einem durch TGV, Eurotunnel und Eurowährung immer schneller zusammenwachsenden Europa.

# Leçon 8

## APPROCHE

| | | |
|---|---|---|
| **quel(s)/quelle(s)** | → Il est quelle heure? | welcher/welche/welches *(Fragebegleiter)* |
| **un jean** [ɛ̃dʒin] | [F] = **un** jean ←→ [D] = **eine** Jeans | eine Jeans |
| **ce/cet/cette/ces** [sə/sɛt/sɛt/se] | → ce soir | dieser/diese/dieses/diese*(pl.) (Demonstrativbegleiter)* |
| **un anorak** | → [E] = anorak | ein Anorak |
| **une couleur** [ynkulœr] | De quelle ~ est ta voiture? | eine Farbe |
| **moche** *(fam.)* [mɔʃ] | ≠ joli | hässlich *(ugs.)* |
| **un pantalon** [ɛ̃pɑ̃talɔ̃] | Yves a ~ jaune pour l'été. | eine Hose |

## A «Sonia Arlain»

| | | |
|---|---|---|
| **gagner qc** | Céline a ~[1] de l'argent: elle a fait du baby-sitting. | etw. verdienen |
| **une boutique** [ynbutik] | Sonia a ~ de mode à Paris. | ein kleiner Laden |
| **une marque** [ynmark] | Il y a beaucoup de ~[2] de mode à Paris. | eine Marke |
| **un vêtement** [ɛ̃vɛtmɑ̃] | Au printemps, on range les ~ d'hiver. | ein Kleidungsstück |
| **vieux/vieil/vieille** [vjø/vjɛj/vjɛj] | **un** vie**il** ami ←→ **une** vie**ille** amie | alt |
| **une collection** | [F] = une **c**oll**e**c**t**ion ←→ [D] = eine **K**oll**ek**tion | eine Kollektion |
| **un carton** [ɛ̃kartɔ̃] | Alice a trouvé ~ de cartes postales. | ein Karton |
| **nouveau/nouvel/nouvelle** [nuvo/nuvɛl/nuvɛl] | → une nouvelle | neu |
| **un présentoir** [ɛ̃prezɑ̃twar] | → présenter | ein Verkaufsregal/ein Verkaufsständer |
| **un design** [ɛ̃dizajn] | Le ~ de ce stylo est moche. | ein Design |
| **beau/bel/belle** [bo/bɛl/bɛl] | Les vieux immeubles de Paris sont ~[3]. | schön |
| **il y a deux ans** | ≠ dans deux ans | vor zwei Jahren |
| **gai/gaie** [gɛ] | Le jaune citron est une couleur ~[4]. | fröhlich |
| **classique** [klasik] | Tu aimes la musique ~? | klassisch |
| **rêver** | → un rêve | träumen |
| **Je rêve!** | | Ich glaub', ich träume!/Ich träume wohl! |
| **un style** | Les vacances à l'hôtel, ce n'est pas mon ~. | ein Stil/eine Art |
| **Bon, …** | | So, … |
| **Voyons!** [vwajɔ̃] | → voir | Mal sehen!/Schauen wir mal! |
| **un tissu** [ɛ̃tisy] | Chez l'antiquaire, Sophie a trouvé des vieux ~[5]. | ein Stoff |
| **un catalogue** [ɛ̃katalɔg] | Michel nous présente son ~ de meubles. | ein Katalog |
| **une fleur** [ynflœr] | [F] = fl**eur** ←→ [E] = fl**ower** | eine Blume |
| **ou alors** | | oder auch |
| **un cœur** [ɛ̃kœr] | Le roi de ~ est une carte. | ein Herz |
| **un accessoire** [ɛ̃naksɛswar] | Un chapeau peut être ~ de mode. | ein Zubehör/Accessoire |
| **Au boulot!** *(fam.)* | → «métro-boulot-dodo» | An die Arbeit! *(ugs.)* |
| **dessiner qc** [desine] | Les architectes ~[6] des immeubles. | etw. zeichnen |
| **un modèle** [ɛ̃mɔdɛl] | | ein Muster/eine Vorlage/ein Modell |

[1] gagné – [2] marques – [3] beaux – [4] gaie
[5] tissus – [6] dessinent

| | | |
|---|---|---|
| **du matin au soir** | | den ganzen Tag *(ohne Unterbrechung)* |
| **un employé/une employée** [ɛ̃nɑ̃plwaje/ynɑ̃plwaje] | Les ~[1] de l'usine font des accessoires de voitures. | ein Angestellter/eine Angestellte |
| **amuser qn** | | jdn zum Lachen bringen |
| **quitter qn/qc** [kite] | Bon, je vous ~[2], à demain! | jdn/etw. verlassen |
| **à cause de** [akozdə] | Ils sont restés à la maison ~ la neige. | wegen |
| **pourtant** [purtɑ̃] | | dennoch/trotzdem |

## A Activités

| | | |
|---|---|---|
| 1 **une ambiance** [ynɑ̃bjɑ̃s] | Il y a une bonne ~ à cette fête. | eine Atmosphäre/Stimmung |
| **une personne** | F = perso**nne** ←→ E = perso**n** | eine Person |
| 2 **discuter de qc** | → une discussion | etw. besprechen/über etw. diskutieren |
| 4 **une dame** | → madame Sabion | eine Dame/Frau |
| 5 **un homme** [ɛ̃nɔm] | ≠ une femme | ein Mann |

## B Une surprise au café

| | | |
|---|---|---|
| **le lendemain** [ləlɑ̃dmɛ̃] | → demain | am nächsten Tag |
| **il fait beau** | | das Wetter ist schön |
| **se mettre** | Nous ~[3] à table. | sich hinsetzen |
| **une terrasse** [ytɛras] | Les filles boivent un jus d'orange à la ~ d'un café. | eine Terrasse |
| **commander qc** | Chrystelle ~[4] le pantalon rouge du catalogue, page dix. | etw. bestellen |
| **un sandwich/des sandwichs** [ɛ̃sɑ̃dwitʃ/desɑ̃dwitʃ] | Gilbert achète ~ **au** gruyère. | ein Sandwich/ein belegtes Baguette |
| **bien s'entendre avec qn** | Aurélie ~[5] avec Sonia. | sich mit jdm gut verstehen |
| **si** | Je vais à la piscine ~ tu viens aussi. | wenn/falls *(Bedingung)* |
| **s'arranger** | | besser werden (Problem, Situation) |
| **autre** | Allons dans une ~ discothèque aujourd'hui! | anderer/andere/anderes *(Adj.)* |
| **en avoir marre de faire qc** *(fam.)* [ɑ̃navwarmar] | Ils ~[6] **de** travailler la nuit. | die Nase voll haben etw. zu tun *(ugs.)* |
| **se taire** [sətɛr] | Nous nous sommes **tus.** | schweigen |
| **être en train de faire qc** [ɛtrɑ̃trɛ̃] | Qu'est-ce que vous ~[7] d'écrire? | gerade dabei sein etw. zu tun |
| **Hé!** [e] | | He! |
| **un trottoir** [ɛ̃trɔtwar] | | ein Gehweg/Bürgersteig |
| **Et alors!** | | Na und! |
| **s'habiller** [sabije] | Le matin, je ~[8], puis je pars sans manger. | sich anziehen |
| **venir de faire qc** | ≠ aller faire qc | gerade etw. getan haben |
| **terminer qc** [tɛrmine] | ≠ commencer qc | etw. beenden |
| **se dépêcher** [sədepeʃe] | ~[9] nous, le métro part dans 2 minutes! | sich beeilen |
| **Garçon!** | → un garçon de café | Herr Ober! |
| **une addition** [ynadisjõ] | → D = addieren | eine Rechnung *(im Restaurant)* |
| **se lever** [səlve] | Le matin, Pierre ~[10] à sept heures. | aufstehen |
| **un coin** [ɛ̃kwɛ̃] | La boulangerie est **au** ~ de la rue. | eine Ecke |

[1] employés/employées – [2] quitte
[3] nous mettons – [4] commande
[5] s'entend bien – [6] en ont marre
[7] êtes en train – [8] m'habille
[9] Dépêchons- – [10] se lève

| | | |
|---|---|---|
| **sûr/sûre** [syr] | → [E] = sure | sicher |
| **se souvenir de qc** [səsuvənir] | Tu ~[1] de la photo de Carole et Frédéric? | sich an etw. erinnern |
| **essayer qc** [eseje] | Gilles a ~[2] la voiture de son père. | etw. an-/ausprobieren |
| **plaire à qn** | → s'il te plaît | jdm gefallen |
| **copier qn/qc** [kɔpje] | → [E] = to copy | jdn/etw. nachmachen/ kopieren |
| **voler qc à qn** | On lui a ~[3] son bel appareil photo. | jdm etw. stehlen |
| **étranger/étrangère** [etrɑ̃ʒe/ etrɑ̃ʒɛr] | Astrid parle deux langues ~[4]: l'anglais et l'espagnol. | ausländisch/fremd; *hier:* ein Ausländer/eine Ausländerin |
| **accuser qn de qc** [akyze] | Laurent ~[5] Tino de copier les modèles. | jdn einer Sache beschuldigen |
| **juste** [ʒyst] | ~ après les cours, nous allons au club de théâtre. | genau/gerade *(Adv.)* |
| **une explication** [ynɛksplikasjõ] | [F] = expli**cation** ←→ [E] = expl**ana**tion | eine Erklärung/Erläuterung/Begründung |
| **croire qn/qc** [krwar] | Nous ~[6] que tu vas gagner. | jdm/etw. glauben |
| **un espion/une espionne** [ɛ̃nɛspjõ/ynɛspjɔn] | [F] = espion ←→ [E] = spy | ein Spion/eine Spionin |

## B Activités

| | | | |
|---|---|---|---|
| 4 | **une demi-heure** | Une heure et demie, c'est trois ~[7]! | eine halbe Stunde |
| 5 | **décrire qn/qc** | → écrire | jdn/etw. beschreiben |
| 7 | **essayer de faire qc** | Tu veux ~ de parler italien? | versuchen etw. zu tun |
| 9 | **un vendeur/une vendeuse** [ɛ̃vɑ̃dœr/ynvɑ̃døz] | → un marchand/une marchande | ein Verkäufer/eine Verkäuferin |

### Verbes

| | |
|---|---|
| **plaire** j'ai plu | je plais, tu plais, il/elle/on plaît, nous plaisons, vous plaisez, ils/elles plaisent |
| **se taire** je me suis tu(e) | je me tais, tu te tais, il/elle/on se tait, nous nous taisons, vous vous taisez, ils/elles se taisent |
| **croire** j'ai cru | je crois, tu crois, il/elle/on croit, nous croyons, vous croyez, ils/elles croient |

### Les vêtements

| | | | |
|---|---|---|---|
| **un anorak** [ɛ̃nanɔrak] | ein Anorak | * **une jupe** | ein Rock |
| * **un blouson** | eine Jacke | * **un manteau/ des manteaux** | ein Mantel/Mäntel |
| * **une chaussette** [ynʃosɛt] | ein Kniestrumpf/ eine Socke | **un pantalon** | eine Hose |
| **une chaussure** | ein Schuh | * **un pull** *(fam.)* | ein Pulli *(ugs.)* |
| * **une chemise** | ein Hemd | * **une robe** [ynrɔb] | ein Kleid |
| * **un chemisier** | eine Bluse | * **un sweat** *(fam.)* | ein Sweatshirt *(ugs.)* |
| **un jean** | eine Jeans/ein Paar Jeans | **un T-shirt** | ein T-Shirt |

* Wörter, die hier zur Vervollständigung zusätzlich erwähnt werden. Sie werden in den folgenden Lektionen nicht als bekannt vorausgesetzt.

[1] te souviens – [2] essayé – [3] volé
[4] étrangères – [5] accuse – [6] croyons
[7] demi-heures

# Leçon 9

## APPROCHE

| | | |
|---|---|---|
| **qui** | | der/die/das *(Relativpronomen, Subjekt)* |
| **un train** [ɛ̃trɛ̃] | Katharina aime les voyages en ~. | ein Zug |
| **que** | | den/die/das *(Relativpronomen, Objekt)* |
| **où** | Le village ~ Gilles habite est dans les Alpes. | wo *(Relativpronomen)* |
| **recevoir** | Ce soir, il ~[1] ses amis de Paris. | bekommen; *hier:* empfangen |
| **une gare** [yngar] | Près de la ~, il y a la station de métro. | ein Bahnhof |
| **un jardin** [ɛ̃ʒardɛ̃] | Il y a des fleurs dans le ~ d'Elodie. | ein Garten |
| **un cimetière** [ɛ̃simtjɛr] | [F] = cimet**ière** ←→ [E] = cemet**ery** | ein Friedhof |
| **un lac** [ɛ̃lak] | [F] = la**c** ←→ [E] = la**ke** | ein See |
| **une île** [ynil] | Dans la mer, il y a des ~[2]. | eine Insel |

## A Dans une famille française

| | | |
|---|---|---|
| **long/longue** [lõ/lõg] | Le mois de février n'est pas ~[3]. | lang |
| **excité/excitée** [ɛksite] | [F] = excit**é** ←→ [E] = excit**ed** | aufgeregt |
| **un dictionnaire** [ɛ̃diksjɔnɛr] | [F] = diction**naire** ←→ [E] = dictio**nary** | ein Wörterbuch |
| **étonné/étonnée** [etɔne] | | erstaunt |
| **faire la bise à qn** | → une bise | jdn auf die Wange küssen |
| **avoir l'impression** *(f.)* **que ...** [avwarlɛ̃prɛsjõ] | → [E] = to have the impression that | den Eindruck haben, dass ... |
| **une phrase** [ynfraz] | Dans ma lettre, il y a dix ~[4]. | ein Satz |
| **un geste** [ɛ̃ʒɛst] | [F] = **un** geste ←→ [D] = **eine** Geste | eine Geste |
| **le vin** | Vous buvez du ~ blanc ou du ~ rouge avec le bifteck? | der Wein |
| **vouloir dire** | Qu'est-ce que vous ~[5]? | meinen |
| **gentil/gentille** [ʒɑ̃ti/ʒɑ̃tij] | La corres de Carole est très ~[6]. | nett/freundlich |
| **une quiche** [ynkiʃ] | La ~ est une spécialité française. | ein Speckkuchen |
| **un fromage** [ɛ̃frɔmaʒ] | Le camembert et le gruyère sont des ~[7]. | ein Käse |
| **hier** [jɛr] | ≠ demain | gestern |
| **délicieux/délicieuse** [delisjø/delisjøz] | La pizza que tu as faite est vraiment ~[8]. | köstlich |
| **la moitié** [lamwatje] | ~ de seize, c'est huit. | die Hälfte |
| **être gêné/gênée** [ɛtrəʒɛne] | Charlotte ~[9] parce qu'elle n'aime pas les oignons. | in Verlegenheit sein/sich genieren |
| **cuit/cuite** [kɥi/kɥit] | Le garçon: Comment vous voulez la viande? Bien ~[10]? | gekocht/gebacken/durch |
| **cuire qc** | → cuit/cuite | etw. kochen/braten; *hier:* etw. braten |
| **plus** [plys] | Le poulet n'est pas assez cuit; il faut le cuire beaucoup ~. | mehr |
| **à la fin de ...** | ~ la semaine, madame Sabion est fatiguée. | am Ende von ... |
| **une infusion** [ynɛ̃fyzjõ] | | ein Kräutertee |
| **remarquer qc** [rəmarke] | [F] = remar**quer** ←→ [E] = to remar**k** | etw. (be)merken |
| **une couette** [ynkwɛt] | Peu de Français ont des ~[11] sur leur lit. | ein Federbett |

[1] reçoit – [2] îles – [3] long – [4] phrases
[5] voulez dire – [6] gentille – [7] fromages
[8] délicieuse – [9] est gênée – [10] cuite
[11] couettes

## *En France*

### *Paris*

In Paris selbst leben ca. 2 Millionen Menschen, im Großraum Paris ca. 10,5 Millionen. Paris ist die Hauptstadt Frankreichs. Sie ist in 20 Bezirke gegliedert (ein Bezirk = *un arrondissement*). Paris hieß *Lutèce,* als es noch ein kleines gallisches Fischerdorf war. Erst die Römer gaben dem Ort im 4. Jahrhundert nach Christus seinen heutigen Namen.

### *La bise*

In Frankreich ist die *bise* (Kuss auf beide Wangen) zur Begrüßung üblich zwischen Verwandten und guten Bekannten (auch bei Jugendlichen, jedoch selten zwischen Jungen).

## A *Activités*

| | | | |
|---|---|---|---|
| 2 | **une différence** | → c'est différent | ein Unterschied |
| | **un thé** [ɛ̃te] | Madame Garrigue boit ~ au citron à quatre heures. | ein schwarzer Tee |
| ⟩* | un truc *(fam.)* [ɛ̃tryk] | Quand tu ne sais plus un mot, tu peux dire «~». | ein Ding *(ugs.)* |
| | Comment est-ce que ça s'appelle en français? | → s'appeler | Wie heißt das auf Französisch? |
| | répéter | → une répétition | wiederholen |
| | moins vite [mwɛ̃vit] | | langsamer |
| 3 | **un appareil** | → un appareil photo | ein Gerät/ein Apparat |
| | **une machine** | | eine Maschine |
| | **un instrument** [ɛ̃nɛ̃strymɑ̃] | | ein Instrument/ein Werkzeug |
| | **un endroit** [ɛ̃nɑ̃drwa] | La permanence est ~ où on peut faire ses devoirs. | ein Ort |
| 4 | **être à la découverte de qc** | [F] = une déc**ou**verte ←→ [E] = a dis**c**o**v**ery | etw. entdecken |
| | **emmener qn** [ɑ̃mne] | | jdn (mit)nehmen |

## B *Une promenade dans Paris*

| | | |
|---|---|---|
| **une promenade** | Hier, Jean-Luc a fait ~ dans le parc André Citroœn. | ein Spaziergang |
| **se promener** [səprɔmne] | = faire une promenade | spazieren gehen |
| **une imprimerie** | | eine Druckerei |
| **y** | Tu vas à la boucherie? – Oui, j'~ vais. | dort/dorthin |
| **le RER** [ləɛrəɛr] | RER = Réseau Express Régional | *das regionale Express-Netz in Paris (Schnellbahnnetz)* |
| **une station (de métro)** | → une station de ski | eine Haltestelle |
| **descendre de qc** [desɑ̃dr] | ≠ monter | aus etw. aussteigen/hinuntergehen |
| **faire la queue** [fɛrlakø] | Nous ~[1] devant le cinéma. | Schlange stehen |
| **un ascenseur** [ɛ̃nasɑ̃sœr] | → [L] = ascendo | ein Aufzug |
| **un escalier** [ɛ̃nɛskalje] | | eine Treppe |
| **un tableau/des tableaux** | Le ~ de la Joconde est au Louvre. | ein Gemälde/Gemälde |
| **un arrondissement** [ɛ̃narɔ̃dismɑ̃] | A Paris, il y a 20 ~[2]. | ein Stadtbezirk |

* ⟨L⟩ = Lerntechnik – [1] faisons la queue
[2] arrondissements

| | | |
|---|---|---|
| **changer de qc** [ʃɑ̃ʒe] | Armelle ~[1] de métro pour aller à la discothèque. | etw. wechseln; *hier:* umsteigen |
| **une ligne** [ynliɲ] | | eine (Metro-)Linie |
| **une direction** [yndirɛksjõ] | Eric part **en** ~ **de** Grenoble. | eine Richtung |
| **le fric** *(fam.)* [ləfrik] | = l'argent | das Geld/der Zaster/die Knete *(ugs.)* |
| **s'inquiéter** [sɛ̃kjete] | | sich Sorgen machen/beunruhigt sein |
| **tunisien/tunisienne** [tynizjɛ̃/tynizjɛn] | [F] = tun**i**sien ←→ [D] = tun**e**sisch | tunesisch |
| **comme ça** | | so |
| **un couscous** [ɛ̃kuskus] | Naïma a mis du poulet et des légumes dans son ~. | *nordafrikanisches Gericht* |
| **le nord** [lənɔr] | Lille est dans le ~ de la France. | der Norden |
| **la menthe** [lamɑ̃t] | Jean prépare une infusion avec de ~. | die (Pfeffer-)Minze |
| **le thé à la menthe** | | *Teemischung aus afrikanischem (Grün-)Tee und frischer Pfefferminze* |
| **en** | ≠ y | daher/daraus/von dort |
| **sentir** | Les fleurs du marché ~[2] très bon. | riechen |
| **les épices** *(f., pl.)* [lezepis] | → l'épicerie | die Gewürze |
| **un bijou/des bijoux** [ɛ̃biʒu/debiʒu] | | ein Schmuckstück/Schmuck |
| **africain/africaine** | | afrikanisch |
| **un objet** [ɛ̃nɔbʒɛ] | | ein Gegenstand/Objekt |
| **le cuir** [ləkɥir] | | das Leder |
| **en (cuir)** | Tu achètes une veste ~ ou en tissu? | aus (Leder) |
| **un bracelet** [ɛ̃braslɛ] | | ein Armband |
| **les affaires** *(f., pl.)* [lezafɛr] | Aujourd'hui, Pierre range ses ~ dans sa chambre. | die Sachen |
| **une seconde** [ynsəgõd] | [F] = se**con**de ←→ [D] = Se**ku**nde | eine Sekunde |
| **un agent de police** [ɛ̃naʒɑ̃dpɔlis] | Les vêtements des ~[3] français sont bleus. | ein Polizist |
| **avoir le droit de faire qc** | | das Recht haben etw. zu tun |

## B Activités

| | | |
|---|---|---|
| 3 **les années vingt** | | die zwanziger Jahre |
| 6 **un chemin** | J'ai perdu mon ~. Où est le Louvre, s'il vous plaît? | ein Weg |
| **se trouver** | Les Champs-Elysées ~[4] à Paris. | sich befinden |
| **tout droit** [tudrwa] | Continuez ~. | geradeaus |
| **à droite** *(f.)* [adrwat] | | (nach) rechts |
| **à gauche** *(f.)* [agoʃ] | ≠ à droite | (nach) links |
| **tourner** | → [E] = to turn | abbiegen |
| 7 **imaginer qc** [imaʒine] | → [E] = to imagine | sich etw. denken/etw. erfinden |
| **oublier qc** [ublije] | N'~[5] pas vos affaires! | etw. vergessen |

[1] change – [2] sentent – [3] agents de police
[4] se trouvent – [5] oubliez

| | | |
|---|---|---|
| 8⟩ ce qui | | was *(neutrales Relativpronomen als Subjekt)* |
| ce que | | was *(neutrales Relativpronomen als Objekt)* |
| pauvre [povr] | | arm |
| pour la première fois | | zum ersten Mal |
| 9 **familier/familière** [familje/familjɛr] | → *(fam.)* | umgangssprachlich |
| 11⟩ une part [ynpar] | → une partie | ein Stück; *hier:* ein Stück Quiche |
| un tiers [ɛ̃tjɛr] | → un quart | ein Drittel |

## *Révisions*

### *Nach dem Weg fragen*

| | |
|---|---|
| – **Pardon, madame,** | – Entschuldigen Sie, (meine Dame,) |
| **je cherche la gare.** | ich suche den Bahnhof. |
| **où est la gare, s'il vous plaît?** | wo ist bitte der Bahnhof? |
| **pour aller à la gare, s'il vous plaît?** | wie komme ich bitte zum Bahnhof? |
| – **D'abord, vous allez tout droit.** | – Gehen Sie zunächst geradeaus. |
| **Puis, vous prenez la première rue à droite.** | Nehmen Sie dann die erste Straße rechts. |
| **Après, vous tournez à gauche.** | Danach gehen Sie nach links. |
| **Vous traversez la rue,** | Sie überqueren die Straße, |
| **vous continuez tout droit,** | Sie gehen weiter geradeaus, |
| **et vous arrivez à la gare.** | und Sie kommen am Bahnhof an. |
| – **Merci, madame.** | – Danke (, meine Dame). |

### *Les moyens de transport**

| | | | |
|---|---|---|---|
| * **aller à pied** | zu Fuß gehen | **un moyen de transport** [ɛ̃mwajɛ̃dətrɑ̃spɔr] | ein Verkehrsmittel |
| * **l'avion** *(m.)* [lavjõ] | das Flugzeug | | |
| * **le bateau** | das Schiff | * **le tram** | die Straßenbahn |
| * **le bus** | der Bus | **le train** | der Zug |
| **le métro** | die Metro | **la voiture** | das Auto |
| * **la mobylette** | das Mofa | * **le vélo** | das Fahrrad |
| * **la moto** | das Motorrad | | |

* Wörter, die hier zur Vervollständigung zusätzlich erwähnt werden. Sie werden in den folgenden Lektionen nicht als bekannt vorausgesetzt.

# Leçon 10

## APPROCHE

| | | |
|---|---|---|
| **Qui est-ce qui/que … ?** | | Wer/Wen … ? |
| **une radio** | Il y a ~ dans ta voiture? | ein Radio |
| **emporter qc** | → emmener **qn** | etw. mitnehmen |
| **un bateau/des bateaux** [ɛ̃bato] | | ein Boot/Boote |
| **Qu'est-ce qui … ?** | | Was … ? *(Frage nach dem Subjekt)* |
| **le départ** [lədepar] | F = départ ←→ E = depart**ure** | der Anfang/die Abfahrt/der Aufbruch |
| **un pique-nique** [ɛ̃piknik] | Pour le ~, nous avons mangé des sandwichs. | ein Picknick |
| **intéresser qn** [ɛ̃terɛse] | Ça m'intéresse. → C'est intéressant. | jdn interessieren |
| **des vacances de rêve** | → le garçon/la fille de mes rêves | ein Traumurlaub |
| **heureusement** [ørøzmɑ̃] | | glücklicherweise |

## A Sur la route des vacances

| | | |
|---|---|---|
| **une route** | La ~ d'Ornon est fermée à cause de la neige. | eine Straße |
| **sur la route de …** | La famille Le Gall est ~ Marseille. | auf dem Weg/der Straße nach … |
| **louer qc** [lwe] | On peut ~ une maison, mais aussi une voiture. | etw. mieten/ausleihen |
| **ne … personne/personne ne** | Je **ne** vois **personne** et **personne ne** me voit. | niemand |
| **Il fait chaud.** | Julie va à la mer parce qu'~ aujourd'hui. | Es ist warm. *(Wetter)* |
| **content/contente** [kõtɑ̃/kõtɑ̃t] | | zufrieden/glücklich |
| **faire du camping** [fɛrdykɑ̃piŋ] | Cette année, les Berger ~[1] en Normandie. | zelten |
| **charger qc** | Les Moreau ont ~[2] leur voiture. | etw. (be)laden |
| **une dernière fois** | ≠ une première fois | ein letztes Mal |
| **une liste** [ynlist] | la ~ des mots | eine Liste |
| **ne … rien/rien ne** | Il n'aime rien, rien ne lui plaît! | nichts |
| **C'est le grand départ.** | | Jetzt beginnt der große Aufbruch. |
| **la circulation** [lasirkylasjõ] | Le vendredi après-midi, il y a beaucoup de ~. | der Verkehr |
| **un périphérique** [ɛ̃periferik] | On prend le ~ jusqu'à l'autoroute. | eine Ringstraße |
| **Rien ne va plus!** | | Jetzt geht/läuft nichts mehr! |
| **un bouchon** [ɛ̃buʃõ] | Le dimanche soir, il y a des ~[3] à Paris sur le périphérique. | ein Stau |
| **mettre (la radio)** | Stéphane a ~[4]. | *hier:* (das Radio) einschalten |
| **une sortie** | → sortir | ein Ausgang; *hier:* eine Autobahnausfahrt |
| **passer par Nantes** | | über Nantes fahren |
| **s'arrêter** [sarɛte] | Nous ~[5] pour le repas. | anhalten |
| **pique-niquer** | → le pique-nique | ein Picknick machen |
| **au fait** [ofɛt] | ~, tu viens ce soir au ciné? | übrigens |

[1] font du camping – [2] chargé
[3] bouchons – [4] mis la radio – [5] nous arrêtons

| | | |
|---|---|---|
| **un panier** [ɛ̃panje] | Ils ont pris ~ pour les courses. | ein Korb |
| **Pas du tout!** | Mais ~, ce n'est pas vrai! | Überhaupt nicht! |
| **faire demi-tour** [fɛrdəmitur] | Mme Nadal a oublié sa clé, elle doit ~. | (wieder)umkehren |
| **une station-service** [ynstasjɔ̃sɛrvis] | Sandrine a dû faire la queue à la ~. | eine Tankstelle |
| **laisser qc à qn** | Julie a ~[1] son adresse de vacances à Carole. | jdm etw. hinterlassen |
| **espérer qc** [ɛspere] | Martin ~[2] qu'il va faire beau. | etw. hoffen |
| **énerver qn** | Ce bouchon m'~[3] vraiment! | jdn nerven/aufregen |
| **une plage** [ynplaʒ] | Jean et Laure jouent au frisbee sur la ~. | ein Strand |
| **décharger qc** | ≠ charger | etw. ausladen |
| **monter qc** | | etw. hinaufbringen |

## A Activités

| | | |
|---|---|---|
| 2 **ne ... jamais** [nə ... ʒamɛ] | Alice ne fait jamais la cuisine. | nie/niemals |

### *Révision*

#### *La circulation – der Verkehr*

| | | | |
|---|---|---|---|
| **la circulation** | der Verkehr | **faire de l'auto-stop** | per Anhalter fahren |
| **la route** | die Straße | | |
| **la rue** | die Straße | **faire demi-tour** | (wieder) umkehren |
| **une autoroute** | eine Autobahn | **rentrer** | zurückkehren |
| **un bouchon** | ein Verkehrsstau | **une station-service** | eine Tankstelle |
| **un boulevard** | eine breite Straße | | |
| **un chemin** | ein Weg | **un kilomètre** | ein Kilometer |
| **une voiture** | ein Auto/Wagen | **un voyage** | eine Reise |
| **le périphérique** | Ringautobahn (in Paris) | **un train** | ein Zug |
| **une sortie** | eine Autobahnausfahrt | **le métro** | die Untergrundbahn (in Paris) |
| **une carte** | eine (Land-)Karte | **la station** | die (Metro-)Station |
| **la direction** | die Richtung | **prendre le bus/le métro/le train** | den Bus/die Metro/den Zug nehmen |
| * **le vélo** | das Fahrrad | | |
| **un minibus** | ein Kleinbus | **changer de ligne** | umsteigen |
| **une promenade** | ein Spaziergang | **une ligne** | eine (Metro-)Linie |

## B Le journal de Julie

| | | |
|---|---|---|
| **un journal** | | *hier:* ein Tagebuch |
| **le temps** | Sais-tu ~ qu'il va faire demain? | das Wetter |
| **un port** [ɛ̃pɔr] | Dans le ~ de Nantes, il y a beaucoup de bateaux. | ein Hafen |
| **se baigner** [səbɛɲe] | Nous nous sommes ~[4] dans la mer. | baden |
| **la marée basse** [lamarebas] | | die Ebbe |
| **un feu/des feux** | | ein Feuer/Feuer |
| **un feu d'artifice** [ɛ̃fødartifis] | En France, il n'y a pas de ~ le 31 décembre. | ein Feuerwerk |
| **un bal** | Le 14 juillet, il y a des ~[5] dans les villages. | ein Tanzfest/ein Ball |
| **les vieux** *(m., pl.) (fam.)* | → vieux/vieille | die Alten *(ugs.)* |
| **se réveiller** [sərevɛje] | Ils se sont ~[6], puis ils se sont levés. | aufwachen |

[1] laissé – [2] espère – [3] énerve
[4] baignés – [5] bals – [6] réveillés

| | | |
|---|---|---|
| **dehors** [dəɔr] | | draußen/hinaus |
| **descendre l'escalier** | | die Treppe hinuntergehen |
| **une journée** | → le jour | ein Tag/Tagesablauf |
| **une crêperie** [ynkrɛpri] | Dans ~, on mange des crêpes. | *Restaurant, das hauptsächlich "crêpes" anbietet* |
| **une galette** | Frank a mangé ~ au gruyère et une crêpe au sucre. | *salzige Crêpe aus Buchweizenmehl* |
| **le cidre** | On fait ~ avec des pommes de Bretagne. | der Cidre/Apfelwein |
| **la voile** [lavwal] | Guillaume aime beaucoup ~. | das Segel/Segeln |
| **se passer** | Le cours de voile s'est bien ~[1]. | verlaufen/geschehen/sich ereignen |
| **le vent** [ləvɑ̃] | Aujourd'hui, ~ vient du nord. | der Wind |
| **la planche à voile** [laplɑ̃ʃavwal] | Pour faire de ~, il faut savoir nager. | das Windsurfen/Surfbrett |
| **bien s'amuser** | Amusez-vous bien! | Spaß haben |
| **l'eau** *(f.)* [lo] | | das Wasser |
| **un Breton/une Bretonne** [ɛ̃brətɔ̃/ynbrətɔn] | → la Bretagne | ein Bretone/eine Bretonin |
| **un idiot/une idiote** [ɛ̃nidjo/ynidjɔt] | | ein Idiot/eine Idiotin |
| **sans doute** [sɑ̃dut] | Alain va ~ aller en Provence, mais ce n'est pas encore sûr. | sicherlich/wahrscheinlich |
| **une pierre** [ynpjɛr] | Notre maison est en ~. | ein Stein |
| **un menhir** [ɛ̃menir] | Obélix porte toujours ~. | ein Menhir/Hinkelstein |
| **la pêche** | | der Fischfang/die Fischerei |
| **pendant que/qu'** | ~[2] Alain passe l'aspirateur, Laure fait la vaisselle. | während |
| **Ohé!** [ɔe] | | Ahoi! |
| **un pêcheur** [ɛ̃pɛʃœr] | → la pêche | ein Fischer |
| **traverser qc** [travɛrse] | Thierry ~[3] la route sans faire attention. | etw. überqueren |
| **une baie** [ynbɛ] | La mer est tranquille dans la ~. | eine Bucht |
| **le ciel** [ləsjɛl] | ~ est bleu ce matin. | der Himmel |
| **devenir** | La maison est ~[4] noire à cause de la pollution. | werden |
| **énorme** | Sur la route, il y a une circulation ~. | riesig |
| **un orage** | | ein Gewitter |
| **l'auto-stop** *(m.)* | | das Trampen |
| **faire de l'auto-stop** | Les jeunes ~[5] parce que ce n'est pas cher. | per Anhalter fahren |
| **depuis que …** | ~ nous faisons du camping, il fait beau. | seitdem … |
| **la pluie** [laplɥi] | En été, ~ manque en Provence. | der Regen |
| **gros/grosse** [gro/gros] | | dick; *hier:* schwer |
| **un rhume** [ɛ̃rym] | Sonia est malade, elle a la grippe et ~. | ein Schnupfen |
| **pleuvoir/il pleut** [pløvwar/ilplø] | → la pluie | regnen/es regnet |
| **une fenêtre** | Sophie regarde la pluie par la ~. | ein Fenster |
| **une lumière** [ynlymjɛr] | Les ~[6] de Paris sont belles la nuit. | ein Licht |
| **une cabane** | Les enfants ont fait ~ dans le jardin. | eine (kleine) Hütte |
| **au fond de qc** | | in der Tiefe von etw. |
| **au fond du jardin** [ofɔ̃dyʒardɛ̃] | | (ganz) am Ende des Gartens |
| **s'approcher de qc/qn** | → une approche | sich etw./jdm nähern |
| **une voix** [ynvwa] | Céline Dion a une belle ~. | eine Stimme |
| **une porte** [ynpɔrt] | | eine Tür |
| **trempé/trempée** | Aujourd'hui, il a plu et Aurélie est ~[7]. | durchnässt |

[1] passé – [2] pendant qu' – [3] traverse
[4] devenue – [5] font de l'auto-stop
[6] lumières – [7] trempée

| | | | |
|---|---|---|---|
| | **un job** [ɛ̃dʒɔb] | | ein Job/eine Arbeit *(ugs.)* |
| | **un rôle** [ɛrol] | Gérard Depardieu a déjà joué beaucoup de ~[1]. | eine Rolle |
| | **le tournage (d'un film)** | | die Dreharbeit (zu einem Film) |
| | **une sorte (de)** | → [D] eine Sorte | eine Art |
| | **célèbre** | Jacques Prévert est ~ en France. | berühmt |
| | **une région** [ynreʒjõ] | → [E] = region → [L] = regio | eine Region/ein Gebiet |
| | **un siècle** [ɛ̃sjɛkl] | le vingtième ~ | ein Jahrhundert |
| | **une tente** [yntɑ̃t] | Patrick a acheté ~ à deux places. | ein Zelt |
| | **surpris/surprise** | → une surprise | überrascht |

## *B* Activités

| | | | |
|---|---|---|---|
| 3 | **un «fest-noz»** [ɛ̃fɛstnoz] | | *ein traditionelles bretonisches Fest* |
| 4 | **mauvais/mauvaise** [mɔvɛ/mɔvɛz] | Ça va mal, j'ai eu une ~[2] journée. | schlecht/schlimm *(Adj.)* |
| | **le soleil** [ləsɔlɛj] | ≠ la pluie | die Sonne |
| | **un nuage** [ɛ̃nɥaʒ] | Quand il fait beau, le ciel est sans ~[3]. | eine Wolke |
| | **une tempête** [yntɑ̃pɛt] | [F] = une tem**pête** ←→ [E] = a tem**pest** | ein Sturm |
| | **Quelle température** *(f.)* **fait-il?** | | Wie warm/kalt ist es? |
| 〈6〉 | une collection | | eine Sammlung |
| 7 | **un parking** [ɛ̃parkiŋ] | Ta voiture est dans le garage ou sur le ~? | ein Parkplatz |
| 〈9〉 | la sieste [lasjɛst] | Après le repas, Agnès fait ~. | der Mittagschlaf |
| | redescendre | → descendre | noch einmal herunter-/hinuntergehen |
| 11 | **officiel/officielle** [ɔfisjɛl] | Une carte postale n'est pas une lettre ~[4]. | offiziell |
| | **un timbre** [ɛ̃tɛ̃br] | Marc fait une collection de ~[5]. | eine Briefmarke |
| | **n prénom** | «Caroline» est ~. | ein Vorname |
| | **un nom** | «Drouet» est ~. | ein Nachname |
| | **un numéro** [ɛ̃nymero] | Tu habites à quel ~ de la rue Duranton? | eine Nummer |
| | **un code postal** [ɛ̃kɔdpɔstal] | Le ~ de Paris commence par 75. | eine Postleitzahl |
| | **Vive ... !** [viv] | | Es lebe(n) ... ! |
| | **un syndicat d'initiative** [ɛ̃sɛ̃dikadinisjativ] | | ein Fremdenverkehrsamt |
| | **une colonie de vacances** | | eine Ferienkolonie |
| | **une nationalité** | En France, on peut avoir deux ~[6]. | eine Staatsangehörigkeit |
| | **un vélo** | Hier, Pierrick a fait du ~ pour aller à Carnac. | ein Fahrrad |
| | **d'avance** [davɑ̃s] | → avant | im Voraus |

[1] rôles – [2] mauvaise – [3] nuages
[4] officielle – [5] timbres – [6] nationalités

## *Révisions*

### *Briefe schreiben*

| | |
|---|---|
| **Halle, le 1er février** | Halle, den 1. Februar |
| **Halle, le 2 février** | Halle, den 2. Februar |
| **(Ma) chère Nathalie,** | (Meine) liebe Nathalie, |
| **(Mon) cher Luc,** | (Mein) lieber Luc, |
| **Merci pour ta lettre.** | Danke für deinen Brief. |
| **(Est-ce que) tu vas bien?** | Geht es dir gut? |
| **Comment ça va?** | Wie geht es dir? |
| **Je vais (très) bien.** | Mir geht es (sehr) gut. |
| **Moi, ça va (très) bien.** | |
| ***Moi, en ce moment, ça ne va pas parce que …** | Im Augenblick geht es mir nicht gut, weil … |
| **Voilà pour aujourd'hui.** | Das wär's für heute. |
| **J'attends ta réponse.** | Ich warte auf deine Antwort. |
| **Réponds vite.** | Antworte schnell. |
| ***J'attends des nouvelles de …** | Ich warte auf Neuigkeiten/Nachrichten von … |
| ***J'attends de tes nouvelles.** | Ich warte auf Neuigkeiten/Nachrichten von dir. |
| ***Tu as le bonjour de mes parents.** | Meine Eltern lassen dich grüßen. |
| ***(Donne le) bonjour à tes parents.** | Grüße deine Eltern. |
| **A bientôt!** | Bis bald! |
| ***Amicalement …** | Herzliche Grüße … |

* Ausdrücke, die hier zur Vervollständigung zusätzlich erwähnt werden. Sie werden in Band 2 nicht als bekannt vorausgesetzt.

### *Pour commencer une lettre officielle*

| | |
|---|---|
| **Mesdames, Messieurs, …** | Sehr geehrte Damen und Herren, … |
| **Chère Madame/Cher Monsieur, …** | Sehr geehrte Damen und Herren, … |

### *Pour terminer une lettre officielle*

| | |
|---|---|
| **Meilleures salutations**<br>**Je vous prie de croire, Mesdames, Messieurs,/ Monsieur,/Madame, à l'expression de mes sentiments les meilleurs.** | Mit freundlichen Grüßen |

## *En France*

### *La Bretagne*

Als westlichste Region Frankreichs ragt die Bretagne 300 km in die meistbefahrene Schifffahrtsstraße der Welt, den Ärmelkanal (La Manche).

Dank seiner Randlage konnte sich der Westteil, le pays d'Armor (das Land des Meeres) seine kulturelle (bretonische Tänze, Trachten und Bräuche) und teilweise auch seine sprachliche Identität bewahren.

Frühgemüseanbau, Viehhaltung und Fischfang waren nach dem 2. Weltkrieg die Haupteinnahmequellen der Region. So ist Concarneau (25 000 Einwohner), als natürliche Festung auf einer Insel in einer Flussmündung errichtet, heute der wichtigste Thunfischhafen Frankreichs und wichtiger Veredelungsstandort für Fisch-, Gemüse- und Fleischprodukte. Bedingt durch die starke ausländische Konkurrenz gehen die Fischanlandungen jedoch kontinuierlich zurück. Dies wird kompensiert durch die immer größere Beliebtheit der Bretagne als Reiseziel: Überschaubare Badeorte, schmucke Ferienhäuser, saubere, durch die Gezeiten gereinigte Strände und ein reiches kulturelles Angebot haben in den 90er Jahren zahlreiche Touristen dazu veranlasst, sich der überteuerten Mittelmeerküste ab- und der Atlantikküste, besonders der Bretagne, zuzuwenden.

### *Les vacances*

| | |
|---|---|
| **une activité** | eine (Freizeit-) Beschäftigung |
| **l'air** | die Luft |
| **le départ** | die Abfahrt/der Aufbruch |
| **un lac** | ein See |
| **la mer** | das Meer/die See |
| **la montagne** | der Berg/das Gebirge |
| **un parc** | ein Park |
| **un restaurant** | ein Restaurant |
| **une tente** | ein Zelt |
| **un touriste/une touriste** | ein Tourist/eine Touristin |
| **les vagues** *(f.)* | die Wellen |
| **les vacances** | die Ferien |
| **passer les vacances** | den Urlaub verbringen |
| **un voyage** | eine Reise |
| **un week-end** | ein Wochenende |

| | | | |
|---|---|---|---|
| **visiter** | **un château** | ein Schloss | besichtigen |
| | **une église** | eine Kirche | |
| | **un village** | ein Dorf | |
| | **une ville** | eine Stadt | |
| | ***un musée** | ein Museum | |
| **partir** | **en Bretagne** | in die Bretagne | fahren |
| | **à Concarneau** | nach Concarneau | |
| **louer** | **une maison** | ein Haus | mieten |
| | **un appartement** | eine Wohnung | |
| | **une chambre** | ein Zimmer | |
| **habiter** | **dans une ferme** | auf einem Bauernhof | wohnen |
| | **dans *un gîte rural** | in einem Fremdenzimmer/einer Ferienwohnung auf dem Land | |
| | **dans un hôtel** | im Hotel | |
| **faire** | **du camping** | zelten | |
| | **une promenade** | spazieren gehen | |
| | **de la voile** | segeln | |
| | **de la planche à voile** | surfen | |
| | **un pique-nique** | ein Picknick machen | |
| **aller** | **à la patinoire** | auf die Eisbahn | gehen |
| | **à la piscine** | ins Schwimmbad | |
| | **à la plage** | an den Strand | |
| | **à un concert** | ins Konzert | |
| | **dans un café/au café** | ins Café | |
| | **au restaurant** | ins Restaurant | |
| | **se baigner** | schwimmen | |

* Ausdrücke, die hier zur Vervollständigung zusätzlich erwähnt werden. Sie werden in Band 2 nicht als bekannt vorausgesetzt.

# LISTE DES MOTS

– Die Zahlen verweisen auf das erstmalige Vorkommen der Wörter.
  z. B. **l'hiver 4 C,2** der Winter = Lektion 4 C, Exercice 2.
  **un chien 4** ein Hund = Lektion 4, Approche.
– Das Zeichen ⟨ ⟩ bedeutet, dass das Wort an dieser Stelle nur fakultativ eingeführt und in den folgenden Lektionen nicht vorausgesetzt wird.
– Grammatische Basiswörter (z. B. die Personalpronomen *je, tu, …*) sowie die Vokabeln der Teile *Le plaisir de lire* und *Supplément* werden in der folgenden Liste nicht aufgeführt.

## A

**à 1 A** *verschiedene Bedeutungen, z. B.:* in, nach
A vous. **1 A,3** Jetzt seid ihr dran.
à 2 heures **2 A** um 2 Uhr
de … à … **3** von … bis …
A bientôt! **4 A** Bis bald!
à … de … ⟨**6 C**⟩ … entfernt von …
**à cause de 8 A** wegen
**abîmer qc** ⟨**6 C**⟩ etw. beschädigen/kaputt machen
**un accent 4 A,2** ein Akzent
**un accessoire 8 A** ein Zubehör/Accessoire
**accuser qn de qc 8 B** jdn einer Sache beschuldigen
**acheter qc 3 A,7** etw. einkaufen
**une activité 1 A** eine (Freizeit-)Beschäftigung; *hier:* eine Übung
**une addition 8 B** eine Rechnung *(im Restaurant)*
**adorer qc 1 A** etw. sehr gerne mögen
**une adresse 3 A,3** eine Adresse
**un/une adversaire 7** ein Gegner/eine Gegnerin
**les affaires** *(f., pl.)* **9 B** die Sachen
**africain/africaine 9 B** afrikanisch
**l'âge** *(m.)* **3 A** das Alter
Tu as quel âge? **3 A** Wie alt bist du?
**un agent de police 9 B** ein Polizist
**agréable 5 A** angenehm
**Ah! … 1 B** Ach! … *(Ausdruck der Überraschung)*
**aider qn 5 B** jdm helfen
**ailleurs 7 C** anderswo(hin)
**aimer 1 A** lieben/mögen
bien aimer **5 A** gerne mögen/sehr mögen
**l'air** *(m.)* **6 A** die Luft
**ajouter** hinzufügen
**l'alcool** *(m.)* **7 B** der Alkohol
**allemand/allemande 7** deutsch
**l'allemand** *(m.)* **4 A** das Deutsche/die deutsche Sprache
**aller 3 B** gehen/fahren
Ça va?/! (fam.) **1 B** Wie geht's? Geht's (dir) gut? / Es geht (mir) gut! *(ugs.)*
On y va!/? **1 B** Jetzt gehen wir!/Lasst uns gehen! (Gehen wir?)
Allez! **3 B** Los!/Nun!
Quelque chose ne va pas. **4 C** Da stimmt etwas nicht.
aller **5 B** *hier:* passen/stehen *(bei Kleidern)*
Vas-y! **7 A** Los!/Vorwärts!
aller chercher qc **7 C** etw. holen
**Allô? 3 A** Hallo? *(am Telefon)*
**alors 2 B** also/dann
Ça alors! **2 B** Na, so was! *(Ausdruck der Überraschung)*
Bon alors! **3 B** also gut
ou alors **8 A** oder auch
Et alors! **8 B** Na und!
**l'altitude** *(f.)* **6 B** die Höhe(-nlage)
**une ambiance 8 A,1** eine Atmosphäre/Stimmung
**un ami/une amie 4** ein Freund/eine Freundin
**amuser qn 8 A** jdn zum Lachen bringen
bien s'amuser **10 B** Spaß haben
**un an 3 A** ein Jahr
avoir 18 ans **3 A** 18 Jahre alt sein
**ancien/ancienne 5 B** alt/ehemalig
**l'anglais 4 C** das Englische/die englische Sprache
**anglais/anglaise 7** englisch
**un animal/des animaux** ⟨**6 C**⟩ ein Tier/Tiere
**animé/animée 5 A** belebt
**une année 4 C,2** ein Jahr
les années vingt **9 B,3** die zwanziger Jahre
**l'anniversaire** *(m.)* **4 C,2** der Geburtstag
une (petite) **annonce 5 B** eine (Klein-)Anzeige
**un anorak 8** ein Anorak
**un antiquaire 5 B** ein Antiquitätenhändler
**août** *(m.)* **4 C,2** August
**un apéritif** *(m.)* **3 B** ein Aperitif
**un appareil 9 A,3** ein Gerät/ein Apparat
**un appareil photo 2** ein Fotoapparat
**un appartement 3 B** eine Wohnung
**appeler qn 6 B** jdn rufen
je m'appelle **1 A** ich heiße
Comment est-ce que ça s'appelle en français? ⟨**9 A,L**⟩ Wie heißt das auf Französisch?
appeler qn **3 A** jdn anrufen
**apporter qc 2 C** etw. (mit)bringen
**apprendre qc 4 C** etw. lernen
**une approche 2** eine Annäherung; *hier:* Lektionsteil: Einführung
s'**approcher de qc/qn 10 B** sich etw./jdm nähern
**après 2 B** nach/danach/später
**l'après-midi** *(m.)* **2 B** der Nachmittag/nachmittags
**un/une architecte 5 A** ein Architekt/eine Architektin
**l'argent** *(m.)* **5 B** das Geld
**une armoire 3 B** ein Schrank
**s'arranger 8 B** besser werden *(Situation, Problem)*
s'**arrêter 10 A** anhalten
**arriver de/à 3** (an)kommen von/in
**un arrondissement 9 B** ein Stadtbezirk
un feu d'**artifice 10 B** ein Feuerwerk
**un ascenseur 9 B** ein Aufzug
**un aspirateur 3 B** ein Staubsauger
passer l'aspirateur **3 B** Staub saugen
**assez (de) 7 C** genug *(bei Mengen)*
**attendre qc/qn 4 B** auf etw./jdn warten
**attention 1 B** Pass auf/Passt auf! *(hier ironisch gemeint)*
faire attention à qc **6 A,3** auf etw. aufpassen
**au fait 10 A** übrigens
**Au revoir! 1 B** Auf Wiedersehen!
**aujourd'hui 2 B** heute
**aussi 1 A** auch
**l'auto-stop** *(m.)* **10 B** das Trampen
faire de l'auto-stop **10 B** per Anhalter fahren
**l'automne** *(.m)* **4 C,2** der Herbst
**une autoroute 6 A** eine Autobahn
**un autre/une autre 5 B,4** ein Anderer/eine Andere
**autre 8 B** anderer/andere/anderes *(Adj.)*
**autrichien/autrichienne 7** österreichisch
**une avalanche 6 A,3** eine Lawine
d'**avance 10 B,11** im Voraus
**avant 6 A** vorher/vor *(zeitlich)*
**avec 2 A** mit
Et avec ça? **7 B** Kommt noch was dazu?/Sonst noch etwas?
**l'avis** *(m.)* **5 B** die Meinung/Ansicht
être de l'avis de … **5 B** gleicher Meinung sein wie …

à mon avis **5B** meiner Meinung nach
**un avocat 3B** eine Avocado
**avoir 2A** haben
il y a **2A** es gibt
avoir cours **2A** Unterricht haben
avoir faim *(f.)* **2C** Hunger haben
avoir rendez-vous avec qn **3A** sich mit jdm treffen
Tu as quel âge *(m.)*? **3A** Wie alt bist du?
avoir 18 ans **3A** 18 Jahre alt sein
avoir le temps de faire qc **3A** Zeit haben etw. zu tun
avoir envie de faire qc **3A** Lust haben etw. zu tun
avoir besoin de qc **5B** etw. brauchen
avoir raison **5B** Recht haben
avoir honte **6A** sich schämen
avoir mal à qc **6B** etw. tut jdm weh
Elle a froid. **6B** Ihr ist kalt.
en avoir marre de faire qc *(fam.)* **8B** die Nase voll haben etw. zu tun *(ugs.)*
avoir le droit de faire qc **9B** das Recht haben etw. zu tun
**avril** *(m.)* **4C**,2 April

## B

**le baby-sitting 5A** das „Babysitting"
faire du baby-sitting **5A** als Babysitter/Babysitterin tätig sein/ Baby sitten
**le bac 6A** *Schulabschluss, der dem deutschen Abitur entspricht*
passer le bac **6A** das Abitur machen
**une baguette 1B**,2 ein Baguette *(frz. Stangenweißbrot)*
**une baie 10B** eine Bucht
se **baigner 10B** baden
**un bal 10B** ein Tanzfest/ein Ball
**une banane 7B** eine Banane
**un bateau/des bateaux 10** ein Boot/Boote
**le bazar 3B** die Unordnung/der Chaos
**une BD = une bande dessinée 1A** ein Comic-Heft
**beau/bel/belle 8A** schön
il fait beau **8B** das Wetter ist schön
**beaucoup 1A** sehr
ne … pas beaucoup **4B**,3 nicht viel
beaucoup **5A** viel
beaucoup (de) **7C** viel *(bei Mengen)*
**belge 7** belgisch
**Ben …** *(fam.)* = Eh bien **4B** *(Ausdruck des Zögerns oder der Verlegenheit) (ugs.)*
avoir **besoin de qc 5B** etw. brauchen
**une bêtise 7B** eine Dummheit
**bien 1B**,6 gut *(Adverb)*
ou bien **2B** oder auch
bien **4A** gut/viel *(Adv.)*
bien aimer **5A** gerne mögen/ sehr mögen
**Bien sûr! 1** Natürlich!/Klar!
**bientôt 4A** bald
A bientôt! **4A** Bis bald!
**une bière 7C** ein Bier
**un bifteck 3B** ein Beefsteak
**un bijou/des bijoux 9B** ein Schmuckstück/Schmuck
**une bise 6B**,1 ein (Wangen-)Kuss
Grosses bises! **6B**,1 Viele Grüße/Küsse!
faire la bise à qn **9A** jdn auf die Wange küssen
**une blague 6B** ein Witz/ein Scherz
La bonne blague! **6B** Das ist aber witzig! *(ironisch)*
**blanc/blanche 8** weiß
**bleu/bleue 6B** blau
**bloquer qc/qn 7A** etw./jdn blockieren/sperren
**Bof!** *(fam.)* **1A** Na ja! *(ugs.) (Ausdruck der Gleichgültigkeit)*
**boire qc 7B** etw. trinken
**une boisson 7B** ein Getränk
**une boîte 7B** eine Schachtel/eine Dose
**Bon, … 8A** So, …
**Bon alors! 3B** Also gut!
**bon/bonne 5A** gut
Bonne chance! **5B**,3 Viel Glück!
**le bonheur 3A**,4 das Glück
**Bonjour! 1A** Guten Tag!
**un bonnet 6B** eine Mütze
**Bonsoir! 7A** Guten Abend!; *hier:* Auf Wiedersehen!
**une boucherie 3B** eine Fleischerei/Metzgerei
**un bouchon 10A** ein Stau
**une boulangerie 3B** eine Bäckerei
**un boulevard 1A** eine breite Straße
Au boulot! *(fam.)* **8A** An die Arbeit! *(ugs.)*
**le boulot** *(fam.)* **5A** die Arbeit *(ugs.)*
**une bouteille 7B** eine Flasche
**une boutique 8A** ein kleiner Laden
**un bracelet 9B** ein Armband
**branché/branchée** *(fam.)* **5A** „in" *(ugs.)*
**Bravo! 5B**,4 Bravo!
**Bref, … 7C** Kurzum, …
**un Breton/une Bretonne 10B** ein Bretone/eine Bretonin
**une brochure 4A** eine Brochüre
**le bronze 7A** die Bronze
**le brouillard 6B** der Nebel
**le bruit 4B** der Lärm/das Geräusch
un bruit d'enfer *(fam.)* **4B** ein Höllenlärm *(ugs.)*
**un bureau/des bureaux 5A** ein Büro/Büros

## C

**ça 1B** das/es
Ça va?/! *(fam.)* **1B** Wie geht's? Geht's (dir) gut? / Es geht (mir) gut! *(ugs.)*
Ça alors! **2B** Na, so was! *(Ausdruck der Überraschung)*
Ça marche? *(fam.)* **5B** Klappt es?/Wie läuft's? *(ugs.)*
tout ça **5B** all das/das alles
Pas ça! *(fam.)* **6A**,4 Das nicht! *(ugs.)*
**une cabane 10B** eine (kleine) Hütte
**cacher qc 3B** etw. verstecken
**un cadeau/des cadeaux 7B** ein Geschenk/Geschenke
**un café 4C**,3 ein Kaffee
un café **2B**,2 eine Kneipe
un cybercafé **6** *ein Lokal, in dem auch Computer mit Internet-Anschluss stehen.*
**le calme 6A** die Ruhe
**un camembert 3B** ein Camembert *(ein Käse aus der Normandie)*
faire du **camping 10A** zelten
**un canon à neige** ⟨**6C**⟩ eine Schneekanone
**une carte 2B**,5 eine (Spiel-/ Land-)Karte
**une carte postale 5B** eine Postkarte
**un carton 8A** ein Karton
**une cassette 2** eine Kassette
**un catalogue 8A** ein Katalog
**une catastrophe 3A** eine Katastrophe
à **cause de 8A** wegen
**une cave 5** ein Keller
**un CD/des CD 2C**,2 eine CD/CDs
**le CDI = le Centre de Documentation et d'Information 4A** Dokumentations- und Informationsstelle einer Schule *(befindet sich oft in der Bibliothek)*
**ce 6A** es/das
**ce/cet/cette/ces 8** dieser/diese/ dieses/diese *(pl.) (Demonstrativbegleiter)*
ce qui ⟨**9B**,8⟩ was *(neutrales Relativpronomen als Subjekt)*
ce que ⟨**9B**,8⟩ was *(neutrales Relativpronomen als Objekt)*

**célèbre 10 B** berühmt
**une chaîne de télévision 5 A** ein Fernsehsender
**une chaise 3 B** ein Stuhl
**une chambre 3 B** ein (Schlaf-) Zimmer
**un championnat 7** eine Meisterschaft
**la chance 5 B** das Glück
Bonne chance! **5 B**,3 Viel Glück!
**changer de qc 9 B** etw. wechseln; *hier:* umsteigen
**chanter qc 6 A**,4 etw. singen
**un chapeau/des chapeaux 5 B** ein Hut/Hüte
**charger qc 10 A** etw. (be)laden
**un château/des châteaux 4 C** ein Schloss/Schlösser
**chaud/chaude 6 B** heiß/warm
un chocolat chaud **6 B** eine heiße Schokolade
Il fait chaud. **10 A** Es ist warm. *(beim Wetter)*
**une chaussure 5 B** ein Schuh
**un chemin 9 B**,6 ein Weg
**cher/chère 2 C** teuer
**cher/chère 4 B** lieber/liebe *(Anrede im Brief)*
aller chercher qc **10 B** etw. holen
**chercher qc/qn 2 A** etw./jdn suchen
**Chéri!** *(m.)*/**Chérie!** *(f.)* **7 C** Liebling! *(hier: ironisch gemeint)*
**chez qn 2 C** bei jdm
**un chien 4** ein Hund
**un chiffre 2** eine Ziffer
**les chips** *(f., pl.)* **7 C** die Kartoffelchips
**le chocolat 1 A** die Schokolade
un pain au chocolat **1 A** *eine Art Schokocroissant*
un chocolat chaud **6 B** eine heiße Schokolade
**choisir 5 B** (aus)wählen
**Chouette!** *(fam.)* **1 A** Prima!/ Klasse! *(ugs.)*
**Chut! 4 A**,2 Psst!
**le cidre 10 B** der Cidre/Apfelwein
**le ciel 10 B** der Himmel
**un cimetière 9** ein Friedhof
**le cinéma 1 A** das Kino
**la circulation 10 A** der Verkehr
**un citron 7 B**,4 eine Zitrone
**une classe 4 A** eine Klasse
**classique 8 A** klassisch
**une clé 5 B** ein Schlüssel
**un client/une cliente 7 B**,4 ein Kunde/eine Kundin
**un club 4 B** *eine Freizeit- (bzw. hier: Theater-)Gruppe in einer Schule*
**le coca 7 C** die/das Cola
**un code 4 C** ein Kode
**un code postal 10 B**,11 eine Postleitzahl
**un cœur 8 A** ein Herz
**un coin 8 B** eine Ecke
**une collection 8 A** eine Kollektion
une collection **10 B**,6 eine Sammlung
**le collège 1 A** das „Collège“ *(weiterführende Schule für alle 11-15-jährigen Schülerinnen und Schüler; etwa die Sekundarstufe 1)*
**un/une collègue 4 A** ein Kollege/ eine Kollegin
**une colonie de vacances 10 B**,11 eine Ferienkolonie
**un combat 7 A** ein Kampf
**combien 4 C**,2 wie viel
On est le combien? **4 C**,2 Den Wievielten haben wir heute?
Ça fait combien? **7 B** Wie viel kostet das?/Was macht das?
**commander qc 8 B** etw. bestellen
**comme 3 A** wie *(beim Vergleich)*
comme **2 C**,4 als
savoir comme ... **6 B** wissen wie (sehr) ...
comme ça **9 B** so
**commencer qc 6 B** etw. anfangen/ beginnen
commencer à faire qc **6 B** anfangen/beginnen etw. zu tun
**Comment ... ? 1 A**,3 Wie ... ?
Comment est-ce que ça s'appelle en français? ⟨**9 A**, L⟩ Wie heißt das auf Französisch?
**comprendre qc 4 C** etw. verstehen
**un concert 2 C** ein Konzert
**content/contente 10 A** zufrieden/ glücklich
**continuer à faire qc** ⟨**6 C**⟩; **7 C** fortfahren/weitermachen
**contre 7 A** gegen
C'est **cool!** *(fam.)* **6 A**,4 Das sieht locker/cool aus!/Das ist „voll“ gut! *(ugs.)*
**un copain/une copine** *(fam.)* **1 A** ein Freund/eine Freundin
**copier qn/qc 8 B** jdn/etw. nachmachen/kopieren
**un correspondant/une correspondante = un corres/une corres 4 A** ein Brieffreund/eine Brieffreundin
**une couette 9 A** ein Federbett
**une couleur 8** eine Farbe
**un couloir 3 B** ein Flur
**la cour 4 B** der (Schul-)Hof
**le cours 2 A** der Unterricht
avoir cours **2 A** Unterricht haben
**les courses (f., pl.) 3 B** die Einkäufe/Besorgungen
faire les courses **3 B** Einkäufe machen/einkaufen gehen
**un couscous 9 B** *nordafrikanisches Gericht*
**un cousin/une cousine 3 B**,6 ein Cousin/eine Cousine
**coûter 5 B** kosten
**une crêpe 1 A** ein Pfannkuchen
**une crêperie 10 B** *Restaurant, das hauptsächlich „crêpes“ anbietet*
**crevé/crevée** *(fam.)* **6 B** erschöpft/ fertig *(ugs.)*
**croire qn/qc 8 B** jdm/etw. glauben
**un croissant 2** ein Croissant/(Butter-)Hörnchen
**un croque-monsieur 6 B** *mit Käse überbackener Schinkentoast*
**le cuir 9 B** das Leder
**cuire qc 9 A** etw. kochen/braten; *hier:* etw. braten
**la cuisine 2** die Küche
faire la cuisine **3 A** kochen
**cuit/cuite 9 A** gekocht/gebacken/ durch
**un cybercafé 6** *ein Lokal, in dem auch Computer mit Internet-Anschluss stehen*

## D

**d'abord 5 B** zuerst/zunächst
**D'accord?/! 2 A** Einverstanden?/!/O.K.
**une dame 8 A**,4 eine Dame/Frau
**danois/danoise 7** dänisch
**dans 1 A** in
**la danse 1 A** der Tanz/das Tanzen
**danser 7 C** tanzen
**une date 4 C**,2 ein Datum
**de 1 A** von
de ... à ... **3** von ... bis ...
à ... de ... ⟨**6 C**⟩ ... entfernt von ...
**décembre** *(m.)* **4 C**,2 Dezember
**décharger 10 A** ausladen
**décider de faire qc 6 A** etw. zu tun beschließen
être à la **découverte de qc 9 A**,4 etw. entdecken
**décrire qn/qc 8 B**,5 jdn/etw. beschreiben
**dehors 10 B** draußen/hinaus
**déjà 2 A**,3 schon
**le déjeuner 3 A** das Mittagessen
**délicieux/délicieuse 9 A** köstlich
**demain 6 A** morgen
**demander qc à qn 4 A** jdn um etw. fragen/bitten
**demi/demie 3** halb/halbe
trois heures et demie *(f.)* **3** halb vier
une demi-heure **8 B**,4 eine halbe Stunde
faire demi-tour **10 A** (wieder) umkehren
**le départ 10** der Anfang/die Abfahrt/der Aufbruch
C'est le grand départ. **10 A** Jetzt beginnt der große Aufbruch.
se **dépêcher 8 B** sich beeilen
**depuis 4 A** seit

**depuis que … 10 B** seitdem …
**le dernier/la dernière 6 A** der/die/das letzte
une dernière fois **10 A** ein letztes Mal
**derrière 3 B** hinter
**descendre de qc 9 B** aus etw. aussteigen/hinuntergehen
**descendre l'escalier 10 B** die Treppe hinuntersteigen
**une descente 6** eine Abfahrt
**un design 8 A** ein Design
qn est **désolé 6 A** es tut jdm Leid
**un dessert 3 A** ein Nachtisch
**dessiner qc 8 A** etw. zeichnen
**détester qc/qn 5 A** etw./jdn hassen
**deux = 2 1 B** zwei
**devant 2 C** vor *(örtlich)*
**devenir 10 B** werden
**devoir faire qc 6 A** etw. tun müssen
**les devoirs** *(m., pl.)* **4 B** die (Haus-)Aufgaben
**un dictionnaire 9 A** ein Wörterbuch
**une différence 9 A,**2 ein Unterschied
**différent/différente 4 B,**5 anders/unterschiedlich
**difficile 4 A** schwer/schwierig
**dimanche** *(m.)* **3 A** Sonntag
**dire qc à qn 4 B** jdm etw. sagen
on dit **1 B,**6 man sagt/so wird etwas ausgedrückt
Dis donc! **6 A,**5 Sag mal!
Il faut dire que … **⟨6 C⟩** Man muss sagen, dass …
vouloir dire **9 A** meinen
**une direction 9 B** eine Richtung
**une discothèque = une disco 5 B,**4 eine Diskothek
**une discussion 5 A,**3 eine Diskussion
**discuter de qc 2 A,**3 (miteinander) reden/sich unterhalten
discuter de qc **8 A,**2 etw. besprechen/über etw. diskutieren
**une dizaine 7 B** ungefähr/ca. zehn
**un docteur 6 C,**2 ein Doktor
**donc 6B** also/folglich
Dis donc! **6 A,**5 Sag mal!
**donner qc à qn 2 C** jdm etw. geben
**dormir 5** schlafen
sans **doute 10 B** sicherlich/wahrscheinlich
avoir **le droit** de faire qc **9 B** das Recht haben etw. zu tun
à **droite** *(f.)* **9 B,**6 (nach) rechts

## *E*

**l'eau** *(f.)* **10 B** das Wasser
**une école 4 A** eine Schule
**un/une écologiste ⟨6 C⟩** ein Umweltschützer/eine Umweltschützerin
**écouter qc/qn 4 A,**3 etw. (an)hören/jdm zuhören
**écrire qc à qn 4 B** jdm etw. schreiben
**une église 7 B** eine Kirche
**Eh bien! 2 A** Nun gut!
**l'électricité** *(f.)* **5 B** die Elektrizität
**un élève/une élève 2 A** ein Schüler/eine Schülerin
être **éliminé 7 A** ausscheiden (müssen)
**emmener qn 9 A,**4 jdn (mit)nehmen
**un emploi du temps 4 A** ein Stundenplan
**un employé/une employée 8 A** ein Angestellter/eine Angestellte
**emporter qc 10** etw. mitnehmen
**en 1 B** in
en français *(m.)* **1** auf Französisch
en avoir marre de faire qc *(fam.)* **8 B** die Nase voll haben etw. zu tun *(ugs.)*
en (cuir) **9 B** aus (Leder)
**en plus 5 A** zudem/außerdem
**en 9 B** daher/daraus/von dort
**encore 2 A** noch
**un endroit 9 A,**3 ein Ort
**énervé/énervée 7 A** aufgeregt/genervt
**énerver qn 10 A** jdn nerven/aufregen
**un enfant 4** ein Kind
un bruit d'**enfer** *(fam.)* **4 B** ein Höllenlärm *(ugs.)*
**enfin 6 B** endlich/schließlich
**énorme 10 B** riesig
**ensemble 4 C** zusammen/gemeinsam
**ensuite 7 C** dann/danach/außerdem
**entendre qc 4 B** etw. hören
bien s'entendre avec qn **8 B** sich mit jdm gut verstehen
**un entraîneur 7** ein Trainer
**entre ⟨6 C⟩; 7 A,**1 zwischen
**entrer (dans) 2 A** betreten
**l'envie** *(f.)* **3 A** die Lust
avoir envie de faire qc **3 A** Lust haben etw. zu tun
**envoyer qc à qn 4 A** jdm etw. schicken/senden
**une épicerie 3 B** ein (kleines) Lebensmittelgeschäft
**les épices** *(f., pl.)* **9 B** die Gewürze
**une équipe 7** eine Mannschaft
**un escalier 9 B** eine Treppe
**un Espagnol/une Espagnole 7 C** ein Spanier/eine Spanierin
**espérer qc 10 A** etw. hoffen
**un espion/une espionne 8 B** ein Spion/eine Spionin
**un espoir 7** eine Hoffnung; *hier:* ein Hoffnungsträger
**l'esprit 7** der Geist
avoir l'esprit sportif **7** eine sportliche Einstellung haben/fair sein
**essayer qc 8 B** etw. an-/ausprobieren
essayer de faire qc **8 B,**7 versuchen etw. zu tun
**Est-ce que … ? 2 B** *Frageformel*
**et 1 A** und
**un étage 7 C,**3 ein Stockwerk/eine Etage
**une étagère 3 B** ein Regal
**etc. 4 C** usw.
**l'été** *(m.)* **1 A** der Sommer
**étonné/étonnée 9 A** erstaunt
**étranger/étrangère 8 B** ausländisch/fremd; *hier:* ein Ausländer/eine Ausländerin
**être 1 B,**3 sein
c'est **1 A** das ist
il/elle est de **1 A** er/sie ist/kommt aus
qn est désolé **6 A** es tut jdm Leid
C'est l'horreur! **6 B** Es/Das ist schrecklich!
C'est à qui? **7 B,**4 Wer ist an der Reihe?/Bitte schön!
**les études** *(f., pl.)* **5 A** das Studium
faire des études **5 A** studieren
**un étudiant/une étudiante 5 A** ein Student/eine Studentin
**Euh … 1 A** Äh … *(Ausdruck des Zögerns)*
**excité/excitée 9 A** aufgeregt
par **exemple = p. ex. 3 B** zum Beispiel
**un exercice 2 A,**2 eine Übung
**une explication 8 B** eine Erklärung/Erläuterung/Begründung
**expliquer qc 4 C** etw. erklären

## *F*

**facile 6 A** einfach/leicht
avoir **faim** *(f.)* **2 C** Hunger haben
**faire qc 2 B** etw. tun/machen
Dix moins deux font huit. **2 A,**2 Zehn minus zwei macht/sind acht.
faire du ski **2 C,**4 Ski laufen/fahren
faire la cuisine **3 A** kochen
faire les courses **3 B** Einkäufe machen/einkaufen gehen
faire la vaisselle **3 B** (Geschirr) spülen
faire du français **4 A** Französisch lernen/haben
faire des études **5 A** studieren
faire attention à qc **6 A,**3 auf etw. aufpassen
Ça fait combien? **7 B** Wie viel kostet das?/Was macht das?
faire plaisir à qn **7 C** jdn (er)freuen
il fait beau **8 B** das Wetter ist schön

faire la bise à qn **9A** jdn küssen *(bei der Begrüßung und beim Abschied)*
faire la queue **9B** Schlange stehen
Il fait chaud. **10A** Es ist warm. *(beim Wetter)*
faire du camping **10A** zelten
faire demi-tour **10A** (wieder) umkehren
**au fait 10A** übrigens
**familier/familière 9B**,9 umgangssprachlich
**une famille 3** eine Familie
**fatigué/fatiguée 5A** müde
**il faut 3B** man muss
Il faut dire que … ⟨**6C**⟩ Man muss sagen, dass …
Qu'est-ce qu'il vous faut? **7B** Was darf es sein?/Was hätten Sie gern?
Il nous faut … **7B** Wir brauchen …
**faux/fausse 2C**,1 falsch
**une femme 4C** eine Frau
**une fenêtre 10B** ein Fenster
**une ferme 6A** ein Bauernhof
**fermer qc 3B**,3 etw. zumachen/schließen
**un «fest-noz» 10B**,3 *ein traditionelles bretonisches Fest*
**une fête 3A**,3 eine Fete/ein Fest
**un feu/des feux 10B** ein Feuer/Feuer
un feu d'artifice **10B** ein Feuerwerk
**février** *(m.)* **4C**,2 Februar
**une fille 1B** ein Mädchen
une fille **4** eine Tochter
**un film 2C** ein Film
**un fils 4** ein Sohn
**la fin (de qc) 4B** das Ende (von etw.)
à la fin de … **9A** am Ende von …
**finir qc 5B** etw. fertig machen/beenden
finir par faire qc **5B** schließlich/zuletzt etw. tun
**le flamenco 7C** der Flamenco
**une fleur 8A** eine Blume
**une fois 6B** einmal/ein Mal
trente-six fois **6B** x-mal
pour la première fois ⟨**9B,8**⟩ zum ersten Mal
une dernière fois **10A** ein letztes Mal
**au fond de qc 10B** in der Tiefe von etw.
au fond du jardin **10B** (ganz) am Ende des Gartens
**une fondue 6B**,3 ein Fondue
**le foot** *(fam.)* = le football **1A** der Fußball *(als Sportart) (ugs.)*
**la forme 7A** die Kondition/Form
**formidable 5A** hervorragend/erstklassig
**un foyer 6A**,2 ein (Studenten-) Wohnheim
**le franc = F 5B** der Franc *(frz. Währungseinheit)*
**le français 1** die französische Sprache
faire du français **4A** Französisch lernen/haben
**français/française 7** französisch *(Adj.)*
en français *(m.)* **1** auf Französisch
**un frère 4** ein Bruder
**le fric** *(fam.)* **9B** das Geld/der Zaster/die Knete *(ugs.)*
**un frigo** *(fam.)* **2** ein Kühlschrank *(ugs.)*
**un frimeur/une frimeuse 7A** ein Angeber/eine Angeberin
**un frisbee 2** ein Frisbee
**les frites** *(f.)* **4B** Pommes frites
**froid/froide 6B** kalt
Elle a froid. **6B** Ihr ist kalt.
**un fromage 9A** ein Käse
**un fruit 7B** eine Frucht
**le funk 5B**,7 Funk

## G

**gagner qc 7** etw. gewinnen
gagner qc **8A** etw. verdienen
**gai/gaie 8A** fröhlich
**une galette 10B** *salzige Crêpe aus Buchweizenmehl*
**un garage 5B** eine Garage
**un garçon 2C**,3 ein Junge
un garçon (de café) **6B**,4 ein Kellner
Garçon! **8B** Herr Ober!
**garder qn 5A** jdn betreuen/auf jdn aufpassen
**une gare 9** ein Bahnhof
**à gauche** *(f.)* **9B**,6 (nach) links
**être gêné/gênée 9A** in Verlegenheit sein/sich genieren
**Génial!** *(fam.)* **1A** Großartig!/Genial! *(ugs.)*
**les gens** *(m., pl.)* **4C** die Leute
**gentil/gentille 9A** nett/freundlich
**la géo** *(fam.)* = la géographie **6** die Erdkunde/Geografie
**un geste 9A** eine Geste
**un gîte 6** *eine Unterkunftsmöglichkeit für Touristen*
**grand/grande 5A** groß
**gratuit/gratuite 5B** kostenlos
**une grippe 6C**,2 eine Grippe
**gris/grise 8** grau
**gros/grosse 10B** dick; *hier:* schwer
Grosses bises! **6B**,1 Viele Grüße/Küsse!
**un groupe 1A** eine (Musik-)Band
**le gruyère 7B** der Greyerzer (Käse)
**une guitare 2B** eine Gitarre

## H

**Ha! ha! ha! 1B** Ha! Ha! Ha! *(Ausdruck des Lachens)*
s'**habiller 8B** sich anziehen
**habiter 1A** wohnen
la viande **hachée 7B** das Hackfleisch
**le hard rock 5B**,7 Hard Rock
**Hé! 8B** He!
**un hébergement** ⟨**6C**⟩ eine Unterkunft
**les herbes de Provence** *(f., pl.)* **7C** die Kräuter der Provence
**une heure 3A** eine Stunde
à 2 heures **2A** um 2 Uhr
Il est quelle heure? **3** Wie spät ist es?
une demi-heure **8B**,4 eine halbe Stunde
**heureusement 10** glücklicherweise
**hier 9A** gestern
**l'histoire** *(f.)* **1A** die Geschichte
**le hit-parade 5B**,7 die Hit-Parade
**l'hiver** *(m.)* **4C**,2 der Winter
**hollandais/hollandaise 7** holländisch
**un homme 8A**,5 ein Mann
avoir **honte** *(f.)* **6A** sich schämen
**un hôpital/des hôpitaux 3** ein Krankenhaus/Krankenhäuser
C'est **l'horreur! 6B** Es/Das ist schrecklich!
**hors 6A**,3 außer(halb)
**un hôtel 5A** ein Hotel
**l'huile** *(f.)* **7B** das Öl

## I

**ici 2B** hier
**une idée 2A** eine Idee
**un idiot/une idiote 10B** ein Idiot/eine Idiotin
**il y a 2A** es gibt
il y a deux ans **8A** vor zwei Jahren
**une île 9** eine Insel
**imaginer qc 9B**,7 sich etw. denken/etw. erfinden
**un immeuble 5A** ein (Miets-) Haus
**l'important** *(m.)* **7B** das Wichtige; *hier:* das Wichtigste
avoir **l'impression** *(f.)* que … **9A** den Eindruck haben, dass …
**une imprimerie 9B** eine Druckerei
**une infirmerie 4B** ein Krankenzimmer/eine Krankenstation
**une information 4A** eine Auskunft/Information
**une infusion 9A** ein Kräutertee
s'**inquiéter 9B** sich Sorgen machen/beunruhigt sein

**un instrument 9 A,**3 ein Instrument/ein Werkzeug
**intéressant/intéressante 4 A** interessant
**intéresser qn 10** jdn interessieren
**Internet 6** Internet
**une interro** *(fam.)* = une interrogation **4 B** eine Klassenarbeit
**une invitation 2 C** eine Einladung
**inviter qn 6** jdn einladen
**italien/italienne 7** italienisch

## J

ne ... **jamais 10 A,**2 nie/niemals
**janvier** *(m.)* **4 C,**2 Januar
**japonais/japonaise 7** japanisch
**un jardin 9** ein Garten
au fond du jardin **10 B** (ganz) am Ende des Gartens
**jaune 8** gelb
**un jean 8** eine Jeans
**jeudi** *(m.)* **4 B,**4 Donnerstag
**un jeune/une jeune 2 A** ein Jugendlicher/eine Jugendliche
**jeune 5 B** jung/jugendlich
**un job 10 B** ein Job/eine Arbeit *(ugs.)*
**le jogging 7 A** das Jogging/Joggen
**joli/jolie 5 A** schön/hübsch
**jouer 2 B** spielen
jouer de qc **2 B** *(ein Instrument)* spielen
jouer à qc **2 B** *(eine Sportart/ein Spiel)* spielen
**un jour 4 B,**3 ein Tag
un jour **5 B** *hier:* eines Tages
**un journal/des journeaux 2** eine Zeitung/Zeitungen
un journal **10 B** *hier:* ein Tagebuch
**un journaliste/une journaliste 2 A** ein Journalist/eine Journalistin
**une journée 10 B** ein Tag/Tagesablauf
**le judo 1 A** das Judo
**un/une judoka 7** ein/e Judoka
**juillet** *(m.)* **4 C,**2 Juli
**juin** *(m.)* **4 C,**2 Juni
**junior 7** jugendlich/Junioren-/Jugend-
**un jus 7 C** ein Saft
**jusque/jusqu' ... 5 A** bis ...
**juste 8 B** genau/gerade *(Adv.)*
**Justement! 2 A** Eben.

## K

**un kilo = un kilogramme 7 B** ein Kilo
**un kilomètre = un km 6 A** ein Kilometer
**un kiwi 7 B** eine Kiwi

## L

**là 2 B** da/dort
**un lac 9** ein See
**laisser 7 C** lassen
laisser tranquille **7 C** in Ruhe lassen
laisser qc à qn **10 A** jdm etw. hinterlassen
**une langue 4 C** eine Sprache
**le 6 B** es/das
sans le savoir **6 B** ohne es zu wissen
**une leçon 1** eine Lektion
**un légume 3 B** ein Gemüse
**le lendemain 8 B** am nächsten Tag
**une lettre (de) 4 A** ein Brief (aus)
se **lever 8 B** aufstehen; **10 B** aufkommen
**libre 3 A** frei
**une ligne 9 B** eine (Metro-)Linie
**la limonade 7 C** die Limonade
**lire qc 4 B** etw. lesen
**une liste 10 A** eine Liste
**un lit 3 A** ein Bett
**un litre 7 B,**2 ein Liter
**un livre 3 B** ein Buch
**loin 6 A** weit
**long/longue 9 A** lang
**louer qc 10 A** etw. mieten/ausleihen
**un loyer 5 A** eine Miete
**une lumière 10 B** ein Licht
**lundi** *(m.)* **4 B,**4 Montag
**un lycée 6 A** *entspricht der Sek. II/der Oberstufe des Gymnasiums*

## M

**une machine 9 A,**3 eine Maschine
**madame = Mme 1 B** Frau *(in der Anrede)*
**mademoiselle = Mlle 1 B,**6 Fräulein *(in der Anrede)*
**un magasin 5 A** ein Laden/Geschäft
**un magnétophone 2** ein Kassettenrekorder
un magnéto *(fam.)* **5** *Abkürzung von „un magnétophone"*
**mai** *(m.)* **4 C** Mai
**maintenant 1 B** jetzt
**mais 1 A** aber
**une maison 3 B** ein Haus
**mal 1 B,**6 schlecht *(Adverb)*
pas mal **4 C** nicht schlecht/ziemlich gut
avoir mal à qc **6 B** etw. tut jdm weh
**malade 4 B** krank
**maman** *(f.)* **2 C** Mama/Mutti
**mamie** *(f.) (fam.)* **3 A** Oma (ugs.)
**manger qc 3** etw. essen
**manquer à qn 5 A** jdm fehlen
**un marchand/une marchande 7 B** ein Händler/eine Händlerin
**le marché 7 B** der Markt
un marché aux puces **7 B** ein Flohmarkt
**marcher 5 B** gehen; *hier:* funktionieren/klappen
Ça marche? *(fam.)* **5 B** Klappt es?/Wie läuft's? *(ugs.)*
**mardi** *(m.)* **4 B,**4 Dienstag
**la marée basse 10 B** die Ebbe
**une marque 8 A** eine Marke
en avoir **marre de faire qc** *(fam.)* **8 B** die Nase voll haben etw. zu tun *(ugs.)*
**marron 8** braun
**mars** *(m.)* **4 C,**2 März
**les maths** *(f., pl.) (fam.)* = les mathématiques **1 A** Mathe *(ugs.)*/Mathematik
**le matin 3 A** morgens/vormittags
du matin au soir **8 A** den ganzen Tag *(ohne Unterbrechung)*
**mauvais/mauvaise 10 B,**4 schlecht/schlimm *(Adj.)*
**un mec** *(fam.)* **6** ein Typ/ein Kerl *(ugs.)*
**une médaille 7 A** eine Medaille
**un médecin 6 B,**3 ein Arzt/eine Ärztin
**même 6** sogar
quand même **5 B,**4 trotzdem/dennoch
ne ... même pas **6 B** nicht (ein)mal
**un menhir 10 B** ein Menhir/Hinkelstein
**la menthe 9 B** die (Pfeffer-)Minze
le thé à la menthe **9 B** *Teemischung aus afrikanischem (Grün-)Tee und frischer Pfefferminze*
**la mer 1 A** das Meer/die See
**merci 1 A** danke
**mercredi** *(m.)* **2 A** am Mittwoch
le mercredi **2 B** jeden Mittwoch/mittwochs
**la mère 3** die Mutter
**un métier 5 A** ein Beruf
**un mètre = 1 m 6 B** ein Meter
**mettre qc 7 B** etw. legen/setzen/stellen
se mettre **8 B** sich hinsetzen
mettre (la radio) **10 A** *hier:* (das Radio) einschalten
**un meuble 6 A** ein Möbelstück
**midi** *(m.)* **3** zwölf Uhr (mittags)
**un minable 7 C** ein Taugenichts
**un minibus 7 A** ein kleiner Bus
**le minitel 3 A,**3 *entspricht dem deutschen Btx*
**minuit 3** zwölf Uhr (nachts)
**une minute 2 A** eine Minute
**la misère 4 C** das Elend/die Not
**moche** *(fam.)* **8** hässlich *(ugs.)*
**la mode 1 A** die Mode

**un modèle 8A** ein Muster/eine Vorlage/ein Modell
**moi 1A** ich *(betont)*
**moins 2A,**2 minus/weniger
moins vite ⟨**9A,**L⟩ langsamer
**un mois 4A** ein Monat
**la moitié 9A** die Hälfte
**le monde 4C** die Welt/Erde
tout le monde ⟨**6C**⟩; **7A** alle/jeder
**un moniteur/une monitrice 6** ein (Ski-)Lehrer/eine (Ski-)Lehrerin
**monsieur = M. 1B,**6 Herr *(in der Anrede)*
**une montagne 6A** ein Berg/Gebirge
**monter sur qc 6A,**3 auf etw. steigen/etw. besteigen
**monter qc 10A** etw. hinaufbringen
**montrer qc à qn 2C** jdm etw. zeigen
**un mot 2** ein Wort
**motivé/motivée 7** motiviert
**une mousse au chocolat 2C,**3 eine Mousse au chocolat *(eine Schokoladencreme)*
**un musicien/une musicienne 5B** ein Musiker/eine Musikerin
**la musique 1A** die Musik

## N

**nager 2B** schwimmen
**une nationalité 10B,**11 eine Staatsangehörigkeit
**la nature 1A** die Natur
**ne … pas/n' … pas 3** nicht
ne … plus/n' … plus **3A** nicht mehr
ne … plus de **3B** kein(e) … mehr
ne … pas beaucoup **4B,**3 nicht viel
ne … même pas **6B** nicht (ein)-mal
ne … pas (de) **7C** kein *(bei Mengen)*
ne … personne/personne ne **10A** niemand
ne … rien/rien ne **10A** nichts
ne … jamais **10A,**2 nie/niemals
**la neige 6** der Schnee
un canon à neige **6C** eine Schneekanone
**neiger 6A,**5 schneien
**Noël 6B,**5 Weihnachten
**noir/noire 6A** schwarz
**un nom 4B,**4 ein Name
un nom **10B,**11 ein Nachname
**Non. 1A** Nein.
…, non? **1A** …, oder?
**le nord 9B** der Norden
**noter qc 2B** etw. notieren/aufschreiben
**nouveau/nouvel/nouvelle 8A** neu
**la nouvelle/le nouveau 1B** *hier:* die Neue (Schülerin)/der Neue (Schüler)
**novembre** *(m.)* **4C,**2 November
**un nuage 10B,**4 eine Wolke
**une nuit 6B** eine Nacht
**nul/nulle 1A** wertlos
C'est nul! *(fam.)* **1A** Das ist wertlos!/Das kann man vergessen! *(ugs.)*
**un numéro 10B,**11 eine Nummer

## O

**un o-soto-gari 7A** *Judowurftechnik*
**un objet 9B** ein Gegenstand/Objekt
**octobre** *(m.)* **4C,**2 Oktober
**un office de tourisme** ⟨**6C**⟩ ein Fremdenverkehrsamt
**officiel/officielle 10B,**11 offiziell
**Oh! 1B** Ach!
**Oh là là! 1B** So so! … /Hoho … ! *(man ahnt etwas voraus)*
**Ohé! 10B** Ahoi!
**un oignon 7B** eine Zwiebel
**on 1B** wir/man
on dit **1B,**6 man sagt/so wird etwas ausgedrückt
**un oncle 3B** ein Onkel
**un orage 10B** ein Gewitter
**une orange 7B** eine Orange
orange **8** orange *(die Farbe)*
**un ordinateur 1A** ein Computer
**une ordonnance 6C,**2 ein (medizinisches) Rezept
**organiser qc 7A,**2 etw. organisieren/planen
**ou 2A** oder
ou bien **2B** oder auch
ou alors **8A** oder auch
**où 1B** wo
d'où **1B** woher
où **9** wo *(Relativpronomen)*
**Ouais!** *(fam.)* **7A** Ja! *(ugs.)*
**oublier qc 9B,**7 etw. vergessen
**Ouf! 4B** Uff!/Puh! *(Ausdruck der Erleichterung)*
**Oui. 1B** Ja.
**ouvrir qc 6A** etw. öffnen/aufmachen

## P

**une page 4B,**3 eine Seite
**le pain 4C** das Brot
un pain au chocolat **1A** *eine Art Schokocroissant*
**un panier 10A** ein Korb
**un panneau/des panneaux 6B** ein Schild/Schilder
**un pantalon 8** eine Hose
**papa** *(m.)* **2C** Papa/Vati
**un paquet 7B** ein Paket
**par 5B** pro/je
**par exemple = p. ex. 3B** zum Beispiel
**par terre 2B** auf den/dem Boden
**un parc 2B** ein Park
**parce que/parce qu' … 3A** weil …
**Pardon! 3A,**5 Verzeihung!/Entschuldigung!
**les parents** *(m., pl.)* **3B** die Eltern
**un Parisien/une Parisienne** ⟨**6C**⟩ ein Pariser/eine Pariserin
**un parking 10B,**7 ein Parkplatz
**parler de qn/qc à qn 4A** mit jdm über etw./jdn sprechen
**une part** ⟨**9B,**11⟩ ein Stück; *hier:* ein Stück Quiche
**participer à qc 7** an etw. teilnehmen
**une partie 7A,**1 ein Teil
**partir 5** weggehen/-fahren/aufbrechen
**partout 4C** überall
**Pas ça!** *(fam.)* **6A,**4 Das nicht! *(ugs.)*
**Pas du tout! 10A** Überhaupt nicht!
**pas mal 4C** nicht schlecht/ziemlich gut
**passer (chez qn) 7B** (bei jdm) vorbeigehen
passer l'aspirateur **3B** Staub saugen
passer des vacances **6** Urlaub verbringen
passer le bac **6A** das Abitur machen
passer par Nantes **10A** über Nantes fahren
se passer **10B** verlaufen/geschehen/sich ereignen
**Patate!** *(fam.) (f.)* **4C** *hier:* Trottel! *(Schimpfwort) (ugs.)*
**une patinoire 6B,**3 eine Eisbahn
**la pause (de midi) 4C** die (Mittags-)Pause
**pauvre** ⟨**9B,**8⟩ arm
**payer qc à qn 7B** jdm etw. zahlen
**la pêche 10B** der Fischfang/die Fischerei
**un pêcheur 10B** ein Fischer
**pendant 4A,**3 während
**pendant que/qu' 10B** während
**penser (à qn/qc) 4B** (an jdn/etw.) denken
**perdre qc 6B** etw. verlieren
**le père 3** der Vater
**un périphérique 10A** eine Ringstraße
**la permanence** *(f.)* **4B** *Arbeitsraum für Schüler/innen, wenn sie keinen Unterricht haben*
**une personne** ⟨**6C**⟩; **8A,**1 eine Person
ne … personne/personne ne **10A** niemand

**petit/petite 5A** klein
**le petit déjeuner 3** das Frühstück
**un peu 5A** ein wenig/ein bisschen
un peu (de) **7C** ein bisschen/ etwas *(bei Mengen)*
**la peur 6B** die Angst
avoir peur de qc/qn **6B** Angst vor etw./jdm haben
**peut-être 3A** vielleicht
**une photo 2** ein Foto
**une phrase 9A** ein Satz
**la physique 5A** die Physik
**un piano 2B,**5 ein Klavier
**une pièce 5B** ein Zimmer/ein Raum
**un pied 6A,**4 ein Fuß
C'est le pied! *(fam.)* **6B** Das ist Spitze! *(ugs.)*
**une pierre 10B** ein Stein
**un pique-nique 10** ein Picknick
**pique-niquer 10A** ein Picknick machen
**une piscine 2** ein Schwimmbad
**une piste 6** eine Piste
le ski de piste **6** (der) Abfahrtslauf
**un pisteur 6B** ein Pistenwart
**une pizza 2C** eine Pizza
**la place 5B,**7 der Platz/der Raum
**une plage 10A** ein Strand
**plaire à qn 8B** jdm gefallen
s'il te plaît/s'il vous plaît **3A,**5 bitte (schön)
**le plaisir 6A** das Vergnügen/der Spaß
faire plaisir à qn **7C** jdn (er)freuen
**la planche à voile 10B** das Windsurfen/Windsurfbrett
**un plâtre 6A,**4 ein Gips(-verband)
**pleuvoir/il pleut 10B** regnen/es regnet
**la pluie 10B** der Regen
**plus 9A** mehr
plus **2A,**2 plus/und
ne ... plus de **3B** kein(e) ... mehr
en plus **5A** zudem/außerdem
plus tard **5B** später
ne ... plus (de) **7C,**5 kein ... mehr
**le poker 6A,**4 Poker
un agent de **police 9B** ein Polizist
**la pollution 4C** die (Umwelt-)Verschmutzung
**une pomme 7B** ein Apfel
**une pomme de terre 3B** eine Kartoffel
**un pont 2** eine Brücke
**un port 10B** ein Hafen
**une porte 10B** eine Tür
**porter qc 5B** etw. tragen
**poser qc 2B** etw. (hin)legen/(hin)-stellen
poser une question **2B** eine Frage stellen

**possible 7A** möglich
Ce n'est pas possible! **7A** Das darf/kann doch nicht wahr sein!
**un poulet 3B** ein Hähnchen
**pour 2A** für
pour faire qc **5B** um etw. zu tun
pour la première fois ⟨**9B,**8⟩ zum ersten Mal
**Pourquoi? 1B** Warum?
**Pourquoi pas? 2A** Warum nicht?; *hier: Name einer Schülerzeitung*
**pourtant 8A** dennoch/trotzdem
**pouvoir 5B** können
pouvoir faire qc **5B** etw. tun können
**préférer qc 5A** etw. bevorzugen/ lieber mögen
**le premier/la première 4C,**2 der/ die/das erste
pour la première fois ⟨**9B,**8⟩ zum ersten Mal
**prendre qc 4C** etw. nehmen
**un prénom 10B,**11 ein Vorname
**préparer qc 2A** etw. vorbereiten
**près (de) 5A** in der Nähe (von)
**présenter qc à qn 7** jdm etw. vorstellen
**un présentoir 8A** ein Verkaufsregal/ein Verkaufsständer
**prévenir qn 5B** jdn warnen/benachrichtigen
**le printemps 4B,**5 der Frühling
**un problème 3B** ein Problem
**prochain/prochaine 7** nächster/ nächste/nächstes
**un/une prof (fam.) = un professeur 1B** ein Lehrer/eine Lehrerin *(ab dem „Collège")*
**programmer qc 4C** etw. programmieren
**un projet 5A** ein Projekt/ein Vorhaben
**une promenade 9B** ein Spaziergang
se **promener 9B** spazieren gehen
**proposer qc 2B** etw. vorschlagen
**un/une propriétaire 6A** ein Besitzer/eine Besitzerin
un marché aux **puces 7B** ein Flohmarkt
**puis 6** dann
**pur/pure 6A** rein

## Q

**Qu'est-ce que ... ? 2** Was ... ?
Qu'est-ce que c'est? **2** Was ist das?
**Qu'est-ce qui ... ? 10** Was ... ? *(Frage nach dem Subjekt)*
**Quand ... ? 3A,**7 Wann ... ?
**quand 4B** wenn/jedes Mal wenn
quand **6A** als
**quand même 5B,**4 trotzdem/dennoch

**un quart 3** ein Viertel
... et quart *(m.)* **3** Viertel nach ...
... moins le quart **3** Viertel vor ...
**un quartier 2** ein (Stadt-)Viertel
**Que ... ? 2C** Was ... ?
**... que/qu' 4B** ..., dass *(Konjunktion)*
**que 9** den/die/das *(Relativpronomen, Objekt)*
ce que ⟨**9B,**8⟩ was *(neutrales Relativpronomen als Objekt)*
**quel(s)/quelle(s) 8** welcher/welche/welches *(Fragebegleiter)*
Il est quelle heure? **3** Wie spät ist es?
**quelqu'un = qn 5B** jemand
**quelque chose = qc 4A** etwas
Quelque chose ne va pas. **4C** Da stimmt etwas nicht.
**une question 2B** eine Frage
poser une question **2B** eine Frage stellen
faire **la queue 9B** Schlange stehen
**Qui ... ? 3A,**7 Wer ... ? *(Fragepronomen)*
Qui est-ce **1B** Wer ist es/das?
C'est à qui? **7B,**4 Wer ist an der Reihe?/Bitte schön!
ce qui ⟨**9B,**8⟩ was *(neutrales Relativpronomen als Subjekt)*
Qui est-ce qui/que ... ? **10** Wer/ Wen ... ?
**qui 9** der/die/das *(Relativpronomen, Subjekt)*
**une quiche 9A** ein Speckkuchen
**quitter qn/qc 8A** jdn/etw. verlassen
**Quoi? 7A,**1 Was?

## R

**raconter qc à qn 5A** jdm etw. erzählen
**une radio 10** ein Radio
avoir **raison 5B** Recht haben
**ranger qc 3B** etw. aufräumen
**rapide 7A** schnell
**réagir 5B** reagieren
**recevoir** ⟨**6C**⟩; **9** bekommen; *hier:* empfangen
**la récréation = la récré** *(fam.)* **4B** die Pause *(in der Schule)*
**redescendre** ⟨**10B,**9⟩ noch einmal herunter-/hinuntergehen
**réfléchir 5B** überlegen
**regarder qc 2B** etw. (an)sehen/(an)schauen
**le reggae 1A** der Reggae
**une région 10B** eine Region/ein Gebiet
**remarquer qc 9A** etw. (be)merken
**rencontrer qn 2B** jdn treffen
**un rendez-vous 2A** ein Treffpunkt/eine Verabredung
Rendez-vous ... **2A** *hier:* Wir

treffen uns ...
avoir rendez-vous avec qn **3 A** sich mit jdm treffen
**rendre qc à qn 4 B** jdm etw. zurückgeben
**la rentrée 1 B** der Schulbeginn *(nach den Sommerferien)*
**rentrer 3 A** (nach Hause) gehen/kommen
**repartir 5 A** abfahren/zurückfahren/-gehen
**un repas 3 A**,4 ein Essen/eine Mahlzeit
**répéter** ⟨**9 A**,L⟩ wiederholen
**une répétition 5 B** eine Probe
**répondre à qn 4 B**,3 jdm antworten
**une réponse 2 B** eine Antwort
**un reportage 2 A** ein Bericht/eine Reportage
**le RER 9 B** *das regionale Express-Netz in Paris (Schnellbahnnetz)*
**résister à qn/qc 7 A** jdm/etw. Widerstand leisten
**un restaurant = un resto** *(fam.)* **5 A** ein Restaurant
**le reste 7 B** der Rest/die übrigen Sachen
**rester 3 B** bleiben
**le retour 4 C** die Rückkehr/Rückfahrt
**rétro** *(fam.)* **5 B** im Stil der zwanziger Jahre *(ugs.)*
**réussir à faire qc 7 A** gelingen etw. zu tun/etw. fertig bringen
**un rêve 6 B**,4 ein Traum
des vacances de rêve **10** ein Traumurlaub
se **réveiller 10 B** aufwachen
**revenir 5 A** zurückkommen
**rêver 8 A** träumen
Je rêve! **8 A** Ich glaub', ich träume!/Ich träume wohl!
Au **revoir! 1 B** Auf Wiedersehen!
**le rhum 7 B** der Rum
**un rhume 10 B** ein Schnupfen
ne ... **rien/rien ne 10 A** nichts
Rien ne va plus! **10 A** Jetzt geht/läuft nichts mehr!
**rigoler** *(fam.)* **2 C** lachen *(ugs.)*
Tu rigoles! **7 C** Das soll doch wohl ein Witz/Scherz sein!
**le rock 1 A** die Rockmusik
**le roi 4 C** der König
**un rôle 10 B** eine Rolle
**rouge 6 B** rot
**une route 10 A** eine Straße
sur la route de ... **10 A** auf dem Weg/der Straße nach ...
**une rue 1 A** eine Straße
**le rugby 7** das Rugby

## S

**un sac 2** eine (Schul-) Tasche
**une saison 4 C**,2 eine Jahreszeit
**une salade 2 C** ein Salat
**une salle 1 B** ein (Klassen-)Raum
**une salle à manger 7 C** ein Esszimmer
**une salle de bains 3 A** ein Badezimmer
**une salle de séjour 3 B** ein Wohnzimmer
**Salut!** *(fam.)* **1** Hallo! *(ugs.)*
Salut! *(fam.)* **1 B**,6 *hier:* Tschüss!
**samedi** *(m.)* **2 C** Samstag
**un sandwich/des sandwichs 8 B** ein Sandwich/ein belegtes Baguette
**sans 2 C** ohne
sans le savoir **6 B** ohne es zu wissen
**sans doute 10 B** sicherlich/wahrscheinlich
**une sauce 7 B**,3 eine Soße
**sauf 7 C** außer
**savoir qc 6 A** etw. wissen
savoir comme ... **6 B** wissen wie (sehr) ...
**savoyard/savoyarde 6 B**,3 aus dem Savoyen/savoyardisch
**la science-fiction 1 A** Sciencefiction
**une seconde 9 B** eine Sekunde
**le sel 7 C** das Salz
**un «self»** *(fam.)* **4 B** *eine Kantine mit Selbstbedienung (ugs.)*
**une semaine 4 A**,2 eine Woche
**sentir 9 B** riechen
**septembre** *(m.)* **4 C**,2 September
**seulement 4 A** nur
**Si. 3 A** Doch.
**si 4 B** ob *(indirekte Frage)*
**si 8 B** wenn/falls *(Bedingung)*
**un siècle 10 B** ein Jahrhundert
**la sieste** ⟨**10 B**,9⟩ der Mittagschlaf
**une situation 5 A**,2 eine Position/Situation; *hier: eine Szene*
**le ski 2 C**,4 das Skifahren/der Ski
faire du ski **2 C**,4 Ski laufen/fahren
le ski de fond **6** (der) Langlauf (ski)
le ski de piste **6** (der) Abfahrtslauf
**skier 6 A**,4 Ski fahren
**un skieur/une skieuse 6 A**,3 ein Skifahrer/eine Skifahrerin
**une sœur 4** eine Schwester
**un soir 2 C** ein Abend
ce soir *(m.)* **2 C** heute Abend
du matin au soir **8 A** den ganzen Tag *(ohne Unterbrechung)*
**le soleil 10 B**,4 die Sonne
**une solution 5 A**,3 eine Lösung
**sonner 1 B** klingeln
**une sorte (de) 10 B** eine Art
**une sortie 10 A** ein Ausgang; *hier:* eine Autobahnausfahrt
**sortir 5** ausgehen
**sous 3 B** unter
se **souvenir de qc 8 B** sich an etw. erinnern
**souvent 2 B** oft
**les spaghettis** *(m., pl.)* **7 B** die Spaghetti
les spaghettis à la bolognaise **7 B** Spaghetti bolognese
**un/une spécialiste 4 B** ein Spezialist/eine Spezialistin
**une spécialité 4 B** eine Spezialität
**le sport 1 A** Sport
**un sportif/une sportive 7 B** ein Sportler/eine Sportlerin
avoir l'esprit sportif **7** eine sportliche Einstellung haben/fair sein
**un stage 5 A** ein Praktikum
**une station de ski 6** ein Skiort
**une station (de métro) 9 B** eine Haltestelle
**une station-service 10 A** eine Tankstelle
**le stress 1 A** der Stress
**un style** ⟨**6 C**⟩; **8 A** ein Stil/eine Art
**un stylo 2** ein Kugelschreiber
**le sucre/un sucre 7 B** der Zucker/ein Stück Zucker
**suisse 7** schweizerisch
**Super!** *(fam.)* **1 A** Super!/Klasse! *(ugs.)*
**un supermarché 5 A** ein Supermarkt
**sur 2 A** über *(ein Thema)*
sur **2 B** auf/über *(örtlich)*
**sûr/sûre 8 B** sicher
**«surfer» 4 C** „surfen" *(durchs Internet)*
**surpris/surprise 10 B** überrascht
**une surprise 2 C** eine Überraschung
**surtout 1 A** vor allem
**un surveillant/une surveillante 4 B** ein Betreuer/eine Betreuerin von Schülern/innen
**surveiller qc/qn 6 A**,3 etw./jdn überwachen
**sympa** *(fam.)* = **sympathique 1 A** nett *(ugs.)*
**un syndicat d'initiative 10 B**,11 ein Fremdenverkehrsamt

## T

**un T-shirt 5 B** ein T-Shirt
**une table 2 C**,3 ein Tisch
**un tableau/des tableaux 3 B**,3 eine (Wand-)Tafel/(Wand-)Tafeln
un tableau/des tableaux **9 B** ein Gemälde/Gemälde
se **taire 8 B** schweigen

**taper qc 4 C** etw. (ein)tippen
**un tapis 7** ein Teppich
**tard 3 A** spät
plus tard **5 B** später
**une tartine 5 A** *eine Scheibe Brot mit Butter bzw. Marmelade*
**une tasse 6 B** eine Tasse
**la technologie 4 C** Technologie *(hier: als Unterrichtsfach)*
**la télé** *(fam.)* = la télévision **3** das Fernsehen *(ugs.)*
une chaîne de télévision **5 A** ein Fernsehsender
**le téléphone 3 A** das Telefon
**téléphoner à qn 5** mit jdm telefonieren
**un télésiège 6** ein Sessellift
Quelle **température** *(f.)* fait-il? **10 B**,4 Wie warm/kalt ist es?
**une tempête 10 B**,4 ein Sturm
**le temps 3 A** die Zeit
avoir le temps de faire qc **3 A** Zeit haben etw. zu tun
de temps en temps **5 A** von Zeit zu Zeit/ab und zu
le temps **10 B** das Wetter
**tenir qc 5 A** etw. halten; *hier:* bewirtschaften
Tiens! **1 B** Da!/Sieh mal!
Tenez! **5 B** Da!/Nehmt!/Nehmen Sie!
**le tennis 1 A** das Tennis
**une tente 10 B** ein Zelt
**terminer qc 8 B** etw. vollenden/beenden
**une terrasse 8 B** eine Terrasse
par **terre 2 B** auf den/dem Boden
**une tête 2 C** ein Kopf
**un texte 1 A** ein Text
**un thé 9 A**,2 ein schwarzer Tee
le thé à la menthe **9 B** *Teemischung aus afrikanischem (Grün-)Tee und frischer Pfefferminze*
**un théâtre 4 B** ein Theater
**Tiens! 1 B** Da!/Sieh mal!
**un tiers** ⟨**9 B**,11⟩ ein Drittel
**un timbre 10 B**,11 eine Briefmarke
**un tissu 8 A** ein Stoff
**toi 1 A**,3 du *(betont)*
**une tomate 7 B** eine Tomate
**tomber 6 B** (hin)fallen
**toujours 3 A** immer
toujours **5** immer noch
**un tour 7 A** eine Runde *(beim Sport)*
**un/une touriste 2 B**,2 ein Tourist/eine Touristin
**le tournage (d'un film) 10 B** die Dreharbeit (zu einem Film)
**tourner 9 B**,6 abbiegen
**tout 5 B** alles
tout ça **5 B** all das/das alles
tout le monde ⟨**6 C**⟩; **7 A** alle/jeder
Pas du tout! **10 A** Überhaupt nicht!
**tout à coup 6 B** plötzlich
**tout de suite 5** sofort
**tout droit 9 B**,6 geradeaus
**tout près (de) 5 A** ganz in der Nähe (von)
être en **train de faire qc 8 B** gerade dabei sein etw. tun
**un train 9** ein Zug
**tranquille 7 A** ruhig
être tranquille **7 A** beruhigt sein
laisser tranquille **7 C** in Ruhe lassen
**un travail/des travaux 6 A** eine Arbeit/Arbeiten
**travailler 2 B**,4 arbeiten
**traverser qc 10 B** etw. überqueren
**trempé/trempée 10 B** durchnässt
**très 1 A** sehr
**trois = 3 1 B** drei
**la 3e F = la troisième F 1 B** *entspricht der 9. Klasse. Klassenbezeichnung: F*
**trop 4 A** zu (sehr)/zu viel
trop (de) **7 C** zu viel *(bei Mengen)*
**un trottoir 8 B** ein Gehweg/Bürgersteig
**trouver qn/qc 2 B** etw./jdn finden
se trouver **9 B**,6 sich befinden
**un truc** *(fam.)* ⟨**9 A**,L⟩ ein Ding *(ugs.)*
**tunisien/tunisienne 9 B** tunesisch

## U

**un uchi-mata 7 A** *Judowurftechnik*
**un = 1 1** eins
**une université 5 A** eine Universität
**une usine 5 B** eine Fabrik

## V

**les vacances** *(f., pl.)* **4 B**,5 die Ferien
passer des vacances **6** Urlaub verbringen
des vacances de rêve **10** ein Traumurlaub
**une vague 1 A** eine Welle
faire **la vaisselle 3 B** (Geschirr) spülen
**Vas-y! 7 A** Los!/Vorwärts!
**un vélo 10 B**,11 ein Fahrrad
**un vendeur/une vendeuse 8 B**,9 ein Verkäufer/eine Verkäuferin
**vendre qc à qn 7 B** jdm etw. verkaufen
**vendredi** *(m.)* **4 B**,4 Freitag
**venir 5 A** kommen
venir de faire qc **8 B** gerade etw. getan haben
**le vent 10 B** der Wind
**le ventre 7 C**,4 der Bauch
**un verre 7 C** ein Glas
**vers 7 C** gegen *(Uhrzeit)*
**vert/verte 8** grün
**une veste 5 B** eine Jacke
**un vêtement 8 A** ein Kleidungsstück
**la viande 7 B** das Fleisch
la viande hachée **7 B** das Hackfleisch
**vide 5 B** leer
**une vidéo 2 C** ein Video/eine Videokassette
**la vie 4 C**,5 das Leben
**vieux/vieil/vieille 8 A** alt
**les vieux** *(m., pl.) (fam.)* **10 B** die Alten *(ugs.)*
**un village 6** ein Dorf
**une ville 4 C** eine Stadt
**le vin 9 A** der Wein
**violet/violette 8** violett
**une visite 4 B**,5 ein Besuch
**visiter qc 2 A** etw. besichtigen
**Vite! 2 A** Schnell!
**Vive … ! 10 B**,11 Es lebe(n) … !
**voilà 1 A** hier ist/hier sind
**la voile 10 B** das Segel/Segeln
la planche à voile **10 B** das Windsurfen/Windsurfbrett
**voir qc 6 A** etw. sehen
Voyons! **8 A** Mal sehen!/Schauen wir mal!
**un voisin/une voisine 4 B**,2 ein Nachbar/eine Nachbarin
**une voiture 5 B** ein Auto
**une voix 10 B** eine Stimme
**voler qc à qn 8 B** jdm etw. stehlen
**vouloir 5 B** wollen
je voudrais **6 B** ich möchte gern/ich hätte gern
vouloir dire **9 A** meinen
**vous 1 B** ihr/Sie
**un voyage 4 A** eine Reise
**vrai/vraie 2 C**,1 richtig/echt/wahr
**vraiment 5 A** wirklich *(Adv.)*

## W

**un week-end 3 A**,5 ein Wochenende

## Y

**y 9 B** dort/dorthin
On y va!/? **1 B** Jetzt gehen wir!/Lasst uns gehen! (Gehen wir?)
il y a **2 A** es gibt

## Z

**zéro = 0 3 A**,3 null
**Zut!** *(fam.)* **7 C** Mist! *(ugs.)*

## Prénoms masculins

Alain [alɛ̃] **5A**,5
Anthony [ɑ̃tɔni] **4C**
Boris [bɔris] **2B**,5
Christophe [kristɔf] **2B**,2
Damien [damjɛ̃] **4C**
David [david] **5A**
Eric [erik] ⟨**6C**⟩
Etienne [etjɛn] **4C**
Florian [flɔrjɑ̃] **9B**,3
Franck [frɑ̃k] **3A**,6
François [frɑ̃swa] **3**
Frédéric [frederik] **1A**
Gabriel [gabrijɛl] **5A**
Gilbert [ʒilbɛr] **3B**
Gilles [ʒil] **6**
Grégory [gregɔri] **10B**,3
Guillaume [gijom] **10A**,2
Jacques [ʒak] **3B**,4
Jean-Luc [ʒɑ̃lyk] **9A**,5
Jérémy [ʒeremi] **5A**,2
Julien [ʒyljɛ̃] **3A**,6
Laurent [lɔrɑ̃] **8A**
Luc [lyk] **4**
Marc [mark] **1A**
Mario [marjo] **9B**,9
Martin [martɛ̃] **5A**,5
Michel [miʃɛl] **5A**
Olivier [ɔlivje] **1A**
Patrick [patrik] **7A**
Philippe [filip] **6C**,3
Pierre [pjɛr] **2A**
Pierrick [pjɛrik] **10B**
Sébastien [sebastjɛ̃] **10**
Simon [simõ] **4**
Stéphane [stefan] **7C**
Thierry [tjeri] ⟨**6C**⟩
Tino [tino] **8A**
Vincent [vɛ̃sɑ̃] **7A**
Yves [iv] **5A**,5

## Prénoms féminins

Agnès [aɲɛs] **10B**,7
Alice [alis] **2B**
Anne [an] **3A**,6
Armelle [armɛl] **6A**,4
Astrid [astrid] **7A**
Aurélie [ɔreli] **1A**
Carole [karɔl] **1B**
Caroline [karɔlin] **10B**,3
Céline [selin] **4C**
Charlotte [ʃarlɔt] **2B**,2
Christine [kristin] **3**
Chrystelle [kristɛl] **6B**,3
Elodie [elodi] **4**
Fleur [flœr] **6B**,4
Florence = Flo [flɔrɑ̃s/flo] **1A**
Françoise [frɑ̃swaz] **9B**,9
Gaëlle [gaɛl] **10B**,3
Irène [irɛn] **7A**
Isabelle [izabɛl] ⟨**6C**⟩
Julie [ʒyli] **7B**
Katharina **9**
Laure [lɔr] **4**
Lucie [lysi] **5A**
Magali [magali] **2B**,5
Marine [marin] **10B**,7
Mélanie [melani] **10**
Naïma [naima] **4C**
Nathalie [natali] **2A**
Sandra [sɑ̃dra] **7B**
Sandrine [sɑ̃drin] ⟨**6C**⟩
Sonia [sɔnja] **8A**
Sophie [sɔfi] **3A**,7
Yasmina [jasmina] **3A**,6

## Noms de famille

Arlain [arlɛ̃] **8A**
Barroc [barɔk] **4C**
Berger [bɛrʒe] ⟨**6C**⟩
Bouchon [buʃõ] **5A**
Drouet [drwɛ] **3**
Dufrêne [dyfrɛn] **3A**,3
Duparc [dypark] **5A**
Dupré [dypre] **4A**
Garrigue [garig] **1B**
Gauthier [gotje] ⟨**6C**⟩
Le Gall [ləgal] **3A**,3
Lebœuf [ləbœf] **7B**,4
Le Goff [ləgɔf] **10B**
Maille [maj] ⟨**6C**⟩
Martin [martɛ̃] **7C**,7
Mazel [mazɛl] ⟨**6C**⟩
Mercier [mɛrsje] **10A**
Moreau [mɔro] **2C**
Nadal [nadal] **3A**,3
Renaud [rəno] **5B**,3
Riffonneau [rifɔno] **4A**
Rocher [rɔʃe] **1B**
Sabion [sabjõ] **5A**
Tisserand [tisrɑ̃] **6A**

## Noms de villes

Alkmaar [alkmar] **7**
l'Alpe d'Huez [lalp(ə)dɥɛz] **6**
Amsterdam [amstɛrdam] **7A**,3
Berlin [bɛrlɛ̃] **7A**,3
Berne [bɛrn] **7A**,3
Bourg d'Oisans [burdwazɑ̃] **6A**
Bruxelles [brysɛl] **7A**,3
Caen [kɑ̃] **5A**
Carnac [karnak] **10B**
Chartres [ʃartr] **10A**
Châteaudun [ʃatodɛ̃] **10A**
Cologne [kɔlɔɲ] **4A**,2
Concarneau [kõkarno] **10A**
Copenhague [kɔpənag] **7A**,3
Le Faouët [ləfawɛt] **10B**
Graz **7A**,3
Grenoble [grənɔbl] **6A**
La Membrolle [lamɑ̃brɔl] **5A**
Lannion [lanjõ] **10B**,7
Lille [lil] **7**
Londres [lõdr] **7A**,3
Louvain [luvɛ̃] **7A**,3
Marseille [marsɛj] **1B**
Milan [milɑ̃] **7A**,3
Montréal [mõreal] **3B**,6
Nantes [nɑ̃t] **10A**
Neuchâtel [nøʃatɛl] **7**
Orléans [ɔrleɑ̃] **5A**
Ornon [ɔrnõ] **6**
Paris [pari] **1A**
Parkminster [parkminstœr] **7**
Pont-Minaouët [põminawɛt] **10B**
Rennes [rɛn] **10B**
Rome [rɔm] **7A**,3
Rouen [rwɑ̃] **10B**,3
Salzbourg [saltsbur] **6B**
Skagen [skagœn] **7**
Stockholm [stɔkɔlm] **5A**
Tours [tur] **5A**
Versailles [vɛrsaj] **4C**
Vienne [vjɛn] **7A**,3

## Noms géographiques

l'Afrique *(f.)* [lafrik] **9B** Afrika
l'Algérie *(f.)* [lalʒeri] **9B** Algerien
l'Allemagne *(f.)* [lalmaɲ] **4A** Deutschland
les Alpes *(f.,pl.)* [lezalp] **6** die Alpen
l'Angleterre [lɑ̃glətɛr] **7** England
l'Autriche [lotriʃ] **7** Österreich
la Belgique [labɛlʒik] **7** Belgien
Belleville [bɛlvil] **9B** *ein Viertel von Paris*
la Bourgogne [laburgɔɲ] **10B**,11 Burgund
la Bretagne [labrətaɲ] **10** die Bretagne
le Danemark [lədanmark] **7** Dänemark
la France [lafrɑ̃s] **1B**,4 Frankreich
l'Italie *(f.)* [litali] **7** Italien
le Maghreb [ləmagrɛb] **9B** der Maghreb *(eine Region bestehend aus Marokko, Algerien, Tunesien)*
le Maroc [ləmarɔk] **9B** Marokko
la Martinique [lamartinik] **1A** *französische Insel der Kleinen Antillen*
le Massif de l'Oisans [ləmasifdəlwazɑ̃] ⟨**6C**⟩ *ein Bergmassiv in den Alpen*
la Normandie [lanɔrmɑ̃di] **5A** die Normandie
les Pays-Bas [lepeiba] **7** die Niederlande
le Pic Blanc [ləpikblɑ̃] **6B** *eine Bergspitze in den Alpen*
la pointe de Beg-Meil [lapwɛ̃tdəbɛgmɛj] **10B** *eine Landzunge in der Bretagne*
La Pointe du Raz [lapwɛ̃tdyraz] **10** *eine Landzunge in der Bretagne*
le Portugal [ləpɔrtygal] **7** Portugal

la Provence [laprɔvɑ̃s] **10 A** die Provence
la Seine [lasɛn] **4 C** die Seine *(Fluss in Frankreich)*
la Suisse [lasɥis] **7** die Schweiz
le Togo [lətɔgo] **5 A** Togo
la Tunisie [latynizi] **9 B** Tunesien

## Noms divers

Andreas Neubauer **7** *ein Judoka*
l'Aquaboulevard *(m.)* [lakwabulvar] **2 B** *Name eines Schwimm- und Freizeitzentrums*
l'Aquarium [lakwarjɔm] **10 B** *ein Aquarium in Form eines Museums*
l'Arc de Triomphe *(m.)* [larkdətrijɔ̃f] **9** der Triumpfbogen von Paris
Astérix [asteriks] **2 C**,2 *Name des Hauptthelden einer berühmten frz. Comicstrip-Reihe*
«Astérix le Gaulois» [asteriksləgolwa] **10 B** *Titel eines Comichefts von Astérix und Obélix*
«Autoroute FM» [ɔtɔrutɛfɛm] **10 A** *ein Radiosender speziell für Straßenverhältnisse*
«Avalanche» [avalɑ̃ʃ] **1 A** *hier: Name einer Musikband (wörtlich: Lawine)*
«Bel ami» [bɛlami] **8 A** *Name eines Cafés*
les «Bêtises de Cambrai» [lebetizdəkɑ̃brɛ] **7 B** *Bonbons: Spezialität von Cambrai (in der Nähe von Lille)*
le café Balard [ləkafebalar] **2 B**,2 *Name einer Kneipe*
le café Beaubourg [ləkafebobur] **3 B**,6 *Name einer Kneipe*
le Café de la plage [ləkafedlaplaʒ] **10 B**,3 *Name einer Kneipe*
le «Café des skieurs» [ləkafedeskjœr] **6 C**,5 *Name einer Kneipe*
le café «Rocher Soleil» [ləkaferɔʃesɔlɛj] **6 B** *Name einer Kneipe*
«Canal Plus» [kanalplys] **5 A** *ein privater Fernsehsender*
le Centre d'Animation «Espace Cévennes» [ləsɑ̃tr(ə)danimasjɔ̃ɛspasseven] **2 B**,5 *Name eines Jugend- und Freizeithauses*
le Centre Pompidou [ləsɑ̃tr(ə)pɔ̃pidu] **1 A** das Centre Pompidou *(Kunst- und Kulturzentrum in Paris)*
le Centre sportif L.U.C. [ləsɑ̃tr(ə)spɔrtifɛlyse] **7 A** *ein Sportzentrum*
les Champs-Elysées [leʃɑ̃zelize] **9** *große Allee im Zentrum von Paris*
le château de Kerjean [ləʃatodəkɛrʒɑ̃] **10 B**,6 *Name eines Schlosses in der Bretagne*
«Chez Lulu» [ʃelyly] **6 B**,4 *Name eines Restaurants*
«Chez Saïd» [ʃesaid] **9 B** *Name eines nordafrikanischen Restaurants*
le collège André Citroën [ləkɔlɛʒɑ̃dresitrɔɛn] **1 B**,2 *Ein „Collège" in Paris, im 15. „Arrondissement"*
«Diorix» [djɔriks] **8 A**,5 *Name einer Modemarke*
l'Eglise Notre-Dame [legliznɔtrədam] **7 B** *eine Kirche namens Notre-Dame*
Emmaüs [emays] **5 B** *wohltätige Organisation, die z.B. Entrümpelungen ausführt.*
le Foyer International [ləfwajeɛ̃tɛrnasjɔnal] **7 A** *Name eines Jugendheims in Lille*
le gîte des Meunier [ləʒitdemønje] ⟨**6 C**⟩ *Name einer Unterkunft*
la Grande Arche de la Défense [lagrɑ̃darʃdəladefɑ̃s] **9** *futuristisches Bauwerk (in Form eines Bogens), 1989 gebaut*
la Joconde [laʒɔkɔ̃d] **9 B** *Mona Lisa*
le journal «Judo» [ləʒurnalʒydo] **7** *Name der Judozeitschrift*
«L'Albatros» [lalbatros] **10 B** *Name einer Diskothek*
«La Leçon» [laləsɔ̃] **4 B** *ein Theaterstück von Ionesco*
«Le Troadec» [lətroadɛk] **10 B** *Name einer „Crêperie"*
«Les Marmottes» [lemarmɔt] **6 B** *Name eines Restaurants*
le Louvre [ləluvr] **4 C** *Museum in Paris (u.a. Gemälde, Skulpturen, Altertumssammlungen)*
Marion du Faouët [marjɔ̃dyfawɛt] **10 B** *Name eines Films über „Marion du Faouët"*
Montmartre [mɔ̃martr] **9 B** *ein Viertel von Paris*
Notre-Dame [nɔtr(ə)dam] **9** *Kathedrale im Zentrum von Paris*
Obélix [ɔbeliks] **10 B** *Freund von Astérix*
le parc André Citroën [ləparkɑ̃dresitrɔɛn] **2 B** *Name eines Parks im 15. „Arrondissement"*
la place aux Oignons [laplasozɔŋɔ̃] **7 B** *Name eines Platzes in Lille*
la place de la vieille Bourse [laplasdəlavjɛjburs] **7 B** *Name eines Platzes in Lille*
le pont d'Avignon [ləpɔ̃daviŋɔ̃] **6 C**,3 *berühmte Brücke in Avignon*
«Pourquoi pas» **2 A** *Name einer Schülerzeitung*
la Pyramide du Louvre [lapiramid(ə)dyluvr] **9** *Pyramide aus Glas, die im Hof des Louvre steht*
le Quartier Latin [ləkartjelatɛ̃] **5 A** *ein Viertel von Paris*
Robin des Bois [rɔbɛ̃debwa] **10 B** *frz. Ausdruck für Robin Wood*
la rue Balard [larybalar] **1 A** *Name einer Straße*
la rue des Cévennes [larydesevɛn] **1 A** *Name einer Straße*
la rue du Sentier [larydysɑ̃tje] **8 A** *Name einer Straße*
la rue Duranton [larydyrɑ̃tɔ̃] **5 B** *Name einer Straße*
la rue Mercier [larymɛrsje] **3 A**,3 *Name einer Straße*
la rue Saint-Charles [larysɛ̃ʃarl] **1 A** *Name einer Straße*
le Sacré-Cœur [ləsakrekœr] **9** *eine Kirche von Paris*
«Sonia Arlain» [sɔnjaarlɛ̃] **8 A** *eine Marke (Kleider)*
«Tartuffe» [tartyf] **4 C** *Theaterstück von Molière*
Tintin [tɛ̃tɛ̃] **1 A** *Comic-Figur; auf deutsch: Tim*
Toni Mattern [tɔnimatɛrn] **7** *Name eines Judotrainers*
la tour Eiffel [laturefɛl] **9** der Eiffel Turm

## Noms de personnes connues

Patrick Bruel [patrikbrɥɛl] **10 B**,3 *frz. Popstar und Schauspieler, geb. 1959*
Gérard Depardieu [ʒerardəpardjø] **2 C** *berühmter frz. Filmschauspieler, geb. 1948*
Céline Dion [selindjɔ̃] **9 A**,5 *franko-kanadische Sängerin*
Eugène Ionesco [øʒɛnjɔnɛsko] **4 B** *franz. Schriftsteller, geb. 1912*
Louis XIV [lwikatɔrz] **4 C** Ludwig XIV., *1638-1715, König von Frankreich von 1643 bis 1715*
Molière [mɔljɛr] **4 C** *frz. Dramatiker, 1622-1673*
Jacques Prévert [ʒakprevɛr] **9 B**,7 *frz. Dichter, 1900-1977*

*Vocabulaire*

| | |
|---|---|
| Comment est-ce qu'on écrit ce mot? | Wie schreibt man dieses Wort? |
| Ça s'écrit en/avec... | Das schreibt man in/mit... |

| | | | |
|---|---|---|---|
| **rue Balard** | s'écrit **en deux mots.** | baguette | s'écrit avec **deux 't'.** |
| **rue** | s'écrit avec **une minuscule.** | café | s'écrit avec **'e' accent aigu.** |
| **B**alard | s'écrit avec **une majuscule.** | très | s'écrit avec **'e' accent grave.** |
| grand**s-p**arents | s'écrit avec **un trait d'union.** | allô | s'écrit avec **'o' accent circonflexe.** |
| **l'h**ôtel | s'écrit avec **'l' apostrophe.** | **ç**a | s'écrit avec **'c' cédille.** |

| | |
|---|---|
| **On écrit 'tu aimes' avec (un) 's'.** | Man schreibt ... mit (einem ‚s'. |
| **Epelez le mot...** | Buchstabiert das Wort ...! |

*Les lettres de l'alphabet:*

| | | | | | | | | |
|---|---|---|---|---|---|---|---|---|
| A [a] | D [de] | G [ʒe] | J [ʒi] | M [ɛm] | P [pe] | S [ɛs] | V [ve] | Y [igrɛk] |
| B [be] | E [ə] | H [aʃ] | K [ka] | N [ɛn] | Q [ky] | T [te] | W [dubləve] | Z [zɛd] |
| C [se] | F [ɛf] | I [i] | L [ɛl] | O [o] | R [ɛr] | U [y] | X [iks] | |

*Les signes de ponctuation:*

| | | | |
|---|---|---|---|
| le point | der Punkt | la virgule | das Komma |
| le point d'interrogation | das Fragezeichen | les deux points | der Doppelpunkt |
| le point d'exclamation | das Ausrufezeichen | les guillemets [gijmɛ] | die Anführungszeichen |

## *D'autres expressions utiles en classe*

*Weitere Redewendungen, die im Unterricht nützlich sind.*

### • *Pour parler au professeur*

| | |
|---|---|
| Je ne comprends pas le mot .../l'expression .../la phrase ... à la ligne ... | Ich verstehe das Wort .../den Ausdruck .../den Satz ... in der Zeile ... nicht. |
| Qu'est-ce que cela veut dire? | Was heißt das? |
| Que veut dire le mot .../l'expression .../la phrase ...? | Was heißt das Wort .../der Ausdruck .../der Satz ...? |
| Je ne sais pas. | Ich weiß nicht. |
| Est-ce que vous pouvez répéter, s'il vous plaît? | Können Sie bitte wiederholen? |
| Est-ce que vous pouvez expliquer ... encore une fois? | Können Sie bitte ... noch einmal erklären? |
| Est-ce que vous pouvez parler moins vite, s'il vous plaît? | Können Sie bitte langsamer sprechen? |
| Comment est-ce qu'on dit ... en français? | Wie sagt man ... auf Französisch? |
| Est-ce qu'on peut dire aussi ...? | Kann man auch ... sagen? |
| Comment est-ce qu'on prononce ...? | Wie spricht man ... aus? |
| Comment est-ce qu'on écrit ...? | Wie schreibt man ...? |
| Est-ce que vous pouvez traduire ..., s'il vous plaît? | Können Sie bitte ... übersetzen? |
| Qu'est-ce qu'on a comme devoirs? | Was haben wir als Hausaufgaben auf? |
| J'ai encore une question. | Ich habe noch eine Frage. |
| Je n'ai pas fait mes devoirs. | Ich habe meine Hausaufgaben nicht gemacht. |
| J'ai oublié mon cahier/mon livre/mes affaires de français à la maison. | Ich habe mein Heft/mein Buch/meine Französischsachen zu Hause vergessen. |

### • *Pour parler à ses camarades*

| | |
|---|---|
| Nous en sommes à quelle leçon/à quel paragraphe? | Bei welcher Lektion/welchem Abschnitt sind wir? |
| On en est à quelle page/à quelle ligne? | Auf welcher Seite/Bei welcher Zeile sind wir? |
| Est-ce que tu peux m'aider? | Kannst du mir helfen? |
| Est-ce que tu peux me donner ...? | Kannst du mir ... geben? |
| Est-ce que tu as ... pour moi? | Hast du ... für mich? |
| Comment est-ce qu'on fait cet exercice? | Wie macht man diese Übung? |
| Quel rôle est-ce que tu prends? | Welche Rolle übernimmst du? |
| Tu commences/continues/distribues les cartes? | Beginnst du/Machst du weiter/Teilst du die Karten aus? |
| Qui commence à jouer/à poser des questions? | Wer beginnt zu spielen/Fragen zu stellen? |
| C'est à toi maintenant. | Jetzt bist du dran. |
| Et puis (après), c'est à ... | Und dann ist ... dran. |

### • *Pour corriger les fautes*

| | |
|---|---|
| Il y a une faute. | Da ist ein Fehler. |
| Tu as fait une faute/une faute de grammaire/de prononciation/de vocabulaire/d'accord. | Du hast einen Fehler/einen Grammatikfehler/einen Aussprachefehler/einen Wortschatzfehler/einen Angleichungsfehler gemacht. |
| Corrigez (la faute). | Verbessert (den Fehler). |
| Répète la phrase/le mot, s'il te plaît. | Wiederhole bitte den Satz/das Wort. |
| Répète encore une fois, s'il te plaît. | Wiederhole bitte noch einmal. |
| Fais la liaison, s'il te plaît. | Mach bitte die Bindung. |
| Est-ce que c'est correct? | Ist das richtig? |
| Non, c'est faux/ce n'est pas correct. | Nein, das ist falsch/das ist nicht richtig. |
| Révisez le vocabulaire de la leçon 9 B. | Wiederholt das Vokabular der Lektion 9 B. |

## *Texte supplémentaire sur la cassette/le CD de l'élève, leçon 8 B: Fin de l'histoire (p. 94)*

Une semaine plus tard, les vacances d'Aurélie sont déjà finies. Il est cinq heures du soir et elle arrive du collège. Elle a beaucoup de devoirs à faire. Alors, elle en a un peu marre de l'école aujourd'hui.
Elle va d'abord dans la cuisine, se prépare une tartine, puis se met à table pour manger et regarder le programme de télévision de ce soir.

*Aurélie:* Allô, oui …
*Céline:* Aurélie?
*Aurélie:* Oui, c'est moi.
*Céline:* C'est Céline.
*Aurélie:* Céline? Ça c'est sympa … Alors, toujours chez Sonia?
*Céline:* Oui, ça c'est arrangé! Attends. Je vais te raconter la fin de l'histoire … Tu sais, on achète toujours nos tissus en Italie. Alors, Sonia a téléphoné au fabricant … Et elle lui a demandé s'il a encore vendu le tissu de nos pantalons à quelqu'un …
*Aurélie:* En Italie? Tiens, tiens … Et alors, sa réponse?
*Céline:* Eh bien, elle n'a pas bien compris. Tu sais, elle parle mal italien … Alors, c'est Tino …
*Aurélie:* Non, c'est pas possible … L'espion, c'est Tino …
*Céline:* Mais non, attends, tu vas voir … Sonia a demandé à Tino de retéléphoner au fabriquant et là, il lui a dit, en italien bien sûr, qu'il a un autre client à Paris depuis un an, et il lui a donné l'adresse: c'est une boutique du boulevard de Sébastopol, près du Centre Pompidou.
Tu te souviens de cette fille avec notre pantalon …? Eh bien, la boutique du boulevard de Sébastopol, c'est SA boutique … et tu sais qui est l'ami de la fille?
*Aurélie:* Non, mais tu vas me le dire …
*Céline:* C'est – Lau – rent! Eh oui, ma petite Aurélie. Notre cher Laurent …
*Aurélie:* Pas possible! … Il a copié votre collection de printemps pour sa copine …
*Céline:* C'est ça, et il lui a aussi donné l'adresse de notre fabricant de tissus! Sonia l'a mis tout de suite à la porte … et depuis qu'il est parti, l'ambiance est super au magasin … Alors, quand est-ce que tu reviens travailler dans notre équipe?
*Aurélie:* … et le collège, alors?

*Vocabulaire:*

| | | | |
|---|---|---|---|
| un programme | ein Programm | retéléphoner | noch einmal telefonieren |
| une fabricant [ɛ̃fabrikɑ̃] | ein Fabrikant | mettre qn à la porte | jdn entlassen/hinauswerfen |

**Bildquellen**

Archiv für Kunst und Geschichte, Berlin: 106.2; 128.2 (© Succession Picasso/VG Bild-Kunst, Bonn) – Baumann, Ludwigsburg: 79.1 – Bavaria Bildagentur, Paris: 67.1; 132.1 – Bayard Presse, Paris: 30.1; 99.3 – Chrystelle Biener, Stuttgart. 129.3 – Bizalion, Castillones: 69.1; 121.1 – Comité Régional du tourisme, Rhône-Alpes: 63.2 – Confiserie Afchain, Cambrai: 82.1 – François Debeauvais, Grenoble: 71.4 – Manfred Durchholz, Garching: 135.1 – Peter Engelmeier, München: 136.1 – Explorer, Paris: 62.2-4; 71.2; 88.1; 116.2 – F Productions, Paris: 122.1 – Focus, Hamburg: 137.1 – France soir, Paris: 140.1 – Gamma, Paris: 17.19 74.2, 3; 76.1; 81.1; 100.1; 101.1; 4; 107.3; 114.1 – Hachette, Vanves: 98.4; 99.1 – Jerrican, Paris: 16.1: 17.8 32.2-4; 70.2; 71.1; 101.2, 5, 7; 106.3; 112 – Jürgen Kleine, Ammerbuch: 45.1 – Klett-Archiv (Nathalie Dreesens-Drouard, Bernd Binkle): 26.1; 50.1; 82.2 – Liv' Editions, Le Faouët: 122.2; 123.1 – Marco Polo (F. Bouillot), Paris: 10.2; 11.1-4; 13.1-3; 15.2; 17.3, 9; 19.1, 2; 28.1-3; 32.1; 33.1-5; 38.1; 42.1-4; 43.1-4 – Mar co Polo (Ph. Halle), Paris: 29.1-2; 70.1 – Danyel Mallacrier, Clermont-Ferrand: 74.1 – Mauritius, Stuttgart: Umschlag; 45.2; 129.2 – Jonathan Drake (Reuters) Max PPP: 129.4 – Le Monde, Paris: 140.2 – J.P. Noisillier, Grenoble: 62.1, 5, 6; 71.7 – Editions Perrin (Jérôme da Cunha), Paris: 98.1 – Editions Perrin, Paris: 98.2, 3; 99.2 – Rapho, Paris: 71.3, 5, 6; 90.2; 106.1; 128.1; 129.1; – SCOPE, Paris: 81.2; 101.3, 6; 102.1; 116.1, 3, 4; 117.1, 2 – Steinle, Stuttgart: 9.1; 10.1; 17.1, 2, 4-7, 10-18, 20 – Tony Stone, München: 8.1; 126.5 – Agence Top, Paris: 63.1; 90.1; 102.2; 107.1 – Dr. Heiner Wittmann, Stuttgart: 107.2 – Zefa, Marburg: 101.8

Bedauerlicherweise konnten wir trotz aller Bemühungen nicht alle Nutzungsberechtigten ausfindig machen.

# Plan du métro

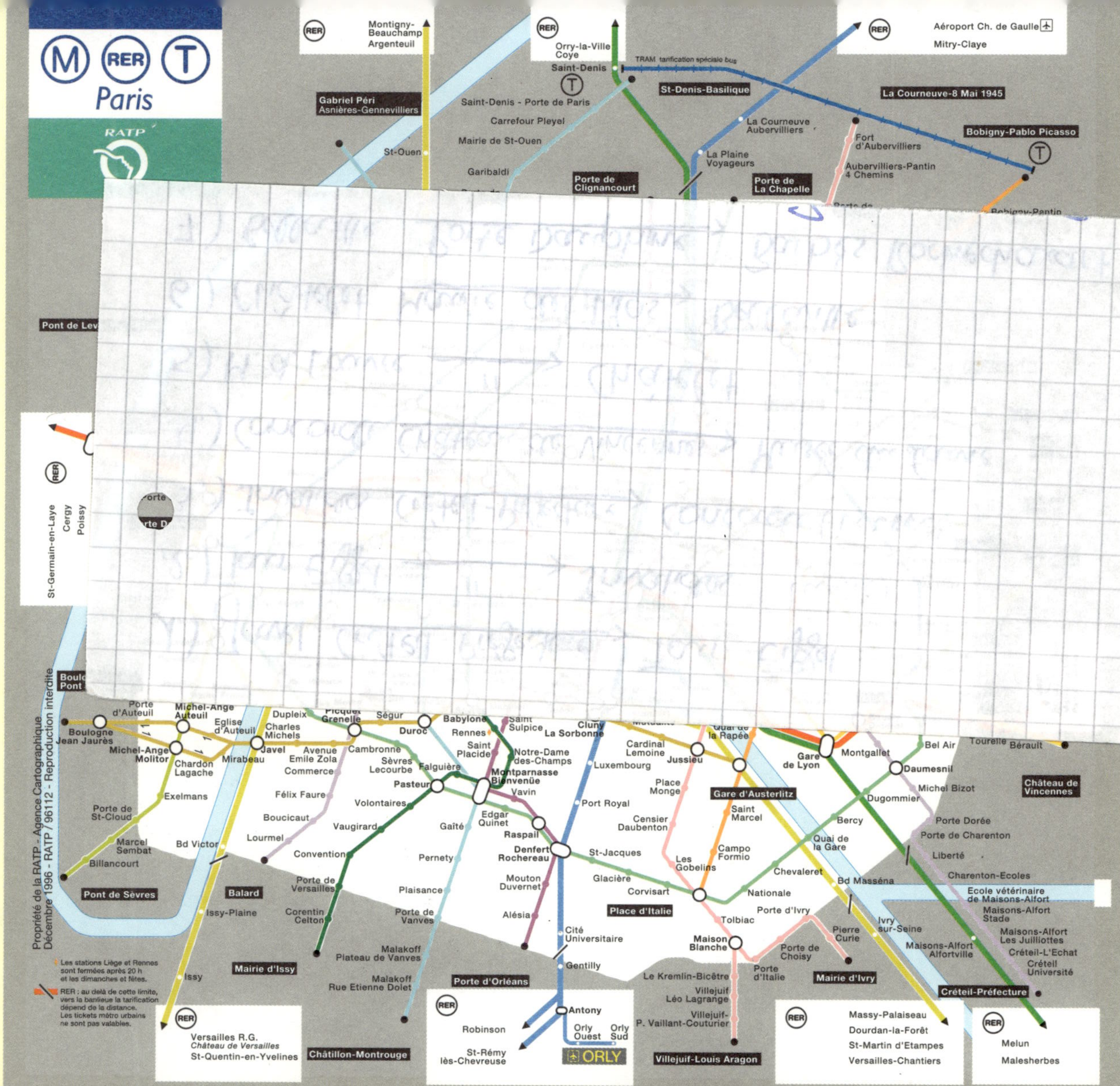

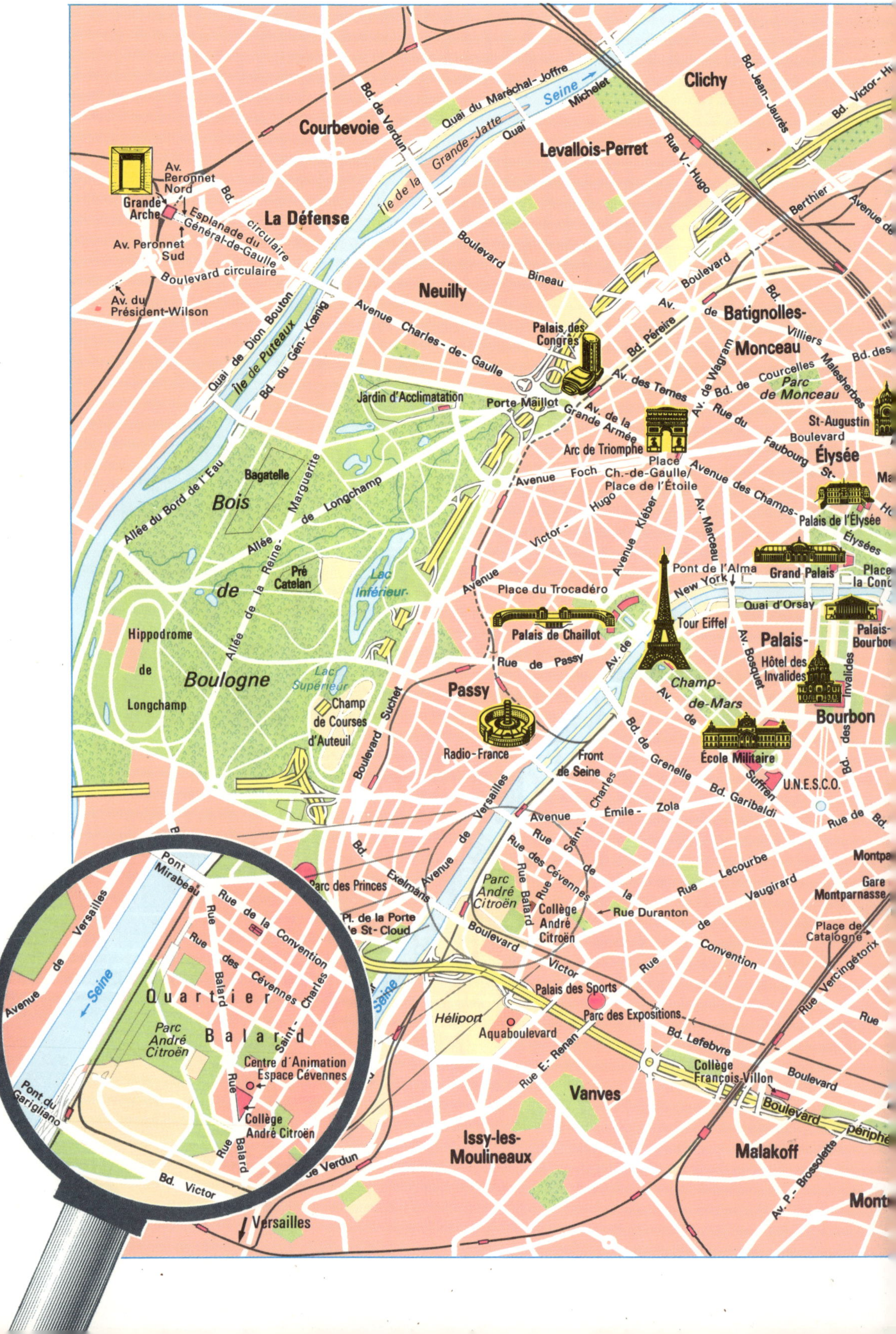

Clichy
Courbevoie
Levallois-Perret
La Défense
Neuilly
Batignolles-Monceau
Quai du Maréchal-Joffre
Seine
Quai Michelet
Île de la Grande-Jatte
Bd. de Verdun
Bd. Jean-Jaurès
Bd. Victor-Hugo
Rue V.-Hugo
Bd. Berthier
Avenue de
Av. Peronnet Nord
Grande Arche
Esplanade du Général-de-Gaulle
Bd. circulaire
Av. Peronnet Sud
Boulevard circulaire
Av. du Président-Wilson
Boulevard Bineau
Boulevard
Av. de
Bd. Pereire
Bd. Villiers
Bd. Malesherbes
Bd. des
Palais des Congrès
Avenue Charles-de-Gaulle
Quai de Dion Bouton
Île de Puteaux
Bd. du Gén.-Kœnig
Jardin d'Acclimatation
Porte Maillot
Av. des Ternes
Av. de Wagram
Bd. de Courcelles
Parc de Monceau
Rue du Faubourg St-
Av. de la Grande Armée
Arc de Triomphe
St-Augustin
Boulevard
Élysée
Avenue Foch
Place Ch.-de-Gaulle/ Place de l'Étoile
Avenue des Champs-Élysées
Palais de l'Élysée
Bagatelle
Bois de Boulogne
Allée du Bord de l'Eau
Allée de la Reine-Marguerite
Allée de Longchamp
Pré Catelan
Lac Inférieur
Avenue Victor-Hugo
Avenue Kléber
Av. Marceau
Pont de l'Alma
New York
Grand Palais
Place de la Conc
Place du Trocadéro
Quai d'Orsay
Palais de Chaillot
Tour Eiffel
Palais-Bourbon
Hippodrome de Longchamp
Lac Supérieur
Champ de Courses d'Auteuil
Rue de Passy
Av. de
Av. Bosquet
Hôtel des Invalides
Bd. des Invalides
Passy
Boulevard Suchet
Champ-de-Mars
Av. de
Bourbon
Radio-France
Front de Seine
Bd. de Grenelle
École Militaire
Av. de Suffren
U.N.E.S.C.O.
Avenue Émile-Zola
Rue Saint-Charles
Bd. Garibaldi
Rue de
Avenue de Versailles
Rue de la
Montpa
Gare Montparnasse
Bd. Exelmans
Parc des Princes
Rue des Cévennes
Parc André Citroën
Rue Balard
Collège André Citroën
Rue Duranton
Rue Lecourbe
Rue de Vaugirard
Pl. de la Porte de St-Cloud
Boulevard Victor
Rue de la Convention
Place de Catalogne
Rue Vercingétorix
Palais des Sports
Parc des Expositions
Héliport
Aquaboulevard
Bd. Lefebvre
Rue E.-Renan
Collège François-Villon
Boulevard périphé
Vanves
Issy-les-Moulineaux
Malakoff
Av. P.-Brossolette
Mont
Versailles
Pont Mirabeau
Avenue de Versailles
Seine
Rue de la Convention
Rue des Cévennes
Rue Balard
Rue Saint-Charles
Quartier Balard
Parc André Citroën
Centre d'Animation Espace Cévennes
Collège André Citroën
Pont du Garigliano
Bd. Victor